KB263467

매너 있는
교양인을 위한

문화와 예절

박광옥 | 엮음

21세기사

이 책은 예절의 의미와 필요성을 살펴보면서 일상에서 지켜야 할 생활 예절을 두루 제시하고자 했다. 몸가짐과 옷차림, 이미지 메이킹, 언어생활, 인사법과 자세, 차생활을 포함한 식생활예절, 관혼상제, 가정생활과 직장생활, 나아가 사회생활을 위해 필요한 예절과 글로벌 매너에 이르기까지 알고 지켜야 할 규칙이며 질서인 예절의 내용을 소개하였다.

우리의 고유한 생활양식과 문화가 녹아 있는 예절은 그 정신을 이해하고 익히면서 소중히 간직해야 한다. 동시에 생활 속에서 행동으로 실천할 때 비로소 예절의 참다운 의미를 살릴 수 있다. 책을 엮음에 있어서도 이런 점에 초점을 맞추었다. 예절을 머릿속으로만 이해하기보다 몸에 익혀 실천할 수 있도록 실용적인 방법들을 자세히 다루고자 했다. 이와 동시에 시대의 분위기를 반영한 새로운 정보들도 부수적으로 담아 '예절이 멀리 있는 것' 이 아니라는 점도 부각하고자 했다.

인간의 생활양식이 시대와 환경에 맞추어 조금씩 다르게 변천해왔듯이 예절도 바뀌어 가고 있다. 예절은 닫힌 전통이 아닌 열린 문화 속에 자리하는 생활 문화이기 때문이다. 그러나 상대방을 존중하고 배려하는 예의 정신은 동서고금을 막론하고 어느 시대에나 변함이 없다. 책을 엮으면서 바람이 있다면 우리 사회를 더 밝고 건강하게 가꾸어 갈 우리 젊은이들이 예에 깃든 소중한 의미를 되새기고 배우며 익히면서 더욱 멋진 생활인으로 성장하길 바라는 마음이다.

다도를 비롯한 예절의 전반적인 지식을 전수해주신 한국차문화협회 이귀례 이사장님에게 가장 먼저 감사 말씀을 전하고 싶다. 또한 원고를 읽고 도와준 성균관대학교 대학원 예절 다도 전공 6기 동기생인 혜은, 미경, 정아, 7기 후배인 보숙, 수진 그리고 권영용 원장님께 감사의 뜻을 표한다.

엮은이 박광옥

CONTENTS

머리말

'메뚜기가 미국에서는 해충이지만 중국에서는 애완용이고, 태국에서는 에피타이저입니다.'

이 문구는 몇 년 전 영국 히드로 공항 등 세계 주요 공항에 메뚜기 그림과 함께 걸려 있던 광고 카피다. 모 글로벌 기업이 한낱 곤충도 문화에 따라 의미가 다르다는 점에 착안, 각국의 문화를 이해하고 존중하고 있다는 점을 강조한 것이다.

또 다른 예로, 시계를 선물하는 것이 우리나라에서는 큰 실례가 되지 않지만 중국과 홍콩에서는 시계가 장례식을 뜻해 선물로 하지 않는다. 이처럼 각 나라마다 오랜 세월을 거쳐 형성된 고유한 문화가 있기 마련인데, 문화의 한 갈래로서 예절은 그 사회를 지탱해주는 역할을 한다.

예절(禮節)이란 공동생활을 유지하고 복잡한 인간관계를 발전시키기 위해 필요한 질서이자 생활 규범을 말한다. 구성원들은 이런 예절을 지킴으로써 다른 사람과 조화를 이룬 가운데 개인의 삶을 풍요롭게 가꾸어갈 수 있다. 왜냐하면 예절이란 한 개인의 인간성과 도덕성이 생활 속에서 구현되는 것이기 때문이다.

공동생활을 영위하는 개인에게 이처럼 중요한 생활양식이 예절이지만 일상에서 바른 예절로 매너를 지키기란 그리 녹록치 않다. 단순한 것 같으면서 복잡하고, 알고 있다고 생각했는데 막상 행동으로 옮기려면 혼란스러운 면도 꽤 있다. 더욱이 요즘처럼 급변하는 시대를 사는 젊은이들의 모습을 보면 예절에 대한 이해와 지식이 많이 부족해 보이는 것이 사실이다.

현대인의 생활 예절과 문화

» 01

문명이 발전함에 따라 일상생활 속에서 필요에 의해 형성된 생활 문화가 '예절' 이다. 예절(禮節)이란 생활 문화의 전통 속에서 형성된 사회 질서의 규범 및 행동의 표준 절차 등을 일컫는 말로, 사람과 사람이 더불어 생활해 나가기 위해 가장 합리적이고 편리한 방법으로 약속한 삶의 방식이며 생활 문화이다.

예절(禮節)은 개인에 대해서는 그의 인격과 교양을 가늠하는 척도로, 사회와 국가에 대해서는 선진화의 잣대로서 작용하기도 한다. '예(禮)' 가 생활 문화의 표현양식이라는 관점에서 볼 때, 오늘날 한국 사회의 급속한 변화는 예절에 그대로 반영되고 있다.

예부터 우리 민족은 예절을 중시해 온 문화 민족으로서 타민족으로부터 '동방예의지국' 으로 존경받아 왔다. 하지만 일제의 침략과 해방, 6.25전쟁과 휴전, 급격한 산업화와 가치관의 혼란 등 엄청난 사회 구조의 변화를 겪으면서 전통적으로 중시되던 예절에 점차 소홀해져 왔다. 이러한 사회적 무관심은 우리나라 전통 예절의 계승과 발전을 지연시켰으며, 서구문물을 받아들일 때나 이를 건전한 문화로 정착시키는데 또한 어려움을 겪게 했다.

하지만 21세기 들어 세계화 시대를 맞아 '가장 한국적인 것이 세계적인 것', '문화가 경쟁력' 이라는 인식이 높아지면서 우리나라의 전통적인 예절 문화에 관심이 모아지고 있다. 또한 다른 나라들과 교류가 활발해지면서 해외에서 우리 국민의 바람직하지 못한 행동이 문제가 되고, 이로 인해 국민의 예절 수준에 대한 우려의 목소리도 높아지고 있다.

이러한 각성은 '동방예의지국' 으로서 우리의 자랑스런 문화유산을 오늘날에 계승 발전시키고자 하는 동기를 유발함으로써 우리 국민의 예절 문화 수준을 다시 고양(高揚)시킬 수 있다는 점에서 매우 다행스러운 일이라 하겠다.

현대 사회의 변화 속에서 인간성 회복과 정신적 가치의 제고를 위해 무엇보다도 우선해야 할 일은 예절을 올바로 이해하고 실천하는 일이다.

1. 예절의 의미

1) 예절에 담긴 뜻

인간이 규범에 따라 행동을 해 나가는 동안에 인류의 생활에는 서로 지키고 간직해야 하는 '예절'이라는 형식이 만들어졌으며, 이러한 예절은 공동생활을 할 때 없어서는 안 되는 관습과 풍습으로 발전하였다.

예절의 의미를 알기 위해서는 먼저 '예(禮)'에 담긴 의미를 알 필요가 있다. 춘추 시대에 공자는 "사람을 바르게 하는 법 가운데 예보다 필요한 것이 없다(不知禮, 無以立也)."고 했고, "사회에는 질서가 있어야 한다. 그 질서를 규정하는 구체적인 내용이 바로 예(禮)이다"라고 하였다. 그는 인간의 최고의 덕인 '인'(仁)을 '극기복례(克己復禮)'라 하여 '예(禮)'의 중요성을 강조하였다. '예(禮)' 자의 어원을 살펴보면, 예는 示(보일 시)와 豊(풍년 풍)의 합성어이다. 여기에서 시(示)는 신(神)을 뜻하고 풍(豊)은 고대의 제기였으며, 풍에서 曲은 제수를, 묘는 제기에 제물을 담아서 신에게 바치는 형상을 나타낸 것이다. 즉 예(禮)란 신에게 제사를 드리는 것처럼 정성을 다해 행동으로 실천한다는 것이다. 또한 예(禮)는 도덕규범의 핵심으로서 '의(儀)'와 결합하여 질서를 갖게 된다.

'예의'는 사람과 사람의 교류에 있어서 서로 상대방의 인격을 존중하고 경애하는 정신을 나타냄으로써 공동생활의 조화와 질서를 촉진하는 규범이나 관계를 의미한다. '범절'은 인간이 수천 년을 살아오면서 인간관계를 원만히 하고 사회생활을 원활히 하기 위해 만들어 낸 지혜의 산물로서 모든 일의 순서와 절차를 이른다. 따라서 '예절'이란 '예의'와 '범절'의 합성어인 '예의범절'의 준말이다.

예절 = 예의 + 범절
- 예의 : 공동 생활의 조화와 질서를 보존하고 촉진하는 규범이나 관계
- 범절 : 일의 순서와 절차

사람들이 서로 원만하게 지내기 위해서 지켜야 할 행동 기준 중에서 가장 중요한 것은 그 사회의 예의범절이다. 예절이란 무리 지어 사는 사람들이 약속해 놓은 행동 규범이므로 예절을 지키지 않는 것은 약속을 존중하지 않는 것이나 다름이 없다. 사회적 존재인 사람이 자신의 욕구만을 앞세운다면 사회 혼란이 초래될 것이며, 자신의 욕구를 지나치게 무시하면 삶의 즐거움을 누리기가 어렵게 된다. 따라서 나와 다른 사람의 욕망을 함께 충족시키는 지혜와 노력이 필요하다. 예절은 다른 사람의 인격을 존중하는 마음을 그에 합당한 형식으로 표현하는 것이므로 다른 사람과 조화롭게 살아가는데 꼭 필요한 도리이며 질서인 것이다.

'예절' 이란 일정한 생활 문화권에서 오랜 생활 습관을 통해 하나의 공통된 생활 방법으로 정립되어 관습적으로 행해지는 사회 계약적인 생활규범이다. 즉 여러 가지 복잡한 인간 관계의 유지와 발전을 위해서 인류가 오랜 세월 동안 생활해 오면서 집단 구성원 서로가 합의한 질서이며 기본적인 행위 규범이다. 따라서 인간 관계가 성립되는 곳에는 반드시 예절이 존재하게 되었으며 그 구성원들은 이를 지켜왔던 것이다.

2) 예절의 목표와 기능

예절은 공동생활을 함에 있어 상호간에 '예' 를 지킴으로써 자신에게는 떳떳하고, 남에게는 기쁨을 주어 구성원 모두가 함께 조화를 이루며 화합하는 데 목적이 있다. 이같이 즐겁고 평화로운 사회를 이루기 위해서는 스스로 마음가짐과 행동을 자연스럽게 하고 사랑을 바탕으로 정성을 다하는 것이 기본이 되어야 한다.

이러한 예절의 기능은 크게 세 가지로 설명할 수 있다.

첫 번째, 수기(修己)의 기능이다. 이것은 스스로의 말과 행동·표정·마음씨 등을 바르게 닦고 관리하는 것(修己)으로 이때 예절은 자기 안에 있으며 그 본질은 정성스러운 마음(誠), 즉 자기 수양에 있다. 홀로 있어도 스스로 삼가고(신독 愼獨) 양심에 거리낌이 없어 떳떳하며 자신감을 갖게 된다.

두 번째, 치인(治人)의 기능이다. 이는 다른 사람과의 바른 관계를 갖기 위해 필요한 예절의 기능을 말하는 것으로, 타인을 대할 때 내가 공경하는 자세로 사랑의 마음을 갖게 되면 상대방은 편안함을 느끼게 되고, 그 결과 나 자신도 기쁨을 얻게 된다.

세 번째, 위의 두 가지 기능, 즉 수기(修己)와 치인(治人)이 온전히 유지될 때 공동체 구성원인 우리 모두가 편안하고 기쁘며 조화가 이루어져 밝고 명랑한 사회를 만들 수 있다.

예절은 스스로 정성을 다하고 남을 공경하며 사랑하는 마음을 가질 때 그 기능을 다할 수 있다. 동시에 마음속에 담긴 정성을 겉으로 표현하는 행위(언어, 행동)가 있어야 한다. 이때 언행에는 약속된 일정한 방식이 있는데 이것이 격식이다.

이와 같이 예절은 일정한 격식에 말과 행동이 맞지 않으면 성립될 수 없다. 마음속에 있는 자기 자신의 정성을 일정한 격식에 따라 표현함으로써 상대방과 함께 조화를 이루어 기쁨을 얻는 행동 규범이 예절임을 기억하자.

3) 예절의 정신과 표현 양식

예절에는 정신적인 면과 형식적인 면이 있다. 이 두 가지 측면은 모두 중요하다. 예의에 있어 정신이 소홀하면 허례와 위선이 되기 쉬우며, 형식은 잘못된 생각이 행동으로 이어지는 것을 막아 주는 고삐의 역할을 하기 때문이다. 외형은 내면에서 우러나올 때 진실이 되며, 내면의 성숙함은 외형적인 노력을 통해 가꾸어지는 것이다. 그러므로 내면적으로 작용한 예의 정신과 밖으로 표현되는 예절 형식이 일치될 때 비로소 예절이 바르게 구현된다.

① 예절의 정신적인 면

예절 바른 마음과 정신, 즉 정성·공경·사랑을 갖추는 것이다. 매사에 누구에게나 정성을 다하고 다른 사람을 공경하며 사랑하는 정신은 시대의 변화나 문화의 차이에 관계없이 예절의 바탕을 이루는 영원한 진리라 할 수 있다.

② 예절의 형식적인 면

예절이 표현되는 방식으로, 좋은 표정을 짓는 것 같은 자기 관리부터 직장에서 상사를 대하는 적절한 태도 등에 이르기까지 생활 전반에서의 행동 양식을 의미한다. 예절 바른 사람이란 내면적으로 예절바른 마음을 갖고 외형적으로 예절 바른 모습과 행동을 하는 사람이다.

③ 시대와 공간에 따른 예절의 정신과 표현 방식

예절은 일정한 문화권 내부에서 장기간 계속 반복됨으로써 발생하는 일종의 생활 방법이므로 시대의 흐름과 변천에 따라 표현하는 양식이 변하게 되어 있다. 이처럼 예절은 실천성을 갖고 있기 때문에 과거로부터 전해 내려오는 전통적 규범이 현재라는 사회 구조로 새롭게 변화되고 창조되어 가는 과정을 거치게 된다.

예절의 정신은 보편적이지만 그 표현 방식인 격식은 시대 변화나 문화적 차이를 뛰어넘어 고집할 수는 없다. 물론 예절이 시대 변천에 따라 변해야 된다고 해서 오늘의 '예'가 어제의 '예'와 완전히 단절되어서도 안 되며, 서구의 예절을 우리나라에서 그대로 받아들일 수도 없는 일이다.

인간의 생활양식이 시대와 환경에 맞추어 조금씩 다르게 변천해 왔듯이 예절도 바뀌어 가고 있다. 그러나 예절에서 결코 바뀌어 가지 않는 부분, 즉 내가 나를 존중하는 만큼 상대방을 존중하고 배려하는 예의 정신은 동서고금을 통한 예절의 근본적인 뜻으로 변함이 없다.

2. 우리나라 예절

1) 우리나라 예절의 역사

우리나라를 두고 흔히 '동방예의지국'이라 하는데 이렇게 일컬어진 것은 거의 상고시대의 사회에서부터 그 뿌리를 찾아볼 수 있다. 상고시대의 전통적인 제천 의례에서 그 근원을 찾을 수 있고, 삼국시대에는 여기에 유교적 국가 의례 제도로서 시조묘의 제도가 도입되었다.

이후 고구려의 태학과 통일신라 시대의 국학 건립과 함께 공자를 모신 사당인 문묘의 제도를 수용하면서 의례 문화적 향상을 성취하였다. 즉 삼국시대가 유교적인 의례 문화의 도입 시기라면 고려시대는 유교적인 국가 의례를 정비했던 시기로 볼 수 있고, 특히 고려 말에는 가례의 보급이 시작되었다.

조선 초기에는 유학의 융성으로 중국의 『주자가례』를 도입하여 가례의 시행이 확산되었다. 더불어 국가 의례의 체계적 재정비를 통하여 『오례의』와 『국조오례의』가 편찬되었다. 사계 김장생은 우리의 실정에 맞는 예절을 정립하고자 1583년에 『상례비요』(喪禮備要)를 펴냈으며 1599년에 『가례집람』(家禮輯覽)을 펴내어 우리 예절의 정립에 획기적인 계기를 마련하였다.

조선 후기에는 가례의 저변 확대로 대중적 확립을 보게 되었다. 특히 17세기에 와서는 예학의 융성한 발전으로 『주자가례』를 준거로 하는 예법이 궁중은 물론 일반 서민에게까지 시행되었다.

이를 통해 볼 때 우리나라 예절은 고대로부터 근대에 이르기까지 계속하여 '의례'를 중심으로 발전해 왔음을 알 수 있다. 기본예절 실천을 다룬 가정의례의 절차를 기록한 『사례편람』이 간행된 이후에는 민간에게도 예절이 전파되었다. 하지만 모두 한문 글자로 씌었기 때문에 지배 계층에서만 행해졌다.

1894년 갑오개혁으로 신분 제도가 철폐되어 서민 사회에까지 예절 실천의 대중화가 이뤄졌으며, 1897년 대한제국의 성립과 더불어 사회 제도와 의례의 광범위한 변혁이 일어나면서 국가 의례의 개편에 따라 『대한예전』을 편찬하기도 하였다.

그러나 1910년 국권이 상실되고 일본의 식민 통치하에서 일본의 문화가 침투하여 국가 의례의 급격한 붕괴와 더불어 가정의례도 침체에 빠져 혼란기를 맞게 되었다. 또한 1945년 조국의 광복은 이뤄졌으나 1950년 6·25전쟁이 발발하게 되고 이로 말미암아 서구 문명의 무분별한 유입과 물질 만능주의로의 가치관 변화로 예절 문화가 올바로 정착하지 못하게 되었다.

1969년에는 허례허식에 빠져있던 전통 의례의 여러 문제점을 바로 잡고자 '가정의례준칙'을 제정, 공포하기도 했으나 당시만 해도 사회 속에 뿌리 깊게 남아 있던 전통적 가치관으로 인하여 잘 지켜지지 않았다.

2) 유교 사상에 기초한 우리나라 예절의 특징

우리나라의 전통 예절은 가족 단위의 농경 사회에 뿌리를 두고 있어 가족 간, 이웃 간, 친구 등 친밀한 관계에서 지켜야 하는 예절이 발달되었다. 예절의 배경이 되는 유교 사상이 인간 윤리에 뿌리를 둔 예를 중시하였기 때문이다. 유교 사상에 뿌리를 둔 예절은 개인의 행동 규범이자 통치 수단으로 이용되었기 때문에 형식을 중시하는 예절 문화를 형성하였다. 또한 철저하게 상하 주종 관계로 이뤄지는 엄격한 신분 사회에서 상하 관계의 수직적인 예절이 발달해 왔다.

개인적인 차원에서는 정성과 존경, 사랑으로 자신을 다스리는 수신 예절이 강조되어 왔으며 대인 관계에서는 명분과 형식을 강조하였다. 더불어 관혼상제와 같은 의례를 중심으로 가족 중심의 예절이 발달되었다. 이러한 배경으로 인해 우리나라의 예절 문화는 체면과 절차를 필요 이상으로 의식하는 허례허식적인 요소를 담고 있다.

전통적으로 우리나라의 의례는 '가가례'(家家禮)(집집마다 다른 예법)라고 해서 지방과 가정에 따라 다르게 발달되어 왔다. 통일되고 표준화된 행동 양식을 만들어 내지 못하는 '가가례'의 예절은 세계화 시대 우리나라의 예절 문화를 정착시키는 데 어려운 요인이 되기도 한다.

3. 서양 예절

서양적인 개념에서 '예'의 기원은 일반적으로 중세 '기사 정신'에서 시작되었다고 알려져 있다. 중세 기사는 귀부인을 존경함으로써 친절·관용·의협·절제의 예를 중시하고 주군에 충성함으로써 용기·명예·의리의 기사도 정신을 고취하고 교회에 헌신함으로써 경건·순결·겸양의 기독교적 덕성을 함양한 이상적인 인격체였다.

중세 기사도의 정신에서 출발해 예절이 사회적으로 중요한 개념이 된 것은 르네상스 시대였다. 엘리어스(Elias)에 의하면 예절은 르네상스의 가장 위대한 휴머니스트인 에라스무스(Erasmus)에 의해 사회적으로 널리 퍼졌다고 한다. 그가 저술한 『소년예절론』(De civilitate morum puerilium, 1530)은 소년들의 예의범절에 관한 것이었는데 사회적으로 예절의 한 기준이 되었다.

프랑스에서는 에티켓이 15세기부터 정착되었는데 안느 도티리슈 (Anne d' Autriche, 루이 13세의 왕비)의 노력으로 궁정 에티켓이 발전되었고 17세기(루이 14세)에 완전히 정비되었다고 한다. 이 당시 '예절'은 귀족들과 관련된 궁중 예절이었으며, 특히 식사와 관련된 것이었다. 매너(Manner)는 식사할 때 사람이 취해야 할 태도와 취하면 안 될 태도를 알려 주는 표준 식사법으로 시작되었던 것이다. 서양 예절에서 테이블 매너가 비중 있게 다뤄지는 것은 그 때문이다.

기독교적 사랑과 헌신, 용기와 명예의 존중, 상호 평등 관계를 통한 조화를 바탕으로 한 서양예절의 근본정신은 근세에 이르러 명예와 봉사, 친절과 관용, 이해와 조화를 꾀하는 신사도(Gentlemanship)로 발전하게 되었다.

1) 에티켓과 매너, 프로토콜

예절에 관련된 서구 용어에는 에티켓과 매너 그리고 프로토콜이 있다. 에티켓(Etiquette)이란 용어는 프랑스어로서 우리의 예의범절과 유사한 말이다. 에티켓은 '붙이다' 는 의미의 옛 프랑스어 'Estiquier' 에서 유래한 것으로 상황에 따라, 상대방에 따라, 자신의 신분에 따라 지켜야 하는 기본적인 행동 규범의 의미로 이해된다.

매너는 'Manuarius' 라는 라틴어에서 유래한다. 'Manuarius' 란 말은 'Manus' 와 'Arius' 의 복합어인데 Manus란 영어의 Hand, 즉 손이라는 뜻으로, 사람의 행동, 습관 등의 의미를 내포하고 있다. Arius는 More at manual, More by the manual(메뉴얼보다 한층 더)이란 뜻으로 방식, 방법을 의미한다. 따라서 매너(Manner)란 개개인이 구체적으로 행동하는 양식이다.

에티켓과 매너의 개념을 정리해 보면 에티켓은 지켜야 하는 규범이며, 매너는 에티켓을 지키는 방식이다. 예를 들어 지하철에서 노약자에게 자리를 양보해야 하는 것은 젊은이가 지켜야 하는 에티켓이며, 노약자를 위해 선뜻 자리를 양보하는 젊은이는 매너가 좋은 사람이다.

에티켓, 매너가 개인간의 예절에 대한 것이라면, 프로토콜(Protocal)은 국가간의 예의범절, 의전이다.

에티켓이나 프로토콜은 본질적으로 별 차이가 없다. 다만 에티켓은 개인 대 개인의 관계이므로 잘못을 했다 하더라도 문제가 심각해지지는 않지만, 프로토콜은 국가간의 의례이므로 실수를 하게 되면 관계국간의 외교 문제라는 중대한 결과로 이어지게 된다. 특히 요즘과 같은 세계화 시대를 사는 현대인에게는 프로토콜에 대한 이해가 더욱 필요하다.

2) 서양 예절에 깃든 근본정신

서양 예절은 지역과 국가, 즉 문화권에 따라 행동 양식이 다르게 나타나지만 근본정신은 다음과 같다.

첫째, 상대방에게 호감을 갖게 한다.

'감사합니다.' (Thanks) '실례합니다.' (Excuse me) '미안합니다.' (I am sorry)는 미국인들이 자주 사용하는 말들 가운데 대표격으로 꼽힌다. 그들은 이러한 말을 수시로, 아주 자연스럽게 사용한다. 예를 들어 다른 사람이 엘리베이터를 열고 기다려주면 타면서 'Thanks', 스쳐지나가면서 'Excuse me', 발을 밟거나 밟히면 'I am sorry' 하는데 이러한 짧은 말을 미소와 함께 주고받으면 마음이 따뜻해지는 것을 느끼게 된다. 이러한 것은 모두 상대방에게 호감을 주라는 에티켓의 근본정신에서 나온 행위이다. 복장에서부터 대화, 연회시 테이블 매너에 이르기까지 상대방에게 호감을 갖게 하는 태도는 에티켓의 기본이 된다.

둘째, 상대방에게 폐를 끼치지 않고 편안하게 해준다.

상대방에게 폐를 끼치지 않는 것은 다른 사람을 배려하는 것이다. 이러한 정신은 실내에서의 에티켓(indoor etiquette)에서도 중요하지만 공공장소에서의 에티켓(outdoor etiquette)에서는 더욱 중요하다. 서양인들은 아주 어려서부터 공공장소에서의 에티켓에 대한 교육을 가정과 학교에서 엄격하게 받아 철저하게 몸에 익힌다. 반면에 동양인은 개인이나 가정생활에 관한 예절은 어느 정도 익히지만 공중 질서와 공중도덕을 지키는 교육은 철저하지 못하다.

일반적으로 사회생활에서 서양인들의 에티켓 격이 높다는 느낌은 바로 상대방에게 폐를 끼치지 않는다는 에티켓의 기본 관념에 기인한다. 동양인과 서양인이 함께 사회생활을 하게 되면 다른 사람에게 폐를 끼치지 않는 에티켓이 자연스럽게 몸에 배어 있는 서양인은 주변을 배려하지 않는 동양인의 행동을 무례하게 여기게 되고 상황에 따라서는 문화인으로서의 품성까지 의심하게 될 수 있다. 세계화 시대를 사는 우리는 이러한 점에 유의하여 공중 질서를 몸에 배도록 철저히 익혀 상대방에게 폐를 끼치지 않는 에티켓이 생활화되도록 해야겠다.

셋째, 상대방을 존경한다.

존경이란 비단 서양뿐 아니라 다른 나라의 예법에서도 중요한 사항으로 여겨지고 있다. 상대방의 입장과 상황을 그대로 수용하며 나의 입장보다 상대방의 입장을 먼저 생각하는 것이 상대방을 존경하는 것이 된다. 어른이 어린 아이와 대화할 때 무릎을 굽혀 그들의 눈높이에 맞춘다거나, 다른 사람의 말을 가로채지 않고 미소를 지으며 끝까지 경청해 주는 것은 모두 상대방을 존경하는 마음에서 출발하는 에티켓이다.

3) 올바른 매너의 원칙과 유의사항

첫째, 상석(Rank)의 개념이다.

상대방에 대한 존경을 잘 표현하기 위해서는 상대를 항상 상석에 있도록 해야 한다. 상석은 오른쪽이다. 서양 속담에 "Left hand lady is not a lady"(왼쪽에 있는 여성은 숙녀가 아니다.)라는 말이 있다. 여성뿐 아니라 연장자도 오른쪽으로 모셔야 하며 길 안내를 할 때도 마찬가지이다. 의자를 권할 때도 항상 오른쪽의 의자를, 국기 게양을 할 때도 우측에 상대방 국가의 국기를, 자동차의 뒷 자석도 오른쪽 창가를 상석으로 모시는 서열에 대한 배려를 잊지 말아야 한다.

둘째, 상호주의(Reciprocity)이다.

상호주의는 받았으면 꼭 답례를 하는 것인데 이는 특히 사교의 에티켓에서 중요하다. 초대를 받았으면 이쪽에서도 초대를 하고 방문을 받았으면 답장을, 선물을 받았으면 적절한 시기에 선물을 하는 것이 에티켓이다.

셋째, 여성 존중(Lady First) 사상이다.

서양 에티켓 중에서 동양권의 예의범절과 다소 다른 점은 바로 여성 존중(Lady First)사상이다. 이 사상은 남녀 차별적인 사상에 바탕을 둔 것이 아니며 기독교와 중세의 기사도 정신에서 유래된 것이다. 즉 약한 여성을 돌보는 것이 신사다운 남성으로서 해야 할 기본 덕목으로 보았던 것이다.

넷째, 순응성(Local Respected)의 원리이다.

"로마에 가면 로마법을 따르라."는 속담이 있다. 에티켓, 특히 국제 사회에서의 에티켓에는 이 순응성이 대단히 중요하다. 에티켓도 나라·종교·인종에 따라 다를 수 있다는 것을 인식하고 상대방을 존중하여 때와 장소에 맞는 태도를 갖는 것이 올바른 매너인 것이다.

Tip

인성과 예절

- **인성(人性) 이란?** 人(사람 인) + 性(성품 성)

1. 사람의 성품.
2. 각 개인이 가지는 사고와 태도 및 행동 특성.

- **성품(性品)이란?** 성질(性質) + 품격(品格) = 마음의 바탕 + 사람의 됨됨이

즉, 인성이란 곧 한 사람의 마음의 바탕과 사람됨을 가리키는 말이다.

- **사회가 원하는 인재상?**

2010년 하반기 고용노동부가 각 기업의 인사담당자 217명을 대상으로 실시한 설문조사를 살펴보면 사회가 원하는 인재상의 단면을 확인할 수 있다. '신입사원 채용 시 고려사항'이라는 조사에 의하면 성격과 성향을 포함한 '인성'이 43%로 1위를 차지했고 '전공과 직무와의 연관성'이 2위(36%)를 차지했다. 그 뒤를 이어 '인턴 등의 직장경험'(8%), '해당 직무에 대한 사전지식 및 관심 정도'(6%), '출신학교 및 학과 수준'(2%) '입사 시험 성적'(2%) '미래비전 및 포부'(2%) '봉사활동 등의 다양한 사회활동 경험'(1%)의 순이었다.

4. 전통과 계승, 현대인의 예절

1) 전통과 현대 그리고 예절

국제화 시대의 도래로 다양한 문화의 교류가 빈번해짐에 따라 우리의 '예'도 새로운 형태로 변모하고 있다. 따라서 우리는 우리나라의 전통적인 예절 문화와 다른 나라의 예절 문화를 적절히 조화시켜 나가는 것이 바람직한 것이다.

현대의 생활양식에 전통 예절을 어떻게 계승해야 하는가 하는 문제는 세계화 시대 우리의 정체성 확립과 직결되는 중요한 문제이다. 전통이란 오래 전부터 전해져 오는 것으로 현대를 살아가는 우리가 계승할 가치를 인정할 때 비로소 전통이 되는 것이다. 예전에는 있었고 필요했지만 현대에는 불필요하고 후손에게 물려 줄 가치도 없는 것이라면 그것은 옛 것일 수는 있을지언정 전통이라고 말할 수 없다. 전통 예절도 마찬가지이다. 옛날부터 전해 오는 예절이면서 현대 생활에도 필요한 것이라면 현대 예절의 일부가 되도록 우리의 예절 문화를 발전시켜 나가야 한다. 서구 문물의 유입으로 과거와는 사뭇 달라진 현대의 생활 여건 속에서는 악수로 인사하고 경례로 절을 대신하고, 우리의 문화 격식이 요구되는 장소에서는 우리의 전통 배례를 하는 것이 어울리는 것이다.

예절의 보편적인 정신의 표현 형식과 정신은 시대와 문화적 배경에 따라 달라진다. 하지만 오늘의 '예'가 어제의 '예'와 완전히 단절되어서는 안 되며, 우리의 예절을 버리고 서구의 예절을 그대로 받아들일 수는 없다. 전통은 하루아침에 이루어진 것이 아니라 오랜 세월을 거쳐 갈고 닦아져 그 사회에 맞게 관습화된 것이므로 그 공동체에 가장 잘 맞는 옷이라고 할 수 있다. 그러므로 우리는 21세기 국제화 시대, 문화의 세기에 국제화를 선도할 수 있도록 우수한 우리의 전통 예절 문화를 계승 발전시켜 가야 할 것이다.

2) 세계화 시대에서 예절이 나아갈 방향

① 과거 우리나라 예절은 개인이나 가족 중심인 가례(家禮)가 주가 되어 폐쇄적인 면이 많았다. 그러나 현대 사회는 보다 개방화되었고, 점차 사회 관계가 중시되고 있다. 따라서 개인이나 가족 중심의 가례의 한계를 넘어 올바른 시민 정신을 함양하여 공동체 삶의 질을 향상시키는 데 목표를 두어야 한다.

② 동양 예절과 서양 예절은 서로 행동 양식이 다를 수 있다. 현대 사회는 세계화를 추구하고 있다. 그러므로 동서양의 예절을 조화롭게 취사 선택하여 우리 실정에 맞춤으로써 세계화의 추세에 부응하고 인류애 실현에도 기여하도록 해야 할 것이다.

③ 전통 예절을 무비판적으로 비난할 것만이 아니라 근대적 생활 방식에 맞추어 끊임없이 변형 적용하는 지혜를 발휘해야 한다. 예절이란 인간 생활 속의 약속 규범이고, 우리의 삶을 편하고 명랑하게 하기 위한 격식이다. 과거의 전통 예절을 현대 사회에서 자연스럽게 전승 · 변형시켜 발전시킴으로써 우리의 삶을 더욱 조화롭게 할 수 있다.

④ 과거 우리의 전통 예절은 상하의 인간관계를 기본으로 하였다. 그러나 현대 사회에서의 인간관계는 평등 관계로 변화하였다. 예절도 이제 평등하고 대등한 인간관계를 지향하는 방향으로 변화되어야 한다.

⑤ 예절은 끊임없이 반복하여 시행함으로써 습관화시켜야 할 것이고, 스스로 지켜야겠다는 굳은 의지가 있어야만 실효를 거둘 수 있다. 그러므로 가정에서 어려서부터 부모들이 관심을 갖고 지도에 힘써 습관화시키는 것이 중요하다. 인간의 기본적인 품성은 가정에서 일상 생활을 통하여 보고 배우며 익히기 시작한다. 부모들이 항상 섬기는 마음, 공경하는 태도로 자녀들에게 모범을 보일 때 예절은 자연스럽게 습관화 될 것이다.

❖ 예절 (禮節)이란?

예의범절의 준말. 사람과 사람이 더불어 생활해 나가기 위해 가장 합리적이고
편리한 방법으로 약속한 삶의 방식이며 생활문화.

❖ 禮의 어원

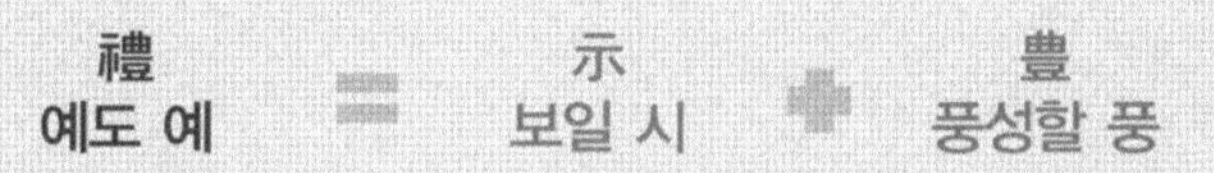

신에게 제사를 드리는 것처럼 정성을 다해 행동으로 실천한다.

❖ 예절의 중요성

공자

사람을 바로 하는 법 가운데 예보다 필요한 것이 없다.

논어 안연편

'비례물시非禮勿視 / 비례물청非禮勿聽
비례물언非禮勿言 / 비례물동非禮勿動'
예가 아니면 보지 말고, 듣지 말고, 말하지 말고, 움직이지 말라.

예기

사람에게 예가 있으면 편안하고, 예가 없으면 위태롭다.

D. 루즈벨트

인간을 도덕으로 교육시키지 않는다면, 사회에 대하여 위험을 기르는 꼴이다.

❖ 예절의 기능

	목 적	방 법	결 과
자기 자신에 관계되는 것	자기 관리	정성, 홀로 삼가	양심, 떳떳함
다른 사람과 관계되는 것	대인 관계	공경, 사랑	조화, 화목,기쁨
우리 모두에게 관계되는 것	공동체 관계	정성, 공경, 사랑	평화, 질서,인류애

❖ 우리나라 예절의 역사

상고시대	제천 의례
삼국시대	유교적 의례 문화의 도입
고려시대	유교적 국가 의례의 정비
조선시대	유교적 국가 의례 확립, 가정의례 보급
대한제국 멸망기	국가의례 붕괴, 가정의례 침체
광복 후	가정의례의 간소화, 가정의례 준칙 제정공포(1969)

❖ 서양예절의 근본 정신

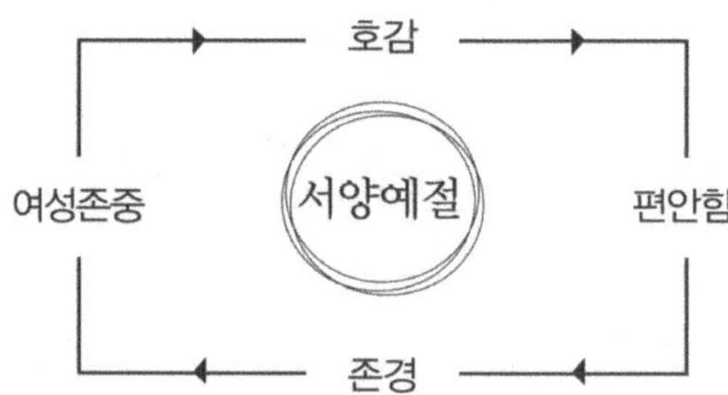

자기 관리와 이미지 창출

>> 02

예절 바른 사람이 되기 위해서는 자기를 잘 관리할 수 있어야 한다. 스스로를 관리하는 것은 겸손하게 상대방을 존중하고 배려하는 마음이 늘 풍성하도록 마음가짐을 갖고 그러한 마음가짐이 자연스럽게 나타나도록 몸가짐과 몸차림, 옷차림을 우아하게 하며, 바르고 고운 말씨를 사용하고, 부드럽고 민첩하며 세련된 행동을 하는 것이다.

1. 자기 관리와 예절 바른 마음

1) 고전에서의 자기 관리에 대한 지침

고전에 나타난 구사(九思)와 구용(九容)은 자기 관리를 위한 조상들의 지혜 어린 지침으로서 오늘날의 우리에게도 매우 유익하다. 이는 동양의 고전인 『소학』에서 마음가짐과 몸가짐의 요령으로 제시되었고 율곡 이이의 『격몽요결』에도 인용된 바 있다.

구사(九思)란 바른 마음을 갖기 위한 요령을 제시한 것이다.

① **시사명(視思明)** : 볼 때는 밝고 바르게 볼 것을 생각한다.
② **청사총(聽思聰)** : 들을 때는 참 뜻을 바르게 들을 것을 생각한다.
③ **색사온(色思溫)** : 표정은 온화하게 할 것을 생각한다.
④ **모사공(貌思恭)** : 몸가짐을 공손하게 할 것을 생각한다.
⑤ **언사충(言思忠)** : 말은 바르고 정직하게 할 것을 생각한다.
⑥ **사사경(事思敬)** : 어른을 공경스럽게 섬길 것을 생각한다.
⑦ **의사문(疑思問)** : 모르는 것은 남에게 물어 배울 것을 생각한다.
⑧ **분사난(忿思難)** : 화날 때는 어려운 지경에 이르지 않을 것을 생각한다.
⑨ **견득사의(見得思議)** : 자기에게 이로운 것은 그것이 정당한 것인가를 생각한다.

구용(九容)이란 바른 몸가짐을 갖기 위한 요령을 말한다.

① **족용중(足容重)** : 발을 옮겨 걸을 때는 무겁게 한다.

② **수용공(手容共)** : 손은 쓸데없이 움직이지 않으며, 일이 없을 때는 공손하게 모은다.

③ **목용단(目容端)** : 눈은 단정하게 곱게 뜨고 정면을 본다.

④ **구용지(口容止)** : 입은 조용히 다물어야 한다.

⑤ **성용정(聲容靜)** : 말소리는 나직하고 조용하게 한다.

⑥ **두용직(頭容直)** : 머리는 곧고 바르게 하고 의젓한 자세를 지킨다.

⑦ **기용숙(氣容肅)** : 호흡을 올바르게 하고 안색을 편안히 하여 엄숙한 기상을 가진다.

⑧ **입용덕(立容德)** : 서 있는 모습은 그윽하고 덕성이 있어야 한다.

⑨ **색용장(色容莊)** : 얼굴 표정은 명랑하고 씩씩하게 갖는다.

2) 예절 바른 마음가짐이란

마음가짐은 말과 행동으로 나타나기 마련이다. 예스런 마음을 가지면 말과 행동이 예스럽고, 마음이 예에서 벗어나 있으면 그 말과 행동이 무례해진다. 「대학」(大學)에서도 "마음을 바르게 하고 몸을 닦는다."(正心修身)고 하여 마음가짐이 예의 출발점임을 분명히 하고 있다. 예절 바른 사람의 마음은 다음과 같다.

① **모든 일에 정성스러운 마음을 갖는다.**

정성이란 자기를 속이지 않는 것이다.

② **모든 일에 공경하고 너그러운 마음을 앞세운다.**

내가 남을 공경하면 남도 나를 공경한다. 또 너그러움 앞에서는 모난 것도 날카로움을 잃게 마련이다.

③ **모든 것을 사랑하는 어진 마음을 갖는다.**

미워하고 사악하면 남이 내게로 오지 않는다. 동양 사상은 '인' (仁)에서 출발하며, 인은 사람을 사랑하는 것이라고 했다. 사회 생활을 한다는 것은 남과 어울리는 것인데, 사람을 사랑하지 않고는 남과 어울릴 수 없다.

④ 모든 일에 조심하고 삼가는 마음을 갖는다.

조심하면 공손해지고, 삼가면 실수가 적다. 매사를 깊이 생각하고 말과 행동을 삼가면, 어느 곳에서 무슨 일을 하든지 예스럽게 될 것이다.

⑤ 욕심을 버리고 사양하는 마음을 갖는다.

욕심이 없어야 마음이 편하고 남에게 베풂이 많을 것이다. 분수를 알아 사양하는 마음으로 함께 누리며 살아가야 한다. 사양하는 마음이 곧 예절의 바탕이다.

⑥ 스스로 잘잘못을 가려 부끄러워하는 마음을 갖는다.

자기의 행동을 자기가 세운 규율에 따라 바르게 절제할 줄 아는 사람은 남의 간섭을 받지 않는다.

⑦ 항상 감사하고 넉넉한 마음을 갖는다.

매사에 감사하는 마음을 갖게 되면 모든 것이 넉넉해지고 다른 사람을 배려하는 여유도 생긴다.

⑧ 믿음으로 대하고 의심을 품지 않는다.

의심하는 사람은 항상 걱정이 있고 남의 믿음을 받지 못한다.

⑨ 모든 일을 예스럽게 하겠다는 마음을 갖는다.

이것이 바로 남과 더불어 살아가는 지름길이다.

Tip

예의 바른 태도와 후광효과

'후광효과'(halo effect)라는 개념은 사람의 인상이 어떤 영향을 미치는지를 단적으로 보여주는 좋은 예이다. 인상 형성 연구에서 밝혀진 후광효과란 어떤 사람의 첫인상을 보고 '좋은 사람'이라는 느낌을 받게 되면 그 사람은 능력도 뛰어나고 똑똑하며 관대한 성격의 소유자이며 긍정적인 사고방식을 가졌을 것이라고 생각하게 된다.

반대로 첫인상이 나쁠 경우 그 사람의 능력과 성격, 행동 등에 대해서도 부정적일 것이라고 생각한다. 이를 후광효과라 한다. 서로 논리적으로는 관계가 없지만 긍정적인 특성들은 긍정적인 특성들끼리, 부정적인 특성들은 부정적인 특성들끼리 함께 공존할 것이라고 추론되는 경향이다. 이처럼 예절 바른 태도로 형성된 긍정적인 첫인상은 후광효과로 인하여 다른 지적 능력이나 성격 특성까지 좋게 평가받게 된다.

3) 대인 관계와 삶의 태도 – 에릭 번의 이론을 중심으로

'교류분석' 이론을 세운 미국의 정신의학자 에릭 번(Eric Berne)의 인생 태도 개념은 바람직한 인간관계에 대한 통찰의 기회를 제공해 준다. 번에 의하면 인간은 초기 아동기에 자신과 자신의 주위에 있는 사람들에 대하여 어떤 신념을 갖게 되며 이런 신념은 일생 동안 그 사람의 대인 관계에 지속적으로 영향을 미치게 된다고 한다. 그는 자신과 타인에 대해 취하게 되는 삶의 태도(life position)를 4가지로 분류하였다.

① 자기 부정·타인 긍정 (I'm not OK, You're OK)

자기 부정·타인 긍정은 타인과 비교해서 열등감을 느끼고 의기소침해 하는 사람들이 주로 취하는 자세이다. 이 태도를 지닌 사람은 항상 자기는 부족하고 무가치하고 무력하다고 느끼며 행동하기 때문에 도피적인 태도를 취하여 계속 실패를 유발한다.

② 자기 부정·타인 부정 (I'm not OK, You're not OK)

태어나면서부터 성장기에 이르기까지, 특히 5~6세까지 무조건적이고 긍정적인 스트로크*를 받지 못하고, 엄한 규제와 처벌·무관심 등의 부정적인 스트로크에 의해 양육된 경우 자기 부정·타인 부정의 태도를 취하기 쉽다. 이러한 사람은 사회생활에서 반복적인 실수와 실패를 거듭하고 인간관계도 원만하지 못해 사면초가의 상황에 이르게 된다.

★ 스트로크(Stroke) – '(손으로) 쓰다듬기, 어루만지기' 라는 의미. 에릭 번은 인간은 타인에게 인정받고자 하는 욕구가 있으며, 상대의 말과 얼굴 표정, 몸짓 등을 주고받음으로써 서로의 존재를 인정하게 된다고 말한다. 이를 스트로크라 하였다.

③ 자기 긍정·타인 부정 (I'm OK, You're not OK)

자기 긍정·타인 부정의 성향을 지닌 사람은 자신의 실수에 대한 책임을 다른 사람에게 전가시키며, 자기 자신은 희생이나 박해를 당했다는 자세를 취한다. 이 태도를 취하는 사람은 강한 자기애에 빠져 있으므로 자기 성찰이나 반성을 하려하지 않는다. 자기를 지지하고 추켜 세워 줄 사람을 찾지만, 결국에는 자기로부터 떠나게 만든 후 '역시 나는 혼자이고 나만이 옳다' 는 생각과 행동을 되풀이한다.

④ 자기 긍정 · 타인 긍정 (I'm OK, You're OK)

자기 긍정 · 타인 긍정의 태도는 우리의 마음씨를 개발하는 데 지향해야 할 바람직한 자세이다. 정신적으로 건강하고 사물을 긍정적으로 대하며 자기 자신뿐만 아니라 타인의 존재를 충분히 인정하는 모습을 보인다. 영아기 때부터 긍정적인 스트로크를 받으면서 싹튼 좋은 감정이 오래 남게 되면 자연스럽게 자 · 타 긍정의 태도를 갖게 된다.

성숙한 인격을 가진 사람은 자기와 타인을 수용하고 조화를 이루면서 참된 자아실현을 이루어 갈 것이다. 그리고 자신과 타인의 존재 가치를 동등하게 여기므로 타인을 경쟁의 대상이 아닌, 함께 발전해 나아갈 동지로 생각하기 때문에 갈등과 불안에서 벗어나 편안함을 느낀다.

대인관계가 원만한 사람이 되기 위해서는 자신과 타인을 똑같이 존중하는 긍정적인 인생 태도를 갖고 있어야 한다. 우리는 우리 자신의 인생 태도가 자기 긍정 · 타인 긍정의 태도인가, 그렇지 못한 가를 점검해 보아야 한다.

그런데 인생에 대한 이러한 태도는 어른이 된 후에도 자신의 관점과 행동의 수정이 없는 한 변하지 않는다고 한다. 만약 자기 긍정·타인 긍정의 태도를 갖지 못한 사람은 자신의 태도를 변화시켜야 한다는 문제 의식을 가지고 구체적으로 어떠한 부분이 어떻게 변화되어야 하는지를 알아 변화를 위해 부단한 노력을 기울여야 한다. 초기 아동기에 형성된 인생에 대한 태도를 바꾸기는 매우 어려운 것이 사실이지만 인간의 능력과 잠재력을 믿고 노력하여 예절 바른 품성을 갖도록 해야 할 것이다.

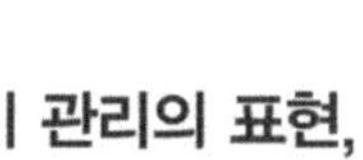

2. 자기 관리의 표현, 이미지 메이킹

1) 이미지란?

마음속에 그려지는 상(象), 심상(心象), 표상(表象), 영상(映像) 등을 뜻하며, 개인에 대한 이미지는 그 사람에 대한 독특하고 고유하며 특유한 느낌이다.

지극히 주관적인 개개인의 생각 속에 존재하는 나의 모습, 나의 이미지는 어쩌면 나의 실제의 모습보다 더 강력하게 나의 삶에 영향을 주고 있는지 모른다. 그렇기 때문에 나는 내가 원하는 방식으로 타인에게 나의 이미지가 전달될 수 있도록 내가 보여주고 싶은 나의 이미지를 선택하고 창출할 수 있어야 한다. 내가 예절 바른 사람이 되고자 한다면 다른 사람들에게 예절 바른 사람이라는 나의 이미지가 심어져야 하기 때문이다.

2) 이미지의 구성과 4가지 유형

좋은 이미지를 형성하는 요인에는 인간미, 정성스러운 마음, 깊은 관심, 신뢰감, 겸손함, 역지사지(易地思之)로 상대방을 배려하는 태도, 매너 있는 행동, 청결한 외모, 온화한 말씨 등이 있다.

> **이미지의 구성**
>
> 이미지는 내적 이미지(personality, 인성)와 외적 이미지(appearance, 외모)로 구성된다. 내적 이미지는 가치관·신념·이상·지적 수준을 반영하며 외적 이미지는 용모·복장·태도·표정·메이크업·자세에 의해 표현된다.
> 내적인 이미지에서 풍겨지는 인성과 외적으로 사람들에게 보여지는 것에 상대방의 인식이 더해져서 만들어진 나의 인상이 곧 이미지인 것이다. 즉 나의 이미지는 다른 사람들이 보고 느낀 나의 모습이다.

*** 이미지의 4가지 유형**

　① 첫인상은 좋았으나 볼수록 나빠지는 형

　② 첫인상은 나빴으나 볼수록 좋아지는 형

　③ 첫인상도 나빴고 볼수록 더 나빠지는 형

　④ 첫인상도 좋았고 볼수록 더 좋아지는 형

최상의 이미지는 물론 ④이다. ①의 경우는 단기간의 교제에서는 문제가 되지 않지만 깊이 있는 인간 관계를 맺는 데는 실패하기 쉽다. 이러한 유형의 이미지를 갖고 있는 사람은 예절 바른 품성을 갖추도록 내면을 개발해야 한다.

②같은 이미지의 사람을 우리는 '진국'이라고 표현한다. 하지만 신입사원 면접에서 이러한 이미지를 갖고 있는 사람이 발탁되기는 쉽지 않다. 그러므로 이런 사람은 외적인 이미지를 좋게 개발하도록 노력해야 한다. ③은 가장 나쁜 경우인데 이러한 이미지를 보여주는 사람은 이미지에 대한 인식을 정확하게 하고 자신을 개발하기 위해 부단한 노력을 해야 한다.

3) 이미지와 첫인상의 상호 관계

알버트 메라비안에 따르면 어떤 사람에 대한 지각은 시각적 정보와 청각적 정보, 그리고 대화의 내용에 따라 결정된다고 한다. 그에 따르면 사람의 첫인상은 표정·자세·동작·외모 같은 시각적인 이미지 55%, 음성의 고저, 톤 같은 청각적 이미지 38%, 말의 내용 7%에 의해 결정된다는 것이다. 이것은 인간관계가 복잡해지고 교제 기간이 짧아지면서 대화 내용보다는 시각적, 청각적 이미지의 영향이 점점 더 커지고 있다는 의미이다.

사람의 이미지 형성에서 가장 중요한 것이 첫인상이다. 학자에 따라서 6~7초 안에 사람의 이미지가 결정된다고 하는 사람도 있지만, 고덴 알포트(Gorden

Allport)는 그의 대인 지각 이론에서 대개의 사람들은 만난 지 30초 동안에 처음 만난 상대의 성별·나이·체격·직업·성격·깔끔함·신뢰감·성실성 등을 어느 정도 평가할 수 있다고 했다.

첫인상은 보통 지속적으로 대인 관계에 영향을 미치게 된다. 처음 만남에서 상대방의 기대보다 약간 높은 이미지를 심어 주게 되면 첫인상이 좋게 될 것이고, 기대보다 낮은 이미지를 갖게 했을 때는 만회하는 데 많은 시간과 노력이 소요된다.

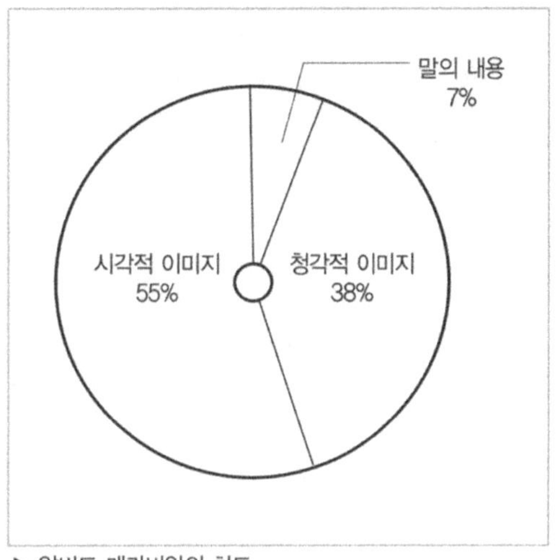

▶ 알버트 메라비안의 차트

그래서 첫인상을 관리하는 일은 아주 중요하다. 첫 만남에서 매력적이고 강한 인상을 주지 못하면 그 이상의 관계가 어렵기 때문이다. 첫인상이 형성될 때는 부정성 효과와 초두(初頭) 효과, 인지적 구두쇠 효과가 작용한다.

부정성 효과란 긍정적인 특성보다 부정적인 특성(예를 들어 '표정이 딱딱하다.', '거만하다.')이 그 사람을 평가하는 데 더 많은 영향을 준다는 것이다. 그러므로 단점보다 장점이 많아도 어떤 단점 한 가지에 의해 전체적인 평가가 부정적이 될 수도 있다. 그래서 누군가를 처음 만날 때는 사소한 부분까지 신경 써서 긍정적인 부분만 보여지도록 하는 것이 중요하다.

초두 효과란 먼저 제공된 정보가 나중에 제시된 정보보다 더 큰 영향력을 발휘하는 것을 말한다. 좋은 첫인상을 주려면 처음 만났을 때 가능한 한 자신의 장점을 부각시키도록 해야 한다.

마지막으로 인지적 구두쇠 효과란, 사람들이 인상 형성에서뿐만 아니라 전반적으로 세상을 판단할 때 가능하면 노력을 덜 들이면서 결론에 이르려고 하는 경향이 있는데 이 속성을 인지적 구두쇠라고 한다. 만약 '사실 난 알고 보면 좋은 사람인데'라고 스스로를 생각하는 사람이 있다면 그 생각을 바꿔서 첫인상으로 승부할 수 있는 방법을 찾아보는 것이 효과적이다. 상대방은 우리에게 그렇게 여러 번의 기회를 주지 않는다.

4) 이미지 메이킹 (Image Making)

이미지 메이킹이란 개인이 추구하는 목표를 이루기 위해 자기 이미지를 통합적으로 관리하는 행위이자, 자기향상을 위한 개인의 노력을 통칭한다.

나의 이미지에 대한 평가는 타인이 하지만 그 모습을 연출하는 것은 본인이다. 누구나 좋은 이미지를 갖고 싶어한다. 그러나 좋은 이미지는 하루아침에 이뤄지는 것이 아니다. 인격을 완성시키는 일이 평생의 과업인 것처럼 이미지 메이킹은 현재 진행형으로서 평생에 걸쳐 꾸준한 자기 관리를 통해서 지속적으로 해 나가야 하는 것이다.

이미지 메이킹을 잘 하려면 내면적으로 자존감(self-esteem)이 높아야 한다. 자존감이란 자신의 자아를 정확하게 인정하고 수용하고 존중할 수 있는 능력을 의미한다. 자아를 수용한다는 것은 자신의 장점과 단점을 있는 그대로 받아들인다는 것이다. 이렇게 자신을 그 모습 그대로 받아들일 수 있는 사람을 우리는 자아가 건강한 사람, 자존감이 높은 사람이라고 하고 자신의 모습을 실제보다 낮게 받아들이는 사람은 열등감이 있는 사람, 실제보다 높게 받아들이는 사람은 우월감이 있는 사람이라고 한다.

열등감이나 우월감이 있는 사람은 자신을 받아들이는 방식은 다르지만 내용적으로 보아서는 자신을 수용하지 못하는 사람이란 점에서 모두 자존감이 낮은 사람이라고 할 수 있다. 자존감이 높은 사람은 자신을 자신있게 표현할 수 있으므로 자신의 장점을 긍정적으로 표현할 수 있게 된다.

5) 성공적인 이미지 메이킹의 5단계

내가 원하는 이미지를 만들기 위해서는 무엇보다도 자기 긍정과 타인 긍정(I'm OK, You're OK)의 태도를 갖고 자기 이미지를 조절하면서 부지런히 노력하는 태도가 필요하다. 이미지 메이킹을 성공적으로 하려면 다음 5단계를 따르는 것이 도움이 된다.

첫째, 자신을 알라. (Know Yourself.)

이미지를 메이킹하기 위해서는 무엇보다 자기 자신을 먼저 냉정하게 관찰하고 판단해야 한다. 그래서 자신에게 맞는 이미지를 선택해야 한다.

둘째, 자신을 계발하라. (Develop Yourself.)

나의 이미지와 내가 좋아하는 이미지는 별개이다. 내가 원하는 이미지와 실제 나의 이미지 사이에는 차이(gap)가 있다. 이러한 차이를 줄여 나가기 위해 자신의 단점을 줄이고 장점은 더욱 개발하는 노력을 해야 한다.

셋째, 자신을 포장하고 상품화시켜라. (Package Yourself.)

제 아무리 좋은 상품도 포장이 형편없으면 평가 절하된다. 같은 물건이라도 그것을 어떻게 포장하느냐에 따라 물건의 가치와 그것을 대하는 우리의 태도가 달라진다는 것을 우리는 익히 알고 있다. 누구나 다이아몬드를 신문지에 싸지는 않는다. 내면의 가치를 살릴 수 있도록 자신의 외면적 이미지도 개발해야 한다.

넷째, 자신을 알리고 광고하라. (Market Yourself.)

자신감을 가지고 자신의 능력을 발휘할 수 있는 기회를 스스로 만드는 것이 필요하다. 현대 사회는 정보화 사회이다. 이러한 사회에서 자신에 대한 정보를 다른 사람들에게 정확하게 제공하는 것은 다른 사람을 배려하는 예절의 또 다른 방법이라 할 수 있다. 그러므로 자신의 이미지를 당당하게 긍정적으로 보여주는 태도가 필요하다.

다섯째, 나의 나다움을 개발하라. (Be Yourself.)

이미지 메이킹에 있어 진실하지 못하다면 위의 4가지 사항은 위선일 뿐이다. 나의 이미지에 대해 자신감을 가지고 더 나은 나를 개발하기 위해, 나의 자아 실현을 위해 끊임없이 노력해야 한다.

6) 이미지 메이킹의 기본 요소 5가지

좋은 이미지를 창출하기 위해서는 매너의 5가지 기본 요소를 잘 갖춰야 한다.

① 온화한 표정

② 단정한 몸차림과 용모

③ 바르고 절도 있는 자세

④ 공손하게 인사하기

⑤ 부드럽고 상황에 맞는 말씨

매너의 5가지 기본 요소는 한 요소, 한 요소를 잘할수록 이미지가 좋아지는 '덧셈의 원칙' 이 적용되는 것이 아니라 4가지 요소를 잘하더라도 나머지 한 가지 요소가 부족하면 전체적인 이미지가 나빠지는 '곱셈의 원칙' 이 적용된다. 즉 어떤 사람의 표정과 용모, 자세와 인사가 각각 '100점' 에 가깝다 해도 그가 사용하는 말씨가 '0' 점이라면 그의 이미지는 '400점' 이 아니라 '0' 점이 되는 것이다. 그러므로 좋은 이미지를 갖기 위해서는 모든 요소를 골고루 갖추어야 한다.

위와 같은 예절 바른 사람의 이미지를 창출하기 위한 기본 요소들에 관해서는 이후의 장에서 보다 자세히 다루기로 하겠다.

❖ 이미지란?

마음속에 그려지는 상(象), 심상(心象), 표상(表象), 영상(映象) 등을 뜻하며, 개인에 대한 이미지는 그 사람에 대한 독특하고 고유하며 특유한 느낌이다.

❖ 이미지의 4가지 유형

▷ 첫인상은 좋았으나 볼수록 나빠지는 형
▷ 첫인상은 나빴으나 볼수록 좋아지는 형
▷ 첫인상도 나빴고 볼수록 더 나빠지는 형
▷ 첫인상도 좋았고 볼수록 더 좋아지는 형

❖ 이미지 메이킹

개인이 추구하는 목표를 이루기 위해 자기 이미지를 통합적으로 관리하는 행위이자, 자기 향상을 위한 개인의 노력을 통칭.

❖ 첫인상 전달의 특징

일회성	신속성	일방성	연관성

첫인상이 전달되는 데에는 위와 같은 특징이 있기 때문에 우리는 좋은 첫인상, 좋은 이미지를 상대방에게 주기 위해 미리 준비할 필요가 있다. 그렇지 않으면 상대방에게 자신이 원치 않는 모습으로 각인될 소지가 있다.

❖ 이미지 메이킹의 세 가지 요소

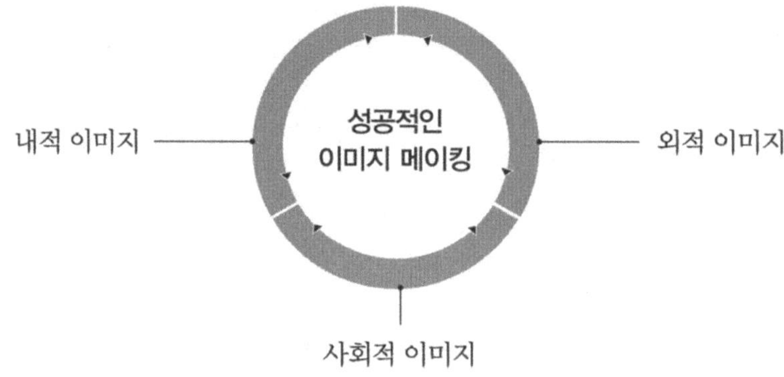

내적 이미지	개인의 내면에 형성되어 있는 의식과 정서를 포함한 본질적인 이미지
외적 이미지	내면의 본질이 종합적으로 외부로 표출되어 나타나는 현상적인 이미지
사회적 이미지	개인의 본질과 현상이 대인관계에서 상대적 교류로 나타나고 형성되는 관계적인 이미지

❖ 이미지 메이킹의 7단계

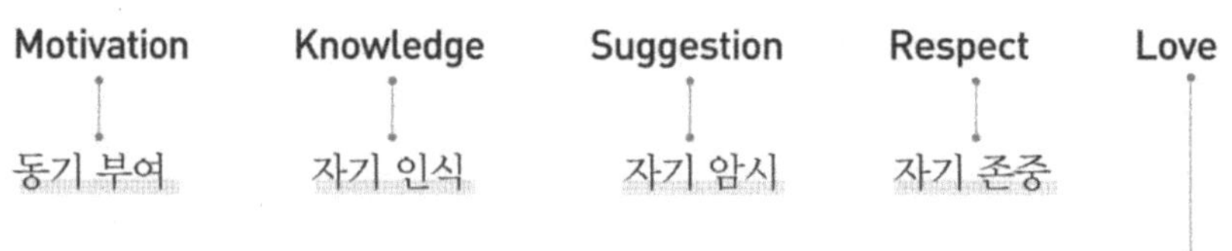

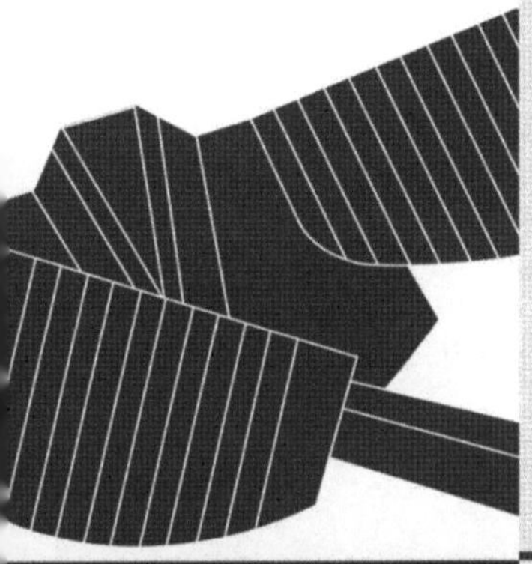

단정한 몸차림과 바른 옷차림

>> 03

1. 예절의 기본, 몸차림

1) 몸차림의 필요성

몸차림이란 인간의 정신을 육체라는 그릇에 담아 놓는 것을 의미한다. 사람의 외모는 첫인상을 결정하는 데 중요한 시각적 정보를 제공한다. 흐트러진 몸차림은 상대방에게 산만하고 불성실하다는 인상을 심어주게 되며, 단정한 몸차림은 상대방에게 신뢰감을 주게 되어 좋은 대인 관계를 맺게 하고 일의 성과를 높여준다.

또한 자신의 몸차림을 단정히 하면 자신의 기분이 정리되고 상쾌해져서 기분을 전환시킬 수 있을 뿐 아니라 삶에 대한 의욕도 생긴다. 그러므로 자기의 몸을 깨끗하고 아름답게 가꾸어 스스로를 높이고, 남에게 호감이 가도록 하는 것은 예절의 기본이 된다.

2) 단정한 몸차림이란

다른 사람을 기분 좋게 하는 몸차림의 기본은 무엇보다도 '청결'이다. 신체 각 부분의 청결에 대해 생각해 보자.

① 머리

머리를 자주 감고 빗질을 단정하게 한다. 머리 모양이 흐트러졌을 때에는 화장실이나 휴게실 같은 곳에 가서 빗으로 바로 만져 가지런히 하되, 다른 사람 앞에서는 머리를 매만지지 않는다.

② 얼굴

얼굴은 깨끗하게 씻어 맑고 밝게 한다. 얼굴이 깨끗해야 표정이 순수해 보인다. 남자는 수염을 매일 깨끗하게 면도하고, 수염을 기르는 사람은 깔끔하게 손질한다.

③ 눈

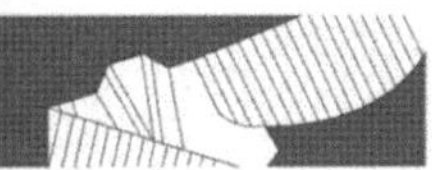

눈은 마음의 창이라고 한다. 눈이 맑지 못하고 탁하거나 충혈이 되어 있으면 상대방에게 좋은 인상을 줄 수 없다.

④ 코

코털이 길지 않은지, 공연히 홀쩍이지 않는지 살피고 주의한다. 만일 대화 중에 콧물이 나올 때에는 가지고 있던 휴지나 손수건으로 몸을 돌려 처리하고 "실례했습니다."라고 말하는 것이 예의이다.

⑤ 귀

귀를 청결하게 한다. 귀지가 보인다든가 귓바퀴에 때가 끼어 있으면 다른 사람에게 불쾌감을 줄 수 있다. 말을 하면서 귓밥을 만지는 사람이 있는가 하면, 새끼 손가락으로 귀지를 긁어내거나 성냥개비로 귀 소제를 하는 버릇이 있는 사람도 있다. 이런 일은 남 앞에서 삼가야 한다.

⑥ 이

이를 깨끗이 닦고 입 냄새가 나지 않도록 관리한다. 그리고 우리에게는 예삿일로 보일지 몰라도 서구 사회에서는 실례가 되는 것이 이쑤시개 사용이다. 식사 후 이쑤시개를 이용할 때는 한손으로 입을 가리고 사용한다.

⑦ 입

입 주위가 깨끗한지 살핀다. 특히 식사 중에 입 주위에 음식물이 묻지 않도록 주의한다. 식사 중에 갑자기 기침이 나올 것 같으면 두 손으로 입을 가리고 기침한 후 손수건을 꺼내어 손을 닦는 것이 좋다.

⑧ 손과 발

짧은 손톱은 깔끔하고 부지런한 인상을 준다. 손은 자주 씻어 항상 청결을 유지하도록 하고, 손톱의 길이는 1.5mm 이내(남성의 경우 1mm 이내)로 유지한다. 매니큐어를 사용할 때는 너무 진한 색상은 피한다. 매니큐어는 잘 바르면 단정해 보이지만 벗겨져서 지저분하면 바르지 않은 것보다 훨씬 좋지 않은 인상을 남기게 되므로 벗겨지지 않도록 유지하고 주의를 기울인다.

발은 냄새가 나지 않게 항상 청결히 하도록 한다. 가죽이나 비닐 등 통기성이 나쁜 소재로 된 구두를 하루종일 신고 있으면 발 냄새가 심하게 난다. 매일 발을 꼼꼼히 닦고 구두 속에는 탈취제를 넣어 발 냄새를 없애도록 한다. 여벌의 신발을 준비해서 가급적이면 신발을 매일 갈아 신도록 한다. 특히 여름에 샌들이나 슬리퍼를 신기 위해 발을 노출시킬 때는 발뒤꿈치의 각질을 제거해 청결한 느낌이 들도록 주의한다.

2. 품위 있는 옷차림

1) 옷차림에 깃든 상징성

옷을 입은 사람의 차림새는 그 사람의 지위, 개성, 매력의 창이 될 수 있다. 이것은 옷이 단지 인간이 생존하기 위한 기본적인 의식주의 한 요소에 그치는 것이 아니라 생활 수준의 향상과 더불어 심리·사회적 기능을 갖게 되었음을 의미한다. 즉 옷은 제2의 피부라고 할 만큼 신체와 밀착되어 있어 개인의 성격이나 가치관, 직업 등을 표현하는 기능을 한다. 현대 사회에서 사회적 관습에 따른 옷차림을 습득하고 자신의 기호나 체형, 사회적 위치에 맞게 옷차림을 하는 능력은 중요하다. 옷차림은 사람의 첫인상의 상당 부분을 좌우하게 되며 자신의 이미지를 표현해 주는 역할을 하기 때문이다.

2) 바른 옷차림

옷은 체온 유지, 신체 보호와 아름다움을 추구하는 기능 이외에도 수치스러운 곳을 가리는 예절적인 측면이 있다. 따라서 옷차림

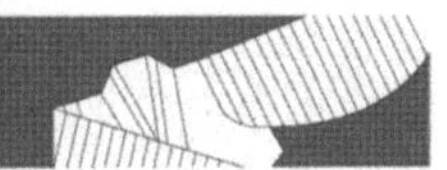

예절의 기본은 이러한 목적에 잘 맞게 입는 것이다. 옷차림에 대한 완벽한 공식은 없으나 올바른 옷차림을 위한 일반적인 원칙은 다음과 같다.

① 깨끗하게 입는다.
② 단정하게 입는다.
③ 일습을 갖추어 입는다.
④ 때, 장소, 상황에 맞는 옷차림을 한다.
⑤ 형편에 맞는 옷차림을 한다.
⑥ 의복의 용도에 맞게 입는다.
⑦ 개성과 사회성의 조화를 고려한다.
⑧ 전체적인 조화를 생각한다.
⑨ 품위를 갖춘다.
⑩ 옷의 목록을 만든다.
⑪ 지나치게 유행을 좇는 것은 피한다.

3. 우리 옷 한복, 바르게 입기

한복은 직선과 곡선이 조화를 이루어 우아함과 품위를 자랑하는 우리의 전통 의상이다. 여자의 한복은 짧은 저고리와 풍성한 치마로 온화함과 여유 있는 아름다움을 풍기며 남자의 한복은 바지, 저고리를 기본으로 조끼와 마고자로 멋을 내도록 되어 있다.

최근 생활양식이 변화하여 양복이 보편화되고 있으나, 우리 고유의 한복은 명절이나 행사의 예복으로서 여전히 중요한 옷차림이다. 세계화 시대에 우리 문화의 정체성을 확립하기 위한 노력의 일환으로 한복의 아름다움을 현대 감각에 맞게 계승 발전시켜 나가야 한다.

아울러 한복의 아름다움에 대해서는 동의하지만 생활에서의 편의성 때문에 한복을 꺼리는 젊은 세대의 취향에 맞도록, 그리고 입식 생활 양식에 적합하도록 한복을 실용화하기 위한 꾸준한 연구와 노력이 필요하리라고 본다.

여자 한복

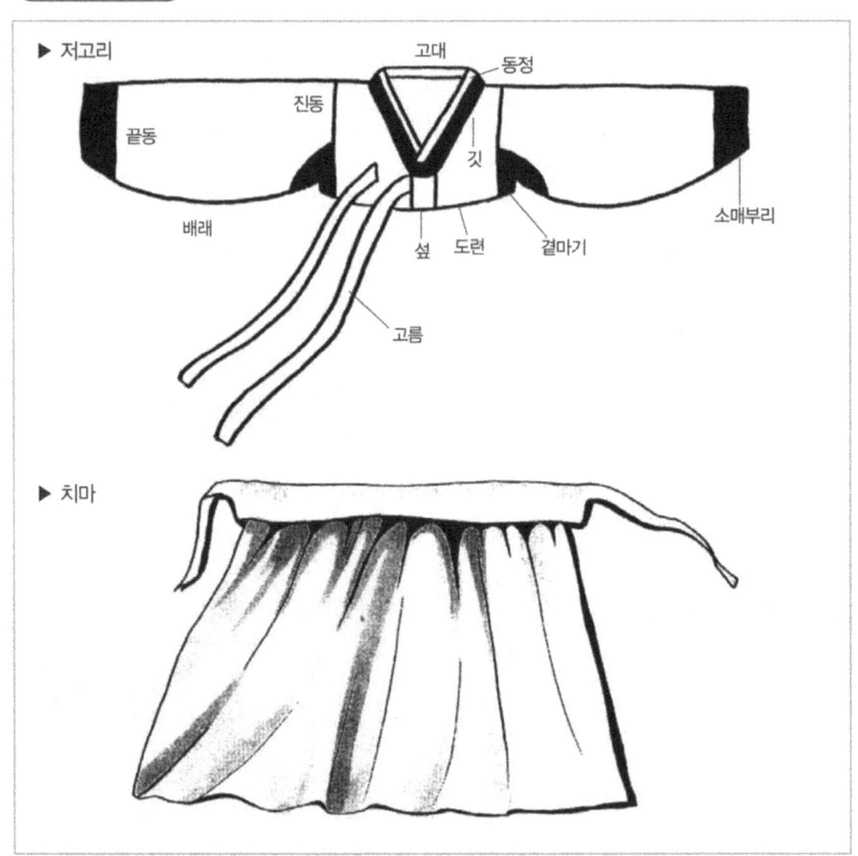

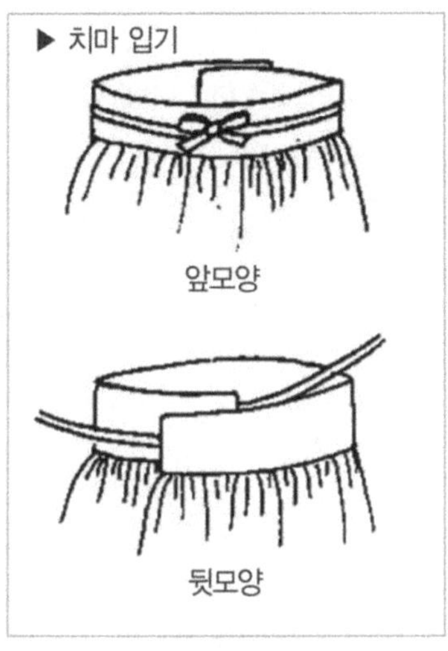

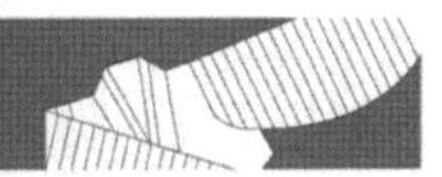

• 속옷 입기

아래는 속바지를 입고 위는 속적삼이나 속저고리를 입는다. 속바지에 주머니가 있을 경우 앞으로 오게 하여 입는다.

• 겉옷 입기

속옷을 바르게 입고 버선을 신은 다음 치마와 저고리를 입는다.

1) 버선 신기

버선은 수눅의 시접이 바깥쪽을 향하도록 하여 수눅선이 조금 안쪽으로 기울어진 듯 신는다.

2) 치마 입기

① 조끼허리에 팔을 넣어 어깨에 걸친다.

② 치마의 겉자락이 왼쪽으로 놓이도록 입되 안자락 허리끈은 오른쪽 옆 겨드랑이로, 겉자락 허리끈은 왼쪽 겨드랑이 밑으로 뺀 후 앞에서 허리끈을 맨다.

3) 저고리 입기

① 저고리는 앞으로 숙여 입고 동정니를 맞추어 옷고름을 맨다.

② 저고리 진동의 구김을 정리하고 저고리 매무새를 가다듬는다.

③ 때와 장소에 맞는 노리개를 패용(佩用)하여 한복의 아름다움을 살리며 노리개는 저고리의 겉고름이나 안고름 또는 치마허리에 맨다.

4) 마고자, 두루마기 입기

겨울에는 저고리 위에 방한용으로 마고자, 배자를 입기도 하고 외출할 때는 두루마기를 입는다.

• 여자 한복차림의 예절

① 머리는 흐트러짐 없이 단정히 빗어 넘겨 목선이 보이도록 하거나 올린다.

② 목걸이는 하지 않고 기타의 장신구도 되도록 하지 않는 것이 좋다.

③ 귀걸이를 할 경우는 귓볼에 붙는 짧은 것으로 한다.

④ 가방은 작은 것으로 손잡이가 짧거나 없는 것으로 한다.

⑤ 버선과 고무신을 갖추어 신는 것이 한복의 맵시를 살린다.

⑥ 여자의 두루마기는 방한복이므로 예를 갖출 때나 실내에서는 입지 않는다.

⑦ 걸을 때는 속옷이 보이지 않도록 치마 자락을 왼손으로 살짝 잡는다.

• 한복의 보관

① **저고리** : 뒷고대 한쪽 끝을 중심으로 접어 동정이 구겨지지 않도록 겹친 다음 한 쪽 진동선을 중심으로 옷걸이에 걸어두거나 접어서 상자에 보관한다.

② **치마** : 치마허리를 겹쳐 잡은 다음 2~3번 접어서 허리끈으로 돌돌 말아 걸어 놓는다. 또는 폭선을 잡아 반씩 접은 다음 길이를 반으로 접어 걸어 둔다.

Tip
한복과 상징

한복은 시대 흐름에 따라서 변화를 주고 있다. 저고리 길이가 짧고 길어지고, 소매배래가 넓어지고 좁아지기도 했다. 그러나 저고리는 품이 맞도록 입고, 치마는 여유롭게 치마폭을 넉넉히 입는 것은 변함이 없다. 솜저고리는 유(襦), 홑저고리는 삼(衫)이라 했는데 저고리의 깃이나 고름은 다른 색으로 달아서 아름답게 조화를 이루도록 했다. 또한 고름과 끝동의 색상은 신분을 나타냈다.

• **남색 끝동** – 아들을 상징, • **자주 고름** – 남편을 상징
  → 남색 끝동 없이 자주색 고름은 아들이 없는 부인이고, 남색 끝동에 고름을 저고리색으로 했으면 아들은 있고 남편은 없는 것이다.

• **다홍치마에 노란 저고리** – 처녀들이 입는 옷이다.

• **다홍치마에 연두 저고리** – 신부가 입는 옷이다(연두색은 봄을 상징하므로 시작을 뜻한다.).

• **깃** – 나이가 들수록 깃색을 바꿔 달지 않는다.

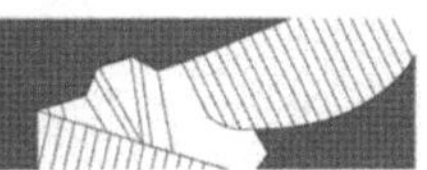

옷고름 매는 법

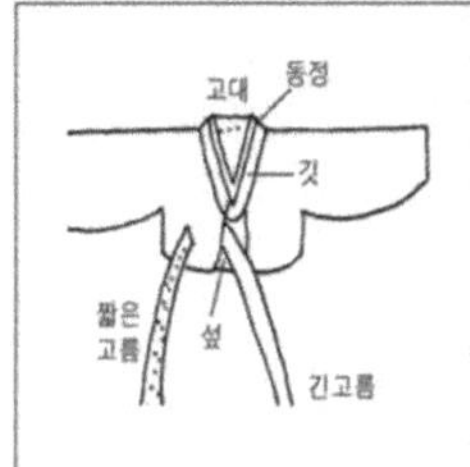

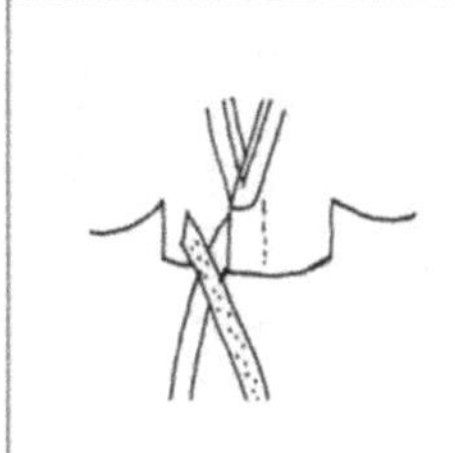

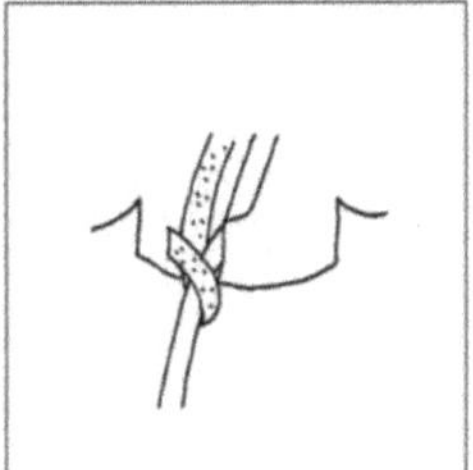

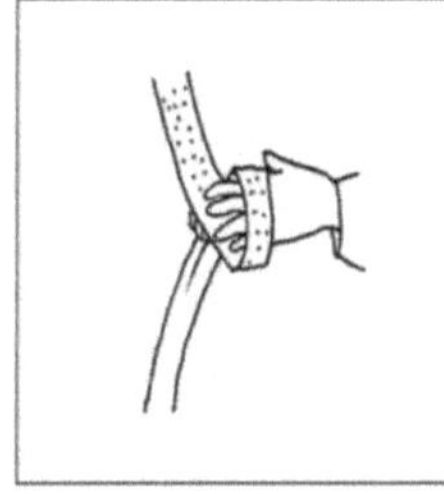

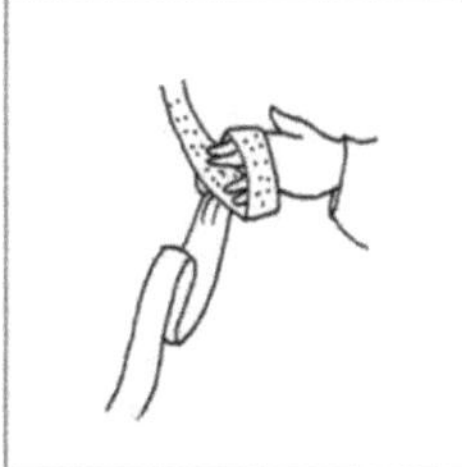

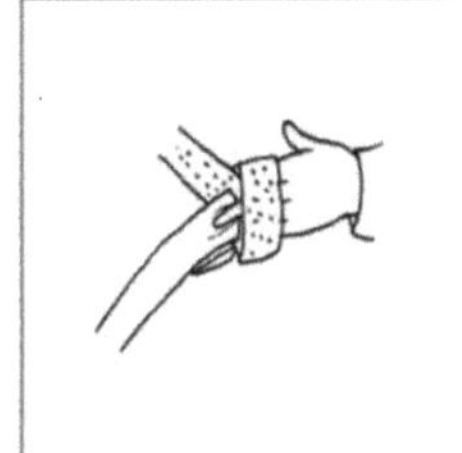

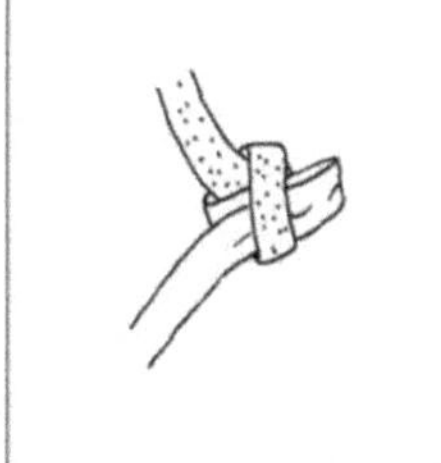

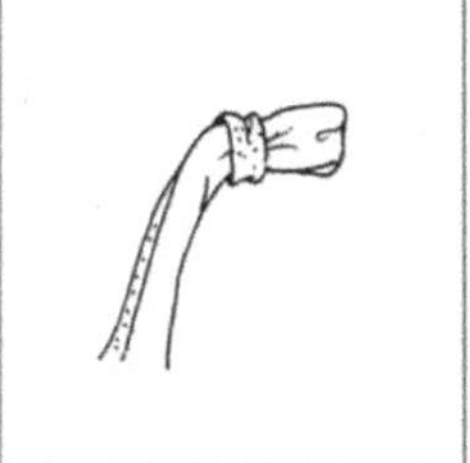

1. 짧은 고름은 위로, 긴 고름은 아래로 가도록 맨다.
   (짧은 고름은 고리로 만들기 위한 것이다.)
2. 위쪽으로 뺀 짧은 고름을 삼각형 모양으로 고리를 만든다.
3. 긴 고름으로 고를 내어 고리 안쪽으로 집어 넣는다.
4. 고름의 아래위를 팽팽히 잡아 당겨 3~5cm 차이를 두고 정돈한다.
5. 수시로 고름을 정돈한다.

남자 한복

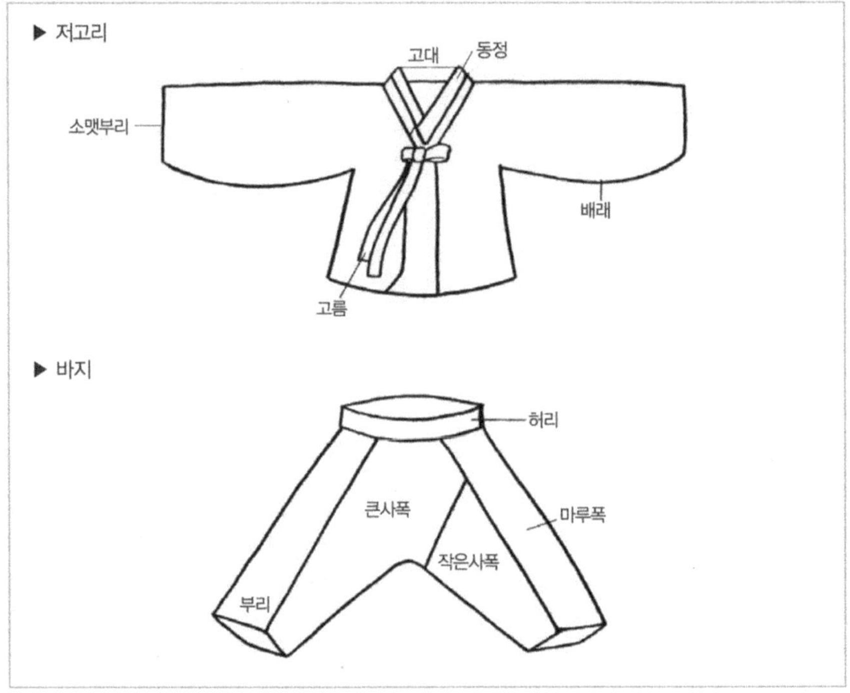

속고의 → 속적삼 → 바지 → 저고리 → 조끼 → 마고자 → 두루마기 순으로 입는다.

• 속옷 입기

아래는 속고의를 입고 위에는 속적삼을 입는다.

• 겉옷 입기

1) 바지 입기

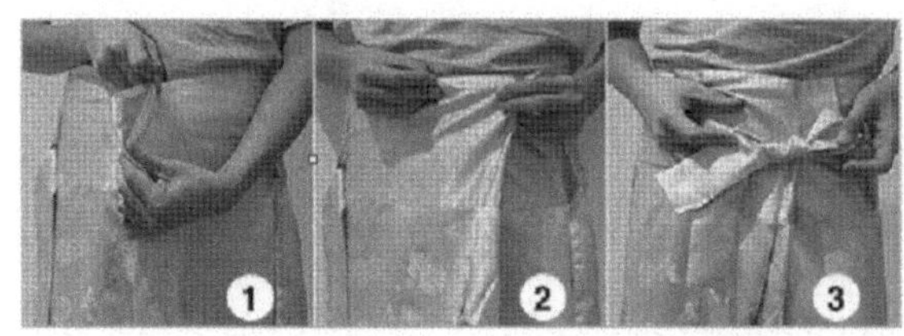

① 바지의 큰사폭이 오른쪽으로 가도록 입는다.

② 바지의 허리부분을 가슴까지 올려 앞 중심선에서 여유분을 잡아 왼쪽으로 가

게 덮는다.

③ 그 위의 중앙에서 허리끈으로 고를 만들어 맨 후 여유분을 접어 내린다.

④ 사폭 솔기를 맞추어 대님을 맨 후 마루폭 솔기가 중앙에 오도록 정리한다.

2) 저고리, 조끼, 마고자, 두루마기 입기

저고리, 두루마기의 고름매기는 옷고름 매는 방법으로 한다. 요즘에는 미성년자의 경우 두루마기를 입지 않기도 하지만 계절에 관계없이 입는 것이 예의이다.

• 한복 입었을 때의 바른 자세

1) 서 있는 자세

① 뒤꿈치를 붙이고 앞꿈치는 약간 벌리며 자연스럽게 선다.

② 무릎과 엉덩이, 허리를 자연스럽고 곧게 편다.

③ 체중을 두 다리에 고르게 실어 몸이 한쪽으로 기울지 않도록 한다.

④ 두 손은 앞으로 모아 공수를 한다.

⑤ 가슴을 자연스럽게 편다.

⑥ 두 어깨는 수평이 되도록 반듯하게 해서 앞으로 굽혀지거나 뒤로 젖혀지지 않도록 한다.

⑦ 고개는 반듯하게 들고 턱을 자연스럽게 앞으로 당긴다.

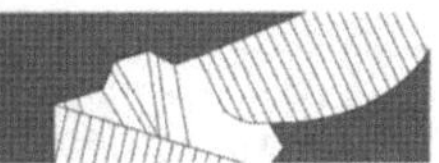

1. 안쪽 복사뼈에 바지의 마루폭 선을 댄다.(그 림 ①)
2. 바깥쪽으로 돌려 싸서 안쪽 복사뼈에 끝을 댄다.(그 림 ②)
3. 바지 부리 끝에서 약 1~2cm 위로 대님을 한 바퀴 감아 안쪽에서 끝을 맞춘다.(그 림 ④)
4. 두 번 돌려 안쪽 복사뼈 위에 고를 내어 매듭을 묶는다.(그 림 ⑤)
5. 대님 위로 올라간 바지를 잡아 내려서 동그랗게 정리한다.(그 림 ⑥)
※ 그 림 ⑦은 왼발의 바깥쪽 모습

⑧ 눈은 곱게 뜨고 시선은 자신의 정면에 둔다.

2) 앉는 자세

① 어른의 정면에 앉지 않고 되도록이면 남자는 어른의 오른쪽, 여자는 어른의 왼쪽 앞에 앉는다.

② 어른께서 앉으라고 한 뒤에 앉는다.

③ 먼저 왼쪽 무릎을 꿇고 다음에 오른쪽 무릎을 꿇어 앉는다.

④ 두 손을 모아 잡은 손을 남자는 중앙에, 여자는 오른쪽 다리 위에 놓는다.

⑤ 옷자락이 앉은 주위에 펼쳐지지 않도록 잘 마무리한다.

⑥ 허리를 곧게 펴고 시선은 앉은키의 2배 정도의 바닥에 둔다.

⑦ 방석에 앉을 때에는 방석을 발로 밟지 않도록 주의한다.

⑧ 방석 위에 양쪽 무릎을 꿇고 앉는다.

⑨ 방석의 중앙에 앉되 발끝이 방석의 뒤편 끝에 걸쳐지게 앉는다.

⑩ 일어설 때에는 무릎을 들면서 두 손으로 방석이 움직이지 않도록 지그시 누르며 일어난다.

⑪ 어른이 편히 앉으라고 하면 편히 앉는다. 이 때 벽이나 가구에 기대거나 손으로 바닥을 짚고 비스듬히 앉지 않도록 주의하며 다리를 뻗고 앉지 않는다.

3) 걷는 자세

① 발은 자연스럽게 내디며 발바닥이 앞뒤에서 보이지 않게 한다.

② 발끝을 벌리지 말고 일직선으로 곧게 걷는다.

③ 옷자락이 펄럭이지 않게 잘 여미며 걷는다.

④ 실내에서 걸을 때에는 보폭을 실외에서보다 좁게 한다.

⑤ 치맛자락을 왼손으로 살짝 추켜잡아 겨드랑이에 끼고 땅에 끌리지 않도록 발끝으로 치맛자락을 사뿐히 차듯이 밀며 걷는다.

4) 방이나 대문을 나올 때

방을 나올 때에는 뒤로 조용히 물러 나와야 하며 현관에서 신을 신을 때에는 옷매무새를 조심하여 대문을 나오며 다시 서너 발짝 뒤로 물러서서 인사한다.

5) 계단에 오르고 내려갈 때

① 계단을 오를 때에는 치맛자락을 겨드랑이에 정리하고 앞자락을 살짝 들어 치맛자락이 밟히지 않게 한다.

② 계단을 내려올 때에는 치맛자락을 겨드랑이에 정리하고 뒷자락을 살짝 들어 치맛자락이 끌리지 않게 한다.

양복 옷차림 방법

1) 옷 잘 입는 남자의 올바른 양복 옷차림

① 드레스셔츠

- 드레스셔츠는 화이트셔츠(white shirt)에서 유래되어 와이셔츠라고도 부르지만 드레스셔츠(dress shirt)가 올바른 명칭이다.
- 드레스셔츠는 정통 정장차림에는 흰색이 기본이지만 언제 어디서나 흰색을 고집할 필요는 없다. 최근에는 푸른색 계열의 드레스셔츠도 신뢰감을 주는 색으로 비즈니스 시 많이 애용되고 있다. 따라서 연분홍, 연노랑, 파랑, 회색 계열 등의 색으로 자신의 피부색에 맞게 연출한다면 더 감각 있게 보일 수 있다.
- 드레스셔츠 속에는 속옷을 입지 않는 것이 깔끔해 보인다.
- 공식적인 자리에 갈 때는 여름에도 긴소매를 입는 것이 원칙이다.
- 드레스셔츠의 소매길이는 정장 소매보다 1~1.5cm가 나오도록 입는 것이 좋다.
- 드레스셔츠는 자신의 목 둘레보다 0.5cm 정도 여유 있는 것이 좋고 자신의

얼굴형에 어울리는 칼라를 선택해야 한다.

– 드레스셔츠는 허리 아래로 길이가 15cm 정도 내려와야 활동 시 빠져나오지 않아 단정한 옷매무새를 유지할 수 있다.

② 상의와 바지

– 소매 길이는 손등 위로 알맞게 내려오는 것이 적당하다.

– 상의 길이는 팔을 자연스럽게 내렸을 때 엄지의 제1관절에 위치하면 적당하다.

– 바지 길이는 서 있을 때 단이 구두 등에 스칠 정도로 오게 한다. 뒤는 앞보다 다소 길게 하여 구두 뒷굽보다 약간 위로 올라오게 입는다.

③ 와이셔츠

– 넥타이로 목 언저리를 꼭 맨다.

– 깃의 맞춤이 예쁜 V자형을 만들면 늠름해 보인다.

– 선 자세에서 팔을 내렸을 때 양복 소매에서 셔츠가 1cm 정도 나오게 입는다.

– 여름이라도 중요한 자리라면 긴 소매를 입는다.

– 체형에 맞는 컬러를 선택한다.

④ 넥타이

– 넥타이 착용시에는 단단하게 매서 매듭이 목 가까이 중심에 오도록 하며 길이는 넥타이 끝이 벨트 버클을 살짝 덮을 정도가 좋다.

– 넥타이의 색은 우선 슈트의 색상을 기본색으로 하여 같은 계열의 색이나 대비되는 색을 고르는 것이 좋다. 무늬가 요란한 것일 때는 넥타이의 바탕색이나 무늬 중에서 한 가지는 슈트의 색과 같은 계열의 색을 고른다.

⑤ 구두 및 양말

– 구두는 디자인이나 색상, 소재의 질을 생각하기에 앞서 발에 부담을 주지 않는 것을 우선적으로 선택한다.

– 짙은 감색의 정장에는 검정 구두를, 중간 색상이나 갈색 계열의 정장에는 갈

색 구두를 신는 것이 잘 어울린다.

- 양말의 길이가 너무 짧거나 목이 늘어져 흘러내려 다리 살이 보이지 않도록
  주의한다.
- 양말의 색깔은 구두나 양복의 색깔에 맞추는 것이 기본이며 정장에 흰 양말
  은 피해야 한다. 바지의 색상과 같은 색 계열로 하되 바지보다 짙은 색이 원
  칙이다.

2) 옷 잘 입는 여자의 올바른 양복 옷차림

① 슈트

- 비즈니스의 복장으로 가장 기본적인 복장이며, 단정한 느낌을 연출해 어떤
  장소에도 손색이 없다.
- 재킷과 스커트를 같은 감으로 하고 재킷 안에는 블라우스를 입는다.
- 직장인에게 적합한 스커트 길이는 너무 길거나 짧지 않은 무릎 바로 아래 정
  도가 가장 적당하며 타이트 스커트가 정장의 기본 스타일이다.
- 블라우스는 심플한 디자인이 적당하며, 레이스나 프릴이 많은 디자인은
  피하도록 한다.
- 재킷과 바지를 입으면 팬츠 슈트라고 한다. 이는 편안하고 기능적이지만
  자신의 직업에 따라 알맞게 입도록 한다.

② 투피스

- 재킷과 스커트는 같은 감으로 된 것을 입을 수도 있고 조화가 잘 되는 다른
  옷감을 입어도 무방하다. 투피스는 사무실 내에서도 무난하게 입을 수 있다.
- 블라우스와 스커트, 셔츠와 스커트 등의 차림도 가능하다.
- 상황에 따라 적절한 분위기를 연출할 수 있기 때문에 일상생활에서 많이
  이용되는 복장이다.

③ 원피스

- 원피스는 단정하면서도 여성스러운 분위기를 연출할 수 있어 여성들이 많이 입는 스타일이다. 그러나 비즈니스 복장으로는 슈트나 투피스가 더 적당하다.
- 원피스는 의자에 앉거나 손을 치켜 올릴 때 치마가 많이 올라갈 수 있기 때문에 조심해서 입어야 하며, 특히 사무실 등에서는 너무 짧은 것은 입지 않도록 한다.
- 민소매 원피스는 사무용 복장으로 적당하지 않다.

④ 구두와 스타킹 및 기타 소품

- 구두는 검은색, 갈색 계통의 진한 색을 신는 것이 좋다.
- 구두의 뒷굽이 너무 닳았거나 가죽 부분이 벗겨진 것은 단정해 보이지 않으므로 주의한다.
- 구두는 항상 윤이 나게 잘 닦아 신는다.
- 정장에는 5cm 정도의 굽이 있는 구두가 잘 어울리며, 앞뒤가 모두 막혀 있는 것이 좋다.
- 스타킹은 자신의 피부색에 맞게 살색이나 커피색을 고르는 것이 정장차림에 어울린다.
- 슈트의 색이나 구두의 색과 통일된 색으로 스타킹을 신으면 다리가 길어 보이는 효과가 있다.
- 여름이라도 스타킹을 신는 것이 정장을 입을 때의 매너이다.
- 목걸이를 했을 때는 브로치를 하지 않는다. 한복에 있어서는 브로치가 액세서리와 실용을 겸하고 양장에 있어서는 순수한 액세서리이므로 잘 선별하여야 한다.

❖ 바른 옷차림이란?

깨끗하게	헌 옷이라도 정갈하게 입으면 인품이 돋보인다.
단정하게	잠가야 할 곳은 잠그고, 속에 감춰야 할 것은 감춰서 입는다.
일습을 갖춘다	속옷을 잘 갖추어 입어야 겉옷의 실루엣이 잘 드러난다.
T.P.O.에 맞게	야외에서는 편리한 옷을, 근무할 때는 사무복, 파티에는 예복을 입는다.
개성과 사회성	개성 있는 옷차림은 매력적이지만 지나친 파격과 변칙은 경박해 보이기 쉽다.
용도에 맞게	잠옷은 잠잘 때, 실내복은 집안에서 입는다.

❖ 현대 생활 & 바른 옷차림

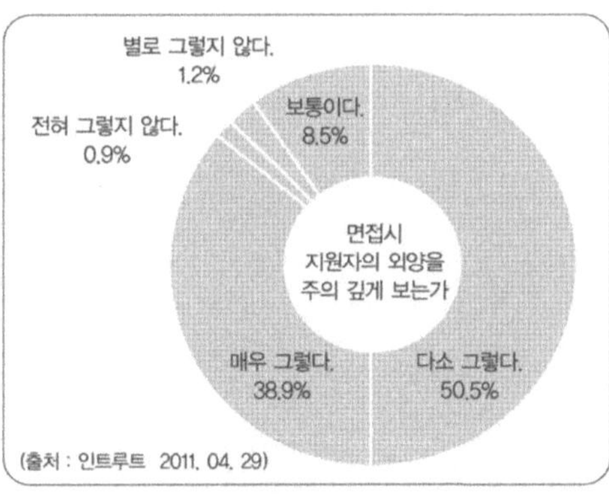

인사담당자의 64.1%가 면접을 볼 때 옷차림 때문에 지원자를 떨어뜨린 경험이 있다는 조사 결과가 발표된 적이 있다. 취업인사포털 인크루트는 기업 인사담당자 329명을 대상으로 〈면접 중 지원자의 외모〉에 관해 조사했다.

조사 결과, 면접 중 지원자의 옷차림이나 헤어스타일, 메이크업, 액세서리 등 외양을 주의 깊게 본다고 답한 응답자는 전체의 89.4%였다.

특히 인사담당자의 64.1%는 옷차림 등의 외양 때문에 아예 탈락시킨 지원자가 있다고 밝혔다. 탈락한 지원자는 남자(37.0%)보다 여자(63.0%)가 많았다.

응답자들이 꺼리는 면접자의 외양(복수 응답)은 남자의 경우, 단정하지 않은 머리(70.8%)가 1위였다. 이어 ▲운동화(49.5%) ▲지나치게 화려한 색깔의 옷(43.5%) ▲정장이 아닌 옷차림(38.0%) ▲액세서리 착용(24.6%) ▲과하게 격식을 차린 정장(21.9%) 등이 있었다.

여자는 노출이 심한 옷차림(69.6%)이 첫째로 꼽혔다. 이 밖에 ▲단정하지 않은 머리(65.7%) ▲과도한 액세서리(53.5%) ▲지나치게 화려한 색깔의 옷(43.2%) ▲진한 메이크업(41.9%) ▲운동화(35.0%) 순이었다. 한편, 인사담당자의 89.7%는 옷차림 등으로 지원자의 성향을 파악할 수 있다고 생각하는 것으로 조사됐다.

❖ **여름철 직장 내 꼴불견 옷차림 1위는?** 〈출처 : 한국경제 2011.8.17〉

미니스커트, 깊게 파인 옷 등 노출이 심한 옷	45.3% (복수 응답)
속이 훤히 비치는 시스루 룩	44.5% (복수 응답)
세탁하지 않은 옷	33.6% (복수 응답)
맨발에 슬리퍼	30.6% (복수 응답)

이외에도 ☐현란한 색상과 패턴의 옷(19.2%) ☐꽉 끼는 옷(16.8%) ☐구겨진 옷(15.9%)
☐민소매 옷(14.5%) 등의 응답이 있었다.

❖ **한복의 특징**

- ⊙ 직선과 곡선의 조화
- ⊙ 동양적 윤리 사상이 담긴 옷
- ⊙ 하후상박(下厚上薄)의 형태
- ⊙ 체형의 결점을 보완
- ⊙ 생리적인 기능, 활동성

❖ **여자 한복 입기**

① 속바지 ▶ 속치마 ▶ 버선 ▶ 치마 ▶ 속저고리 ▶ 저고리 순으로 입는다.
배자, 두루마기는 방한용으로 착용한다.
② 버선을 신을 때는 수눅의 시접이 바깥쪽으로 가도록 신는다.
③ 치마끈을 맬 때는 겉자락이 왼쪽으로 오도록 치마를 입고, 안자락 끈을 어
깨끈 사이로 뺀다.

❖ **남자 한복 입기**

① 속옷 입기 ▶ 바지 ▶ 저고리 ▶ 조끼 ▶ 마고자 ▶ 두루마기 순으로 입는다.
② 남자의 두루마기는 의례용으로, 정장차림을 해야 하는 곳에서는 두루마기
를 입어야 한다.
③ 목도리는 방한용이므로 실내에서는 착용하지 않는다.

아름다운 표정과 메이크업

» 04

1. 좋은 표정과 첫인상

첫인상에 영향을 주는 시각적인 요소에는 얼굴 표정, 옷차림, 액세서리, 자세 등이 있다. 그 가운데서 사람을 처음 만났을 때 시선이 가장 먼저 가는 곳이 바로 얼굴이다. 얼굴은 '얼의 거울'의 준말로 사람의 얼(정신, 마음)을 비추는 거울이다. 사람의 얼은 그의 상태에 따라 기쁘면 기쁜 대로, 슬프면 슬픈 대로 얼굴 근육의 변화를 일으키는데 이렇게 해서 표정이 만들어진다. 그러므로 표정은 마음의 창이며 분화구이다. 마음의 상태는 표정을 통해 밖으로 표현되고 사람의 표정을 보면 그 사람의 마음 상태를 읽을 수 있다.

좋은 표정이란 얼굴 전체를 부드럽고 온화하게 하는 것이다. 활기차고 생생하며 상황에 적절한 표정은 다른 사람에게 호감을 주게 된다.

사람의 첫인상은 대개 그의 표정에서부터 시작된다. 표정은 매너의 가장 기본이 되는 요소이다. 표정은 대인 관계에서 자기를 나타내는 첫 단계이며 상대방을 배려하는 기본적인 요소이다.

사람들을 만나다 보면 늘 밝고 활기찬 표정으로 다른 사람을 즐겁게 하는 사람이 있는가 하면 어두운 표정으로 상대방의 기분까지 나빠지게 하는 사람이 있다. 표정이 밝은 사람은 대체적으로 성격도 밝고 적극적인 경우가 많다. 누구나 어두운 표정의 사람보다는 밝고 건강한 이미지를 지닌 사람과 가까이 하고 싶다. 그렇지만 늘 좋은 표정을 유지하는 것은 생각만큼 쉬운 일이 아니다. 좋은 표정을 짓는 습관 형성은 마음을 다스리는 것처럼 어려운 것이기 때문에 인격 수양의 중요한 부분이 된다.

1) 좋은 얼굴 표정의 기본 요소

얼굴 표정을 결정하는 요소는 전체 얼굴 근육·얼굴 방향·턱·눈·입 다섯 가지이다.

요소	얼굴의 표정	전달되는 느낌
전체 얼굴의 근육	얼굴 근육을 이완시키고 편안하게 가진다.	부드럽고 온화한 느낌
얼굴 방향	고개를 똑바로 하여 정면을 향한다.	솔직한 느낌
턱	자연스럽고 반듯하게 하며 약간 당긴다.	안정된 느낌
눈	초점을 분명히 하고 지긋이 뜬다. 눈동자는 눈의 가운데에 오도록 한다. 시선은 정면을 향하고, 단정하게 뜨도록 한다.	단정하고 진지한 느낌 안정된 느낌 솔직하고 자신감 있는 느낌
입	조용히 다문다. 미소를 짓는다.	단정하고 안정된 느낌 밝고 친근한 느낌

2) 좋지 않은 얼굴 표정

때로는 마음은 그렇지 않은데 잘못된 습관으로 좋지 않은 표정을 짓게 되어 상대로부터 오해를 사는 경우가 있다.

요소	얼굴의 표정	전달되는 느낌
전체 얼굴의 근육	얼굴 근육을 긴장시키거나 찡그린다.	화나고 딱딱한 느낌
얼굴 방향	고개를 돌린다. 고개를 숙인다.	상대를 싫어하는 듯한 느낌 뭔가 숨기는 느낌
턱	턱을 든다.	경망스러운 느낌 또는 거만한 느낌
눈	곁눈질을 한다. / 눈동자를 밑으로 굴린다. 위로 치뜬다. / 시선을 너무 빨리 옮긴다. 위아래로 훑어본다. / 뚫어져라 쳐다본다	경망스러운 느낌 / 정직하지 못한 느낌 억눌린 느낌 / 산만한 느낌 염탐하려는 듯한 느낌 / 도전적인 느낌
입	씰룩거린다. / 입을 벌린다. 입술을 깨문다. / 꽉 다물지 않는다.	불만스러운 느낌 / 겁먹거나 멍청한 느낌 불안한 느낌 / 긴장된 느낌

2. 표정 훈련과 미소

1) 표정 훈련의 필요성

길을 가다 무심코 지나치는 사람들의 표정을 보면 많은 사람들의 표정이 환하고 정답기보다는 화가 난 듯한 표정, 심각한 표정, 무뚝뚝한 표정, 무감각한 표정이 훨씬 많다는 것을 발견하게 된다.

마음은 그렇지 않은데 좋은 표정을 짓기가 어려운 이유는 얼굴의 근육이 너무 굳어 있기 때문인데, 평소 웃지 않던 사람이 갑자기 웃으려고 하면 어색하고 근육 경련이 일어나기도 한다. 풍부한 표정 연출은 다른 운동과 마찬가지로 평소에 얼굴 근육 훈련을 하면 가능해진다. 표정 연출을 위한 근육 훈련은 매일 조금씩 꾸준히 연습하는 것이 중요하다.

하루에 거울을 몇 시간 정도 보는가? 연예인이나 메이크업 아티스트 같은 특별한 직업을 갖고 있지 않다면 보통 하루에 1시간 정도를 넘지 않을 것이다. 그 나머지 시간은 자신이 의식하든 의식하지 않든 다른 사람들에게 보여지고 있다는 사실을 인식하면 표정 훈련을 해야 할 필요성을 느끼게 될 것이다.

좋은 표정을 짓기 위해서는
첫째, 평소 거울을 자주 보는 습관을 기른다.
둘째, 좋은 표정을 짓기 위한 표정 훈련을 지속적으로 실시한다.
셋째, 근육 훈련만으로 표정이 자연스럽게 밝아지는 데는 한계가 있다는 점을 명심하고 밝고 좋은 생각, 마음의 여유를 가지려는 노력을 기울인다.

표정을 지을 때 유의할 사항은 다음과 같다.

① 얼굴 전체를 부드럽고 온화하게 갖는다. 그래야 그늘이 없이 따뜻한 느낌을 준다.

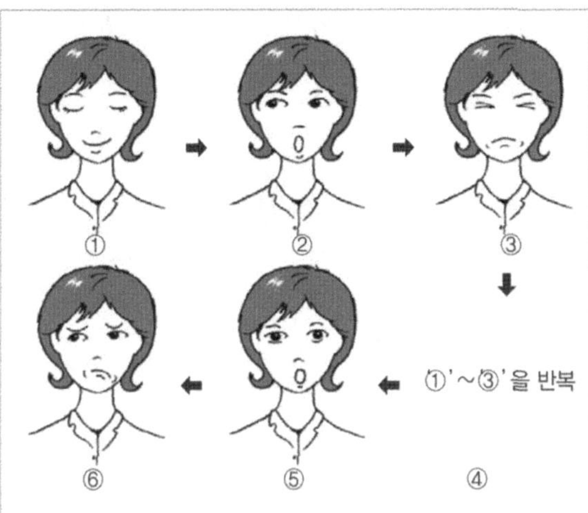

▶ 얼굴 근육 운동 중 눈 주위 운동의 예

① 조용히 눈을 감고 마음을 안정시킨다.
② 눈을 크게 뜨고 '오른쪽 → 왼쪽 → 위 →아래'로 눈동자를 굴린다.
③ 눈 두덩이에 힘을 주어 꼭 감는다.
④ ① ~③을 반복한다.
⑤ 깜짝 놀란 표정으로 눈과 눈썹을 올린다.
⑥ 곤란할 때의 표정으로 미간에 힘을 준다.

② 얼굴의 근육을 긴장시키거나 찡그리지 않는다. 딱딱하면 상대방을 긴장시키고 찡그리면 추하게 보인다.

③ 눈을 곱게 뜨고 시선을 단정하게 한다.

④ 입은 조용히 다물어 힘을 주지 않는다. 입에 힘을 주면 냉기가 돌고 입이 헤벌어지면 허술한 사람으로 보인다.

⑤ 턱을 자연스럽고 반듯하게 한다. 일부러 턱에 힘을 주어 당기면 실속없이 잰 체하는 사람으로 보인다.

⑥ 억지 표정을 짓지 않는다. 억지 표정을 지으면 가식처럼 보이고 진실해 보이지 않는다.

⑦ 갑작스럽게 표정을 바꾸지 않는다. 온건하고 담담한 표정이 사람을 진중하게 보이게 한다.

2) 호감 주는 표정 연습하기

• 눈썹

 – 거울을 보며 눈썹을 올렸다가 원 위치로 내리는 것을 반복 연습한다.

  - 양미간을 살짝 찌푸리면서 눈썹을 아래로 내리다가 원위치로 하는 것을 반복 연습한다.

- **입**

  - 입을 다물고 입꼬리 부분을 잡아당기는 느낌이 들도록 위로 올려보고, 다시 원위치로 돌아온다. 반복해서 연습한다.

- **턱, 볼**

  - 윗니와 아랫니 사이를 살짝 띄우고, 턱을 왼쪽 오른쪽으로 반복해서 움직인다.
  - 입을 다물고 볼 가득하게 공기를 넣어본다. 그리고 입 속에 넣은 공기를 오른쪽 왼쪽으로 보내며, 운동을 반복한다.

3) 미소 짓는 표정

웃는 모습은 자신의 이미지를 멋있게 표현해 줄 뿐 아니라 다른 사람들에게 호감을 준다. 세상에서 가장 아름다운 화장법이 바로 미소인 것이다. 얼굴에 아무리 비싼 화장품을 바른다 해도 정말 아름다운 화장은 바로 우리 마음에 하는 화장일 것이다. 그래서 미소는 예절 바른 사람이 갖춰야 하는 중요한 습관 중의 하나이다. 윌리엄 제임스(William James)는 "사람의 생각이 바뀌면 행동이 바뀌고, 행동이 바뀌면 성격이, 성격이 바뀌면 운명이 바뀐다."고 하였다. 매사를 밝게 생각해야겠다고 사고의 전환을 하게 되면 미소가 생활화될 수 있으며, 미소가 생활화되다 보면 긍정적이고 적극적인 밝은 품성을 갖게 되어 행복한 인생을 살게 된다.

- **준비운동**

  '아 –이–우–에–오'를 큰 소리로 분명하게 두 번씩 반복하여 소리를 낸다.

  ① '아' 소리 내기 : 턱이 움직일 수 있을 정도로 될 수 있는 한 크게 입을 벌려 소리를 낸다.

② '이' 소리 내기 : 입 꼬리를 좌우로 힘껏 당기고 얼굴의 근육을 긴장 시킨다.

③ '우' 소리 내기 : 입술을 앞으로 내미는데 촛불 끌 때의 입 모양을 생각하면 된다.

④ '에' 소리 내기 : 입 꼬리를 위로 올리는 것처럼 힘을 준다

⑤ '오' 소리 내기 : 입술을 뾰족하게 내밀고 소리를 낸다.

• 미소 짓기 운동의 요령

미소는 눈과 입이 함께 웃을 때 가장 자연스럽다. 눈 꼬리와 입 꼬리가 살짝 올라가게 훈련하는 것이 필요하다. 눈동자는 항상 중앙에 위치하도록 하며 상대의 눈높이와 맞추고 부드럽게 상대의 미간을 바라보도록 한다. 입은 입의 구각(입 꼬리)이 올라가게 하며 가볍게 다물거나 윗니가 살짝 보이도록 한다.

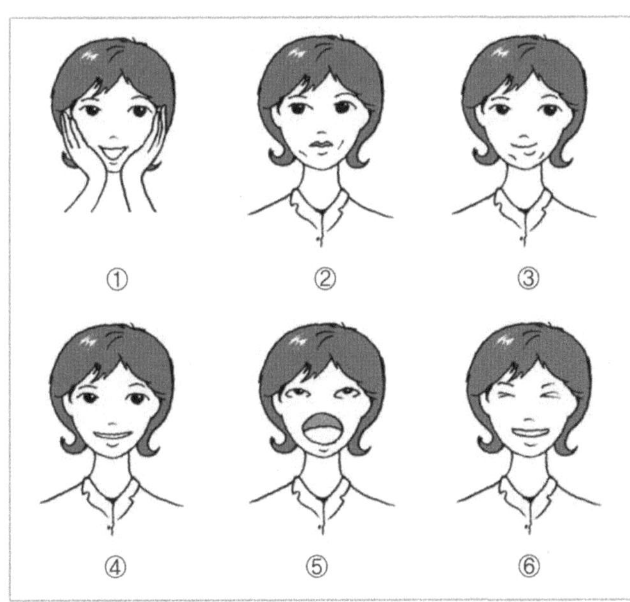

▶ 미소짓기 운동의 요령

① 깜짝 놀란 표정을 짓는다. 입술을 가볍게 다물고 눈을 크게 떠 깜짝 놀랐을 때의 표정을 짓는다. 이때 양 손으로 볼과 목 뒤를 가볍게 서너 번 두드린다.

② 입술을 오므려 앞으로 쏙 내밀고 좌우로 움직인다. 5~6회 계속하면 입 주위와 볼 근육이 움직이는 것을 느낄 수 있다.

③ 입술을 한 쪽으로 힘껏 끌어 당기고 어금니를 꽉 깨문다. 좌우로 삐쭉거릴

때와는 다른 근육이 움직인다는 것을 알 수 있다. 좌우 번갈아 5~6회 반복한다.

④ 좌우로 당긴다. 아랫입술과 윗입술을 동시에 힘껏 양 옆으로 끌어 당겨 위, 아랫니를 깨물 듯이 힘을 준다.

⑤ 입 벌려 하늘 보기. 크게 입을 벌리면서 목을 천천히 뒤로 젖힌다. 목덜미의 피로가 풀리고 전신에 활력을 준다.

⑥ 활짝 웃어보기 : 도레미파솔라시도의 '솔' 음정으로 '위스키' 하면서 '이 –' 하는 입 모양을 끝까지 유지한다. 처음에는 열을 셀 때까지 하다가 차츰 시간을 늘려가도록 한다. '위스키' 대신 미나리, 개나리, 바가지, 오이지 등의 말을 다양하게 활용해도 좋다.

미소짓기 훈련을 할 때 다음 사항을 체크해 보자.

① 초승달처럼 입술 양끝이 위로 올라가는가?
② 눈이 웃고 있는가?
③ 윗니가 드러나는가? (잇몸이 2mm 이상 보이면 안 된다.)
④ 쓴 웃음, 마지못해 웃는 웃음은 아닌가?
⑤ 표정 전체는 밝은가?

3. 돋보이게 하는 메이크업

1) 메이크업에 담긴 의미

메이크업은 사전적 의미로 '신체의 아름다운 부분을 돋보이도록 하고 약점이나 추한 부분을 수정하거나 위장하는 수단' 이라 할 수 있다. 영어로는 '보완하다', '제작하다' 의 의미처럼 결점을 보완하여 보다 나은 모습이나 상태로 만든다는 뜻이다.

메이크업은 얼굴에 칠하고 그려 넣는 작업만을 의미하는 것이 아니라 내적인 면을 표현하는 방법이기도 하고 외적으로 표현함으로써 내적인 정신 세계까지 영향을 주기도 한다. 이렇듯 메이크업은 단순한 아름다움을 추구하는 목적뿐만 아니라 감성에 작용하는 심리와 사회적인 효과를 줌으로써 그 중요성이 커지고 있다. 최근에는 상대방에 대한 기본적인 예의라는 사회적 인식이 형성되고 있기 때문에 사회생활을 하는 여성에게는 필수라 할 수 있다.

2) 얼굴형에 따른 메이크업

• 둥근형 – 귀여운 이미지

한국인의 가장 일반적인 얼굴형이다. 장점은 귀여운 이미지. 단점은 샤프한 이미지를 주지 못한다.

세로의 길이를 강조하는 느낌으로 쉐딩을 하며 컨실러와 밝은 파우더를 이용해서 T존 부위를 강조한다.

• 사각형 – 활동적 이미지

얼굴의 폭이 넓어서 평면적인 느낌을 준다. 건강하고 활동적인 이미지와 함께 신뢰감을 주는 장점이 있다. 단점은 직선이 강조된 얼굴형으로 턱뼈가 나와서 남성적인 강한 인상을 준다.

눈썹을 둥근형, 아치형으로 그려주고 아이섀도로 부드럽게 표현해주며, 아랫입술선을 곡선형으로 도톰하게 그리고 연한 립 라이너와 립 그로스로 표현하면 부드러운 인상을 연출할 수 있다.

- 긴 형 – 우아하고 지적인 이미지

얼굴이 긴 형으로 마른 형에서 많이 볼 수 있다. 조용하고 성숙한 느낌과 우아한 이미지를 주는 장점이 있지만 반면, 나이 들어 보인다는 단점이 있다.

기본 메이크업은 베이스보다 한 단계 어두운 파운데이션을 사용해 긴 이마와 턱 끝에 가로로 음영을 주고 T존 부위와 양 볼에는 음영을 넣지 않는다. 눈썹이나 아이섀도, 블러셔 등을 가로 방향으로 터치하고, 입술산은 높지 않게 그린다.

- 역 사각형 – 세련된 이미지

아시아인에게 많은 형으로 이마에서 얼굴의 광대뼈까지는 폭이 넓지만, 뺨에서 턱선까지는 홀쭉하고 가냘픈 형이다. 세련된 이미지를 주는 대신 날카로우면서 신경질적으로 보일 수 있다.

부드러운 파스텔 계열의 색상으로 표현하고, 이마 양쪽 끝과 턱 끝을 세딩으로 커버해주는 것이 좋다. 눈썹을 아치형으로 그려주면 세련되어 보이고, 입술은 아웃 커브형으로 그리되 부드러운 색상을 발라주어 날카로운 이미지를 커버한다.

3) 올바른 향수 사용법

향수는 맥박이 뛰는 곳에 뿌리는 것이 바람직하다. 무릎 안쪽과 바깥쪽, 손목, 팔꿈치 안쪽, 허리 양쪽 등에 뿌리면 효과적이다.

향기는 아래에서 위로 올라오는 성질을 가지고 있기 때문에 스커트 안쪽 밑자락 부분에 향수를 뿌려주면 걸을 때마다 치맛단이 살랑거리며 향기가 난다. 손수건이나 시트, 말린 꽃에 뿌리면 생활 속에서 향기를 접할 수 있으므로 좋다.

여러 향수를 섞어 뿌리지 않으며 외출 전 30분에서 1시간 전쯤에 미리 뿌려 놓는다. 모피나 보석 등에는 뿌리지 않는다.

향수를 선택할 때는 하루 중 낮보다는 초저녁 이후가 더욱 냄새에 민감하므로 저녁에 향수를 고르는 것이 좋다. 한 두 방울의 향수를 청결한 손목, 손등이나 종이에 바르고, 알코올이 증발한 후인 5~10분이 지난 후에 나는 향으로 결정해야 한다.

종류별 향수 사용법

종류	퍼퓸	오드퍼퓸	오드뜨왈렛	오드코롱
농도	15~20% 정도, 알코올 함유가 적고 가장 진한 향수	10~15%	5~10% 정도로 가벼운 향수	3~5% 정도로 가장 순한 향수
지속시간	5~7시간	5시간	3~4시간	1~2시간
사용법	맥박이 뛰는 곳에 적당량만 바른다. 저녁 외출이나 파티 등에 어울린다.	퍼퓸보다 조금 많은 양을 뿌리거나 스프레이를 사용하여 광범위하게 뿌려도 좋으며 낮시간 외출에 적당하다.	상쾌하고 신선한 느낌을 주므로 회의나 사무실 근무 시에 적당하다.	가볍게 뿌리는 향수이므로 목욕이나 운동 후에 전신에 골고루 사용 해도 좋다.

4. 장신구의 올바른 사용법

장신구는 몸차림을 돋보이기 위해 사용하는 것이다. 그런데 그것이 잘못 사용되어 추하게 보인다면 사용하지 않은 것만 못하게 된다. 장신구를 사용할 때는 다음과 같은 점에 유의하도록 한다.

① 피부의 색깔 및 체형과 균형이 이뤄져야 한다.
② 복장의 디자인 및 색깔과 어울려야 한다.
③ T.P.O.에 맞도록 적절하게 착용한다.
※ T.P.O. – 때(Time)와 장소(Place), 상황(Occasion)을 의미.

④ 일이나 업무에 방해가 될 정도로 많이 부착하지 않도록 한다.

⑤ 외교상의 국제적 파티나 모임에서 정장 차림에 귀고리와 목걸이를 부착하지 않은 것은 남성이 정장에 타이를 매지 않은 것과 마찬가지이다.

1) 반지

반지는 장식용으로 끼우지만 우정의 표시, 다짐의 표시, 동류의 표시로도 끼운다.

① 장식용 반지는 왼손 가운데 손가락에 끼운다. 반지를 왼손에 끼우는 까닭은 오른손은 쓰임새가 많지만 오른손에 비해 왼손은 별로 쓰이지 않기 때문이다.

② 약혼, 혼인 등의 다짐의 반지는 왼손 네 번째 손가락에 끼운다. 넷째 손가락은 약지(藥指)라고도 해 신성시되고 있기 때문이다.

③ 우정으로 주고받는 반지는 왼손 두 번째 손가락에 끼운다. 두 번째 손가락은 무엇이든지 가리킬 때에 사용되어 우정의 표시로 안성맞춤이라 하겠다.

④ 동류, 즉 동창생 모임, 조직의 표시로 같은 모양의 반지를 함께 나누어 낄 때는 왼손 두 번째 손가락에 끼운다. 동류 의식은 우정과도 통하기 때문이다.

2) 귀고리와 팔찌, 목걸이 등 액세서리

① 귀고리는 얼굴의 윤곽을 돋보이게 하고 어깨와 머리 중간의 공간 장식의 효과를 나타낸다. 그렇기 때문에 목이 긴 사람은 늘어뜨리는 긴 귀고리가 어울리지만 목이 짧은 사람은 귀에 부착하는 형태의 귀고리가 어울린다. 귀고리의 색상은 얼굴 등 피부의 색깔 및 의복의 색깔과 조화를 이루어야 한다.

② 팔찌는 팔뚝에 끼우기도 하고 손목에 끼우기도 한다. 팔뚝에 끼우는 경우는 양장의 경우 팔뚝을 노출시켰을 때 공간을 채우는 효과가 있고 손목에 끼우는 경우는 장식 효과를 기대하는 것이다. 어떤 경우이든 손 등 피부의 색깔, 의복의 색상과도 어울려야 한다.

③ 목걸이는 아름다움을 꾸미기도 하지만 목 부위의 허전함을 메우는 공간 장식의 효과도 있다. 목이 긴 사람은 굵고 두꺼운 목걸이가 어울리지만 목이 짧은 사람은 가늘고 얇은 것이 더 좋다. 피부 색깔이 어두운 사람은 밝은 색이 좋고 피부가 밝은 사람은 짙은 색도 좋다. 피부와 의복의 색상과 조화를 이루도록 선택한다.

④ 브로치는 단순하고 어두운 색의 슈트에 포인트를 주기 위한 것이므로 지나치게 화려한 색이나 장식이 많은 옷에는 하지 않는 것이 좋다.

3) 핸드백

① 핸드백은 구두, 벨트와 같은 색으로 맞추는 것이 멋스럽다.

② 계절에 따라 어울리는 소재를 선택하되, 복고적인 정장차림에는 단순한 디자인의 핸드백이 잘 어울린다.

M / E / M / O

❖ 얼굴 표정

얼굴 = 얼의 거울

얼굴은 '얼의 거울'의 준말로 사람의 얼(정신)을 비추는 거울이다.

❖ 표정으로 전하는 심리

❶ 상대방을 바라보며 환하게 미소 짓는다. ➜ 도움을 주고 싶다는 호의.

❷ 눈을 크게 뜨고 상대를 바라본다. 상대를 오래도록 주시한다. ➜ 상대에
대해 강한 흥미나 관심을 느끼고 있음.

❸ 맞장구를 치지 않고 미소가 없다. ➜ 완곡한 거부, 상대방이 귀찮음.

❹ 잠시 미소를 짓다가 곧 미소를 거둔다. ➜ 속으로 무언가 계산하고 있음.

❺ 상대방을 보지 않는다(시선을 피한다.). ➜ 상대방에 대한 거부감, 상대에
게 무언가 숨기고 있음.

❻ 상대를 곁눈질로 쳐다본다. ➜ 대화 내용에 불만이나 의문이 있음.

❖ 명언 속 숨은 답안! '아름다운 표정'

얼굴은 마음의 거울이며, 웃음은 그 사람이 살아온 삶의 기록이고,
표정은 그의 신상명세서이다.

- 사람은 나이가 들어가면 갈수록 본인의 얼굴에 책임을 져야 한다. – 링컨 –
- 여성에게 있어서 최고의 화장술은 웃는 것이다. – 나이팅게일 –
- 즐거워서 웃는 것이 아니라 웃기 때문에 즐거워지는 것이다.
  슬퍼서 우는 것이 아니라 울기 때문에 슬퍼지는 것이다. – 제임스 / 랑케 –

❖ 한국인이 표정 연습을 해야 하는 이유!

표정은 제2의 얼굴이라는 말이 있을 정도로, 좋은 첫인상은 대개 좋은 표정에서부터 시작된다. 좋은 표정을 만들기 위해 중요한 포인트가 바로 '볼굴대' (modiolus)의 위치다. '볼굴대'란 사진에서 보듯이, 웃게 하는 근육과 입 주변 근육이 모인 부위를 말한다. 눈과 입의 웃음을 만드는 근육은 따로 있는데, 이 볼굴대 위치가 사람마다 달라 웃는 인상이 달라지는 것이다. 보통의 경우 서양인은 입보다 위에, 동양인은 아래에 있는 경우가 많다.

분류	A형(일자형)	B형(올라간형)	C형(처진형)
한국인	26%	16%	58%
일본인	15%	39.9%	45.1%
백인	19.8%	44.2%	36.0%
흑인	68.3%	20.8%	10.9%

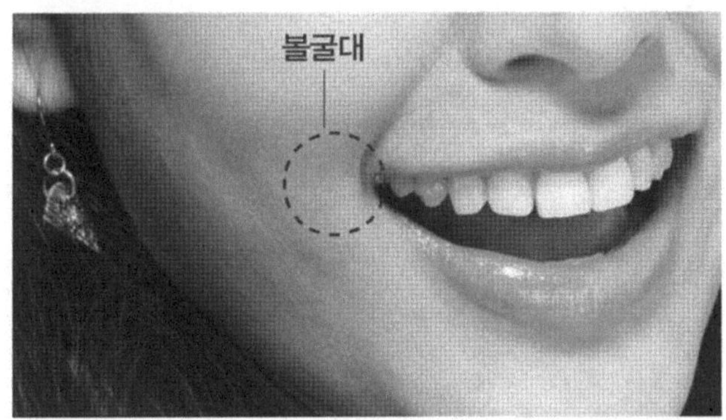

볼굴대(modiolus)
얼굴 근육의 입꼬리에 연결된 근육. 여덟 개가 하나의 지점으로 합쳐진 구조

언어생활의 예절과 대화법

» **05**

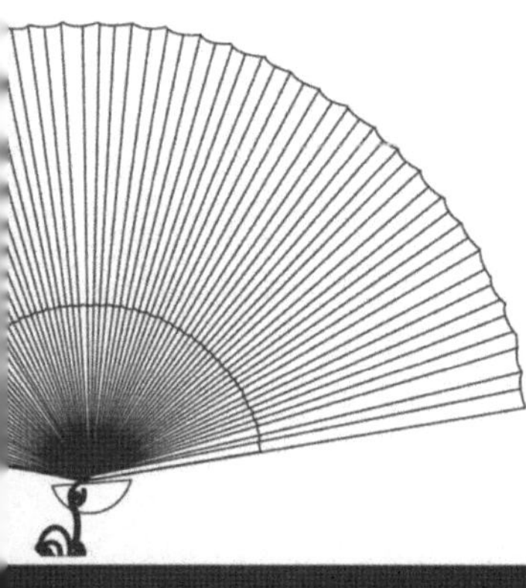

자기 관리 5가지 기본 요소 중 하나는 말씨와 화법이다. 여기에서 말씨는 말씨 그 자체라기 보다는 화법, 대화의 내용, 말하는 태도 등과 같이 다른 사람과 얼마나 교양 있고 예의 바르게 대화할 수 있는가, 즉 의사소통을 할 수 있는가를 의미한다.

1. 화법과 예절

1) 화법의 중요성

① 인성과의 관계

베이컨(Bacon)은 "독서는 사려깊은 사람을, 담화는 기민한 사람을, 문필은 정확한 사람을 만든다."라고 하였다. 피히테(Fichte)는 "언어가 인간에 의해서 형성된다기보다는 인간이 언어에 의해서 형성된다."고 하여 언어 교육의 중요성을 피력하였다. 즉 언어의 사용을 어떻게 하느냐에 따라 인성 형성이 달라진다고 본 것이다.

② 사고와의 관계

워프(Whorf)는 "언어가 개인의 사고 방식 또는 세상을 지각하는 방식에 강력한 영향을 준다(언어의 상대성, 언어 결정론)."라고 하여 다음과 같이 설명하였다.

- 음성 언어에 의한 표현은 사고의 기본이 된다.
- 언어 그 자체가 바로 사고의 기본이 된다.
- 어휘 및 통사에 관한 지식은 자연 현상에 대한 이해 및 지각에 영향을 미친다.
- 개별 언어 체계에 대한 지식은 문화에 대한 일정한 관점을 제시해 준다.

③ 미래 사회와의 관계

Tip

의사소통의 10가지 원칙

1. '앞'에서 할 수 없는 말은 '뒤'에서도 하지 마라. 뒷말은 가장 나쁘다. 구시렁거리지 마라.

2. '말'을 독점하면 '적'이 많아진다. 적게 말하고 많이 들어라. 들을수록 내 편이 많아진다.

3. 목소리의 '톤'이 높아질수록 '뜻'은 왜곡된다. 흥분하지 마라. 낮은 목소리가 힘이 있다.

4. '귀'를 훔치지 말고 '가슴'을 흔드는 말을 해라. 듣기 좋은 소리보다 마음에 드는 말을 하라.

5. 내가 '하고' 싶은 말보다 상대방이 '듣고' 싶은 말을 해라. 하기 쉬운 말보다 알아듣기 쉽게 이야기해라.

6. 칭찬에 '발'이 달려 있다면 험담에는 '날개'가 달려 있다. 나의 말은 반드시 전달된다. 허물은 덮고 칭찬은 자주 해라.

7. '뻔'한 이야기보다 '펀(fun)'한 이야기를 해라. 디즈니만큼 재미있게 해라.

8. '혀'로만 말하지 말고 '눈'과 '표정'으로 해라. 비언어적 요소가 언어적 요소보다 힘이 있다.

9. 입술의 '30'초가 가슴의 '30'년이 된다. 나의 말 한마디가 누군가의 인생을 바꿀 수 있다.

10. '혀'를 다스리는 것은 나지만 내 뱉어진 '말'이 나를 다스린다. 함부로 말하지 말고 한 번 말한 것은 책임을 져라.

오늘의 우리 사회는 모든 계층의 개인에게 자유로운 언론이 허용되어 있고 계급과 신분보다는 개인의 인격과 의견이 존중되고 있다. 자기의 생각을 바르고 알기 쉽게 고운 언어로 말하는 힘은 민주 국가의 국민으로서 갖추어야 할 자질의 하나이다.

2) 화법 – 의사소통의 중요성

① 의사소통(communication)이란?

의사소통이란 본래의 의미에 근접한 의미를 청자에게 전달되도록 하는 과정이며, 자신의 지식이나 관심, 태도, 의견, 생각을 다른 사람과 공유할 수 있게 하는 과정이다. 또 의사소통이란 어떤 사람이 전언이라는 수단을 이용하여 다른 사람의 마음에 의미가 떠오르도록 자극을 주는 과정이기도 하다.

② 의사소통의 특성

- 사람은 의사소통 없이는 존재할 수 없다.
- 의사소통은 서로 중단되지 않는 의미 교환의 흐름이다. 즉 지속적으로 의미를 전달하는 상호 교섭의 과정이다.
- 의사소통은 내용 층위(전달하려는 정보 자체)와 관계 층위(화자와 청자와의 관계를 규정, 의사소통의 당사자들이 어떠한 태도를 취해야 하는지 알려 주는 역할을 함)로 이루어진다.
- 의사소통은 사람 사이의 관계를 전제로 한다. 즉 사람들 사이에 형성되는 수평적·수직적 관계는 의사소통의 방식이나 태도 등에 많은 영향을 미친다.

2. 의사소통을 위한 대화 예절

사람들은 얼굴을 마주 본 상태에서 '대화를 한다.' 흔히 사람들은 입으로 말하고 귀로 듣는다고 착각하지만 실제 대화를 가능하게 하는 것은 입이나 귀가 아닌 마음이다. 입과 귀는 단지 마음을 표현하는 신체 기관·도구·수단일 뿐이며, 진정으로 서로를 유지시켜 주는 대화는 바로 인간 내면의 마음가짐에 내재되어 있는 것이다.

대화는 쌍방 작용이므로 공평한 주고받기가 되어야 한다. 대화는 진솔한 생각이나 마음을 교환하기 위한 것이지 달변이나 재치를 자랑해 보이는 수단이 아니다.

따라서 대화를 할 때 혀끝과 머리가 아닌 열린 마음으로 질적인 대화를 하기 위해 의식적인 노력을 멈추지 않을 때 품위 있고 생기 있는 대화를 연출하여 보다 풍요로운 인간 관계를 누릴 수 있다.

1) 대화의 도구, 말

• 말의 중요성

말, 언어는 대화의 수단이다. 언어에는 개인적인 측면과 사회적인 측면이 있는데, 예절에서 강조되는 것은 바로 사회적인 측면이다. 즉 언어 예절이란 말소리에 담긴 의미가 사회적 약속에 잘 부합되도록 하는 것이다.

말을 맵시 있게 하려면 대화 상대가 알아듣기 쉽도록 어렵지 않게 말해야 한다. 자기를 돋보이거나 유식해 보이기 위해 필요없는 한자 어구를 쓰거나 어렵게 꾸며서 말하면 오히려 자기의 의사를 제대로 전달하기도 어렵거니와 비웃음을 사기 쉽다. 그리고 고운말, 표준말을 사용하도록 한다.

말을 잘하는 것은 말하는 사람의 감정과 표정, 목소리의 강약과 고저에 따라 달라지게 된다.

① 마음가짐은 온건하게 갖고 안정된 감정으로 말해야 편안하고 차분하게 대화할 수 있다.

② 부드러운 표정으로 말한다. 표정이 부드러운가 아니면 경직되었는가에 따라 말의 내용이 전혀 다르게 전달된다.

③ 소리의 높낮이와 강약, 빠르고 느린 정도를 음조라고 한다. 음조는 너무 작거나 크지 않게 한다.

④ 발음을 정확하게 하고 단어를 명확하게 사용하도록 한다. 만일 단어를 분명하지 않게 빨리 말하거나 말끝을 자르는 경향이 있으면 의미가 왜곡되거나 듣는 이를 실망시킬 수 있다.

⑤ 말의 속도를 적당히 조절한다. 성인의 평균 말의 속도는 1분당 100~120단어 정도이다. 자신의 말속도가 너무 느려 상대방을 지루하게 하거나 너무 빨라 긴장시키지는 않는지 측정해 보도록 한다. 말의 속도는 의사소통의 정확성과 효율성에 영향을 미친다. 상대방의 연령에 따라, 특히 어린이나 노인과 대화할 때는 말의 속도를 천천히 조절하는 것이 필요하다.

⑥ 목소리의 질은 메시지의 해석에 영향을 미친다. 목소리의 질에 따라 어떤 말투는 신경질적이고, 콧소리가 나고, 쉰 목소리로 들리고, 귀에 거슬릴 수도 있다. 목소리가 상대에게 거슬린다면, 상대는 말을 듣고 싶어하지 않게 됨을 명심하여 아름다운 음성을 갖는 훈련을 하도록 한다.

• 말씨와 어휘

경우에 합당한 말씨와 어휘는 대화 예절에서 중요한 부분이다. 말씨는 대화 상대에 맞게 적절히 사용할 수 있어야 한다.

① 높임 말씨 - 하세요 : 어른에 대한 말에 '시', '세', '셔' 를 넣으면 존대말이 된다. "하시었다.", "하세요." 와 같은 것이다.

② 반높임 말씨 - 하오 : 말의 끝맺음이 '오' 나 '요' 로 끝나는 말이다. 이것은 존대말이 아니고 보통 말씨나 낮춤 말씨를 써야 할 상대지만 잘 아는 사이가 아닐 때 쓰는 말이다. "이렇게 해요.", "저리 가요."와 같은 것이다.

③ 보통 말씨 - 하게 : 친구 또는 아랫사람이라도 대접해서 말할 때는 보통 말씨를 쓴다. 말의 끝맺음이 '게' 나 '나' 로 끝난다. "여보게, 그렇게 하게.", "자네, 언제 왔나?"와 같은 것이다.

④ 반낮춤 말씨 - 해 : 낮춤 말씨를 써야 할 상대지만 그렇게 하기가 거북하면 반낮춤 말씨를 쓰는데 이것을 '반말' 이라고도 한다. "이렇게 해.", "언제 왔어?"와 같은 것이다.

⑤ 낮춤 말씨 - 해라 : 잘 아는 아랫사람이나 아이들에게 쓰는 말이다. "이것을 해라.", "언제 왔니?"와 같은 것이다.

⑥ 절충식 말씨 - 하시게 : 보통 말씨를 써야 할 상대를 높여서 대접하기 위해 높임 말씨의 '시' 나 '셔' 를 넣어 쓴다. "그렇게 하시게.", "어디서 오셨나?"와 같은 것이다.

⑦ 사무적 말씨 : 직장이나 단체 생활에서 많이 쓰이는 말씨로 "그렇게 했습니다.", "언제 오셨습니까?"와 같은 것이다.

⑧ 정겨운 말씨 : 사무적 말씨와 반대되는 말씨로서 말끝이 '요' 로 끝난다. "그렇게 했어요.", "언제 오셨어요?"와 같은 것이다.

말에는 존대 어휘와 보통 어휘가 있다. 호칭·말씨·어휘는 같은 성질을 가지고 있어서 어른의 호칭에는 존대 어휘를 쓰고, 예사스럽게 말할 때에는 보통 어휘를 쓴다. 존대 어휘를 쓰면 자연스럽게 높임 말씨가 따라 붙는다.

"아버지 진지 잡수세요."에서 '진지', '잡수다' 는 존대 어휘이고, '세요' 는 높임 말씨로 자연스럽게 어울리지만, "진지 먹어라."처럼 존대 어휘인 '진지' 에 낮춤 말씨인 '먹다' 는 어울릴 수 없다.

말에서 우리가 일상적으로 듣고 쓰는 보통의 말이 있고, 특정한 부류의 사람들끼리 특정한 의사 소통을 목적으로 쓰는 속어나 은어 같은 말이 있다. 말 한 마디가 그 사람의 인격이나 교양을 나타내므로 은어나 속어 같은 말은 되도록 쓰지 않아야 한다. 낮은 말이나 속된 말을 자주 쓰는 사람은 천하게 보이게 되며, 바른 생활을 하지 않는 사람이라고 오해받기 쉽다. 또 예사 소리를 함부로 된소리로 발음하는 것도 삼가야 한다. 예컨대 세게 → 쎄게, 세련 → 쎄련, 돼지 → 뙈지 등과 같이 된발음을 하지 않도록 한다.

요즘 젊은이들 사이에 말을 줄여서 사용하는 경향이 있다. 예를 들어 과사무실 → 꽈사, 야간 자율 학습 → 야자 등이 그것이다. 바쁜 현대 사회에서 이해 가능한 일이기는 하나 교양 있는 언어 습관이라고 할 수는 없다. 더불어 잘못 알고 쓰는 말 또는 습관적으로 쓰는 외래어 등을 고쳐서 바르고 듣기 좋은 말이 되도록 힘써야 할 것이다.

• 경어법

우리의 언어에는 어른이나 지체가 높은 분들을 공경하고 대접하며 자신을 낮추는 언어 습관인 경어법이 잘 발달되어 있다. 경어법의 사용에는 두 가지 방법이 있다. 상대방을 자신보다 높이는 존칭어를 사용하는 존경법과 자신을 상대보다 낮추는 겸양어를 사용하여 상대를 높이는 공손법이 있다.

가. 가정에서의 경어법

다른 사람에게 남편에 대하여 말할 때 남편을 높이는가 높이지 않는가 하는 문제는 쉽지가 않은데 남편을 시부모 등 남편의 손윗사람에게 말할 때는 "아비(아범)가 아직 안 들어왔습니다."와 같이 낮추어 말하고, 시동생이나 손아래 친척에게는 "형님 아직 안 들어오셨어요."처럼 높여 말하는 것이 바른 어법이다.

남편의 친구나 회사 상사와 같이 가족 이외의 사람에게 말할 경우에는, 상대방의 신분이 확인되기 전에는 남편과 관련된 서술어에 높임 말씨인 '시' 를 넣어 표현하고, 남편의 친구나 상사라는 것이 확인되면 '시'를 넣지 않는 것이 무난하다.

나. 직장에서의 경어법

① 존경법

동료에 관해 말할 때는 누구에게 말하는가에 관계없이 높임 말씨인 '시'를 넣지 않는다. 예를 들어 과장이 아랫사람에게 말한다면 "김현아 씨, 김 과장 어디 갔어요?" 하고 말한다. 물론 자기보다 나이가 많은 동료를 다른 동료나 아랫사람에게 말할 때는 "김현아 씨, 김 과장 어디 가셨어요?"와 같이 '시'를 넣어 존대할 수 있다. 그러나 윗사람에게 말할 때는 '시'를 넣지 말아야 한다.

윗사람에 관해서 말할 때는 듣는 사람이 누구든지 높임 말씨인 '시'를 넣어 말한다. 즉 평사원이 "사장님, 이 과장님은 출장 가셨습니다."하고 말한다.

아랫사람에 관해 말할 때는 누구에게 말하는가에 관계없이 '시'를 넣지 않고 과장이 "박영미 씨, 이철수 씨 어디 갔어요?"하고 말하는 것이 원칙이다. 그러나 아랫사람을 그보다 더 아랫사람에게 말할 때는 부장이 "박영미 씨, 이 과장 어디 가셨어요?" 처럼 '시'를 넣어 말할 수 있다.

일반적으로 다른 회사 사람에게 자기 직장의 평사원에 관해 말할 때에는 다른 회사 사람의 직급에 관계없이 "은행에 갔습니다."처럼 '시'를 넣지 않는다. 자기보다 직급이 높은 사람을 다른 회사 사람에게 말할 때에는 상대방의 직급에 관계없이 평사원이 과장을 다른 회사 부장에게 "이 과장님 은행에 가셨습니다."처럼 '시'를 넣어 높여 말한다.

② 공손법

직장 안에서 윗사람에 대하여 말할 때는 듣는 사람의 직급에 관계없이 '시'를 넣어 말한다. 즉 평사원이 대리를 과장에게 말할 때에도 "과장님, 대리님 어디 가셨습니까?"처럼 상대를 높여 말한다.

우리 직장의 사람을 다른 직장의 사람에게 말할 때, 일반적으로 평사원에 관해 말할 때에는 듣고 있는 다른 사람의 직급에 관계없이 높임 말씨를 쓰지 않는다. 그러나 자기보다 직급이 높은 사람을 다른 회사 사람에게 말할 때에는 상대방의 직급에 관계없이 '시'를 넣어 높인다.

3. 성공적인 대화의 기술

1) 대화 요령

말을 잘한다는 것은 단지 입에서 나오는 달변이나 화술을 의미하는 것이 아니고 의사 소통을 잘하는 것이다. 대화를 잘 하기 위한 요령에는 다음과 같은 것이 있다.

① 말하기 전에는 정리를 한 후 침착하고 조용히, 간결하게 말한다.

② 대화할 때는 상대방의 친분 정도나 상황에 따라 대화 내용이 달라져야 한다. 의례적인 관계이면 인사 같은 일상적인 대화에서 머물러야 하고, 관계가 친밀해지면 관계에 합당한 차원까지 깊숙한 대화를 할 수 있다.

③ 말을 할 때에는 자신을 구체적으로 개방한다. 말을 빙빙 돌리거나 상대방을 떠보는 말을 하면 진솔한 대화가 어렵다. 자신의 생각이 어떤지, 어떤 감정인지 솔직히 이야기할 때 상호간의 대화가 부드럽게 이루어진다. 자신의 감정을 솔직하게 표현하고 말과 행동을 일치시키는 것이 바람직하다.

④ 혼자 아는 척하지 말고 남의 비밀이 되는 것, 싫어하는 것은 묻지 않도록 한다.

⑤ 남의 말을 가로채지 않으면서 함께 모인 사람들의 공통 관심사를 이야기한다. 동석한 사람이 대화에 함께하기 어렵게 끼리끼리의 대화에만 몰두하면 관계가 어색해진다.

⑥ 즐거운 자리에서는 자신의 특정 사업이야기를 한다든지, 종교

적인 이야기에 집중하지 않도록 주의한다. 종교
가 다를 경우라면 불편한 자리가 되기 쉽다.

2) 대화의 기본자세, 경청

왜 사람의 입은 하나이고 귀는 둘인가? 어느
학자의 연구에 의하면 사람이 1분간 평균 말하는
속도는 100~120단어이고 듣는 속도는 말하는
속도의 2~3배라고 한다. 이 수치로 보면 대화를
하는 데 있어 말을 잘하는 것보다 상대의 말을
정확하게 듣는 것이 더욱 효과적임을 알 수 있
다. 잘 듣는다는 것은 상대방이 말하고자 하는
바를 다 말할 수 있도록 격려하고 그가 말한 의
도를 잘 이해하는 것이다. 잘 듣기 위해서는 다
음과 같은 기술이 필요하다.

**① 주의를 기울여 상대방을 진지하게 바라보
고 듣는다.**

상대방에게 관심을 최대로 기울여서 말하는
사람의 심장 박동 소리 · 얼굴 근육의 움직임 ·
손놀림 같은 비언어적 메시지뿐 아니라 말할 때 느껴지는 어조나 억양 · 긴장 정
도 · 내포된 갈등 같은 것들에도 주의를 기울여, 언어적 메시지와 비언어적 메시
지를 모두 소화하도록 한다.

② 상대방의 체험을 인정해 준다.

상대가 하는 말을 인정한다는 것과 동의한다는 것은 동의어가 아니다.

인정하는 것은 상대방이 그렇게 말하는 것을 믿고 존중해 주는 것이다. 상대의

입장에 서서 '어떻게', '무엇을' 등의 질문을 활용하여 그가 체험한 바를 있는 그 대로 인정하고 받아들일 때 서로간의 관계가 증진될 수 있다.

③ 더 많은 정보를 구한다.

단순히 상대의 이야기에 귀를 기울이는 데에서 진일보하여 "거기에 대해 더 하고 싶은 이야기는~?"하는 식으로 상대가 계속 이야기하도록 요청한다면 대화의 효과는 커질 것이다.

④ 상대방이 한 말을 요약하여 확인해 본다.

상대방의 이야기 혹은 표정이나 행동을 보고 그 사람의 심정이 어떠한가를 파악하여 비난이나 평가·훈계·조언 없이 감정을 정리하여 "그러니까 네 말은 ~ 하다는 거지?" 하는 식으로 반영해 주면 보다 정확하고 친밀한 의사 소통이 이뤄질 수 있다.

⑤ 궁금한 것에 대해 상대가 하고자 하는 말을 다할 수 있도록 격려하고 자신의 이해를 돕기 위해 개방된 질문을 한다.

3) 대화의 윤활유, 칭찬

출간되자마자 베스트셀러가 됐던 『칭찬은 고래도 춤을 추게 한다』(2002)는 사람들과의 대화, 나아가 인간관계에서 '칭찬' 이 지니는 힘이 얼마나 대단한지 단적으로 말해주고 있다. 칭찬은 상대의 마음을 열게 할 뿐 아니라 행동의 변화도 이끌어낼 수 있다. 또한 타인이 성장할 수 있도록 돕고, 자신감과 긍정적인 사고방식을 갖게 할 수도 있다. 대화 시 칭찬에 인색하기보다 관심을 기울여 그 사람의 사소한 장점이라도 찾는 노력을 해서 칭찬하는 습관을 들이면 인간관계에 큰 도움을 받을 수 있다.

※ 칭찬할 때 주의할 점

– 매사에 칭찬만 하지 않도록 한다. 상황에 따라 칭찬의 효과가 달라진다.

- 칭찬 후에 비난을 하는 것은 금물이다. 칭찬을 받은 것보다는 비난한 것을 오래 기억하게 되기 때문이다.
- 마음에 없는 칭찬은 하지 않는다. 상대는 그것이 가식적인 칭찬이라는 것을 쉽게 알아차리고, 오히려 경계하게 된다.
- 상대의 결점을 칭찬하는 사람은 상대에게 믿음을 주지 못한다. 있는 그대로를 인정하며 장점을 칭찬해야 한다.
- 외면적인 것만을 칭찬하지 말고 내면을 칭찬할 수 있어야 한다. 오래도록 기억하면서 칭찬에 대해 정말 감사하게 만든다.
- 칭찬은 제3자에게 해서 그 칭찬을 간접적으로 듣게 하면 효과가 크다. 자신이 없는 곳에서조차 칭찬을 했다는 사실을 알면 감동을 받을 만하다.
- 칭찬해야 할 상황이면 바로 즉시 간결하게 한다. 시기를 놓쳐서 칭찬을 하면 효과는 오히려 반감될 뿐이다.
- 사소한 것을 칭찬하며, 구체적으로 한다. 그런 칭찬은 오래 기억된다.
- 칭찬받을 당사자의 주변 인물들을 칭찬한다. 칭찬을 받을 만한 사람들과 함께 지낼 수 있는 사람으로 간접적으로 칭찬 효과를 얻게 된다.
- 우연이나 의외의 상황에서 칭찬한다.

4) I – message 사용하기

자신의 의사가 잘 전달될 뿐 아니라 원만한 대화가 이뤄질 수 있는 방법 가운데 하나로, 나 – 전달법(I-message)이 있다.

• 나 – 전달법(I-message) 대화란

① '나'를 주어로 하여 "나는~" 식으로 상대방의 행동에 대한 나의 생각이나 감정을 표현하는 것이다.

② 상대방에 대한 믿음과 신뢰를 바탕으로 상대방에게 도와달라고 간청하는 말투에 가깝다.

③ 너 전달법보다 훨씬 친근하고 편안한 분위기를 연출한다.

④ 말하는 사람이 메시지에 대한 책임을 받아들이면서 하는 말이다.

⑤ 상대방의 행동을 가치판단 없이 있는 그대로 그려 내는 것이다.

• 나-전달법 대화의 결과

① 상대방에게 나의 입장과 감정을 있는 그대로 전달함으로써 상호이해를 높인다.

② 상대방에 개방적이고 솔직하다는 느낌을 전달한다.

③ 상대는 자발적으로 문제를 해결하고자 하는 의도를 지니게 된다.

4. 또 하나의 얼굴, 통신 예절

21세기는 정보화 사회이다. 정보화는 정보 전달을 신속하게 해주는 통신의 발달이 있기 때문에 가능하다. 오늘날 우리의 생활은 어떤 형태로든 통신의 일부분과 밀접하게 관련되어 있으며, 사회에서 통신 체계는 신경 계통 같은 역할을 담당하고 있다 해도 과언이 아니다. 이러한 통신은 현대 사회에 없어서는 안 될 정보의 원천으로 사회 생활 각 분야에서 최대의 편익과 질적 향상을 위해 이용되고 있다. 다만 최근에 들어 그 과정에서 오는 편익상의 보완 문제라든가 인간의 소외감, 예절, 인간 존중의 정신 등이 문제로 제기되고 있다.

1) 전화 예절

- **전화를 걸 때**

　① 전화 걸기 전 미리 말할 내용을 메모해 둔다.

　② 상대편이 지금 전화를 받을 수 있는 상황인지 확인한다.

　③ 결론을 미리 말한 뒤에 설명을 시작한다.

　④ 상대가 자리에 없을 때는 반드시 돌아올 시간을 확인한다.

　⑤ 메시지를 남기고자 할 때는 메시지를 적는 상대편 이름을 확인해 둔다.

　⑥ 대화 도중 전화가 끊기면 전화 건 사람이 다시 거는 것이 원칙이다.

　⑦ 통화가 집중되고 업무도 바쁜 근무시작 30분 이내, 점심 30분 전 후, 심야와 새벽, 즉 아침 9시 이전과 저녁 10시 이후는 피한다.

　⑧ 전화가 잘못 걸렸을 때 말도 없이 끊어 버리는 것은 최악의 매너이다.

　"죄송합니다."라고 사과한 뒤, 반드시 "혹시 몇 번이 아닙니까?" 라고 전화 번호를 확인해야 다시 전화를 잘못 거는 것을 막을 수 있다.

- **전화를 받을 때**

　① 전화벨이 2번 이상 울리기 전에 자세를 바로 하고 수화기를 들며 다른 손으로는 메모할 준비를 한다. 벨이 3번 이상 울렸을 경우에는 죄송하다는 의사 표시를 한다.

　② 밝은 음성으로 인사말을 하고 위치나 소속, 성명을 밝힌다. 상대를 직접 응대하는 것과 같은 바른 자세를 취한다.

　③ 용건을 묻는다. 이때는 차분하고 명확하게 수긍을 해가며 요점을 명료하게 메모 정리하고 내용을 재확인한다.

　④ 응답은 책임 있게 한다. 아무렇게나 응답하지 말고 용건 해결 방안을 상대방이 이해하기 쉽게 답변한다. 잘 모르는 내용일 때에는 양해를 구한 다음 담당자를 바꿔 주든지 확인해서 연락 드리겠다고 약속한다.

　⑤ 끝맺음 인사를 한다.

• 상황에 따른 전화 예절

① 전화 건 사람을 기다리게 할 때

기다리게 해도 되겠느냐고 하고 양해를 구한다. 기다리게 할 수밖에 없는 불가피한 사정을 이야기하고 더불어 얼마나 기다려야 할지 미리 알려 주며, 기다려 준 데 대한 인사를 잊지 않는다.

② 전화를 연결할 때

찾는 사람이 있을 때에는 전화받을 사람을 확인하고 홀드 버튼을 사용하여 연결한다. 전화받을 사람이 즉시 받을 수 없을 때는 그 상황을 알려주지만 지나치게 사적인 것, 예를 들어 '화장실에 있다' 거나 할 때는 '잠깐 외출' 등으로 은유적으로 표현한다. 찾는 사람이 없을 때에는 부재중인 사유와 예정을 알려 주고 용건을 정중히 묻고 메모를 남기겠다고 하여 도와 줄 의사를 밝힌다.

③ 위치를 문의할 때

이에 대비하여 안내용 메모를 미리 준비해 두었다가 지하철(또는 버스노선 번호)과 가장 가까운 역(또는 정거장 이름)과 출구, 거리의 명칭, 도중에 있는 목표물, 주변 건물의 특징(건물 색, 상호, 간판 등), 예상 소요 시간 등을 고려한 순서에 맞게 안내한다. 먼저 출발할 곳의 위치를 확인하고 어떤 교통편을 이용하여 올 것인지, 어느 위치까지 알고 있는지 등 중요한 포인트를 요령 있게 정리하여 표현한다. 미리 상세히 준비해 놓은 약도를 팩스로 보내 주면 더욱 확실한 안내가 될 것이다.

④ 통화중 손님이 왔을 때

손님에게 먼저 가볍게 목례와 눈인사를 하고 자리를 권유하는 제스처가 필요하다.

⑤ 전화 상태가 좋지 않은 경우

먼저 상대방의 소리가 작은 경우에는 상대방에게 양해를 구한다. 통화가 불가능한 경우에는 정중하게 다시 걸어 줄 것을 부탁하고 "먼저 끊겠습니다."라는 양해의 말을 한 후 조용히 수화기를 내린다. 이때 전화건 상대방을 안다면 "다시 전화를 드리겠다."고 양해를 구하고 곧 전화를 건다.

2) 휴대폰 예절

① 휴대폰으로 통화할 때는 목소리를 한 톤씩 줄이도록 한다.

버스 안 또는 지하철, 사람이 많이 모이는 곳에서 꼭 통화를 해야 한다면 목소리를 조금 낮춰 주위 사람들에게 불편함을 주거나 신경을 쓰이게 하는 일이 없도록 한다.

② 볼륨을 최대한 줄인다.

대중 교통, 공공 장소에서 시도 때도 없이 울리는 벨 소리는 주위의 모든 사람에게 스트레스가 된다. 따라서 자신만이 알아들을 수 있게 벨 소리를 줄이거나 진동으로 바꾸어 놓는다.

③ 강의 시간, 회의, 음악회, 극장 등 집중이 요구되는 시간에는 가급적 전원을 끄고, 부득이한 상황이라면 진동으로 전환시킨다.

④ 휴대폰은 고주파수를 이용하는 것이다. 생명을 다루는 소중한 장소인 병원 곳곳에서 휴대폰을 사용하면 의료 기기가 전자파로 잘못 작동될 수 있으므로 병원에서는 잊지 말고 휴대폰을 꺼두도록 한다. 비행기 내에서도 마찬가지이다.

⑤ 운전중에는 휴대폰 사용을 금한다. 한 손에 이동 전화를 들고 또 한 손에 핸들을 잡고 운전하는 것은 다른 운전자의 주행 방해는 물론 자신의 생명까지 담보하는 매우 위험한 행동이다.

⑥ 휴대폰은 무선 전파를 이용하므로 통신 보완이 어렵다는 점을 감안하여 휴대폰 통화시 너무 개인적이고 비밀스런 내용을 다루지 않도록 한다.

3) 팩시밀리 예절

① 전화와 편지의 중간 형태라 할 수 있는 팩시밀리는 우선 발송 시간을 잘 살펴야 한다. 전화와 마찬가지로 심야나 이른 새벽은 피한다. 팩시밀리가 설치된 장소가 일반 가정일 경우 수신자가 잠을 설치게 되며, 장소가 회사일 경우 중요한 서류가 전달되지 않을 가능성이 있기 때문이다.

② 내용만 보내지 말고 제목, 수신-송신인, 전체 매수 등을 기록한 표지를 함께 보내면 정확성을 기할 수 있다.

③ 만약 중요한 내용이 담긴 팩스라면 송신 뒤 바로 전화해 제대로 받았는지 확인해야 한다.

④ 글씨나 숫자가 흐릿하게 나오는 경우가 많으므로, 중요한 숫자에 대해서는 잘 송신됐는지, 안 보인다면 정확한 숫자가 무엇인지 알려 주도록 한다.

4) 네티켓 예절

PC 통신, 인터넷 등 사이버 공간이 현실 세계에 상당한 영향력을 발휘하는 매체로 성장했다. 하지만 사이버 공간에서 본래의 기능이 악용되는 부정적인 현상이 빈번히 발생하고 있다. 네티켓이라 불리는 사이버 공간의 예절은 네티즌 스스로 다져 가야 할 통신 문화이다.

네트워크 에티켓(Network+Etiquette)은 가상 공간의 에티켓으로서 온라인상에서의 적절한 규칙을 말한다. 예절은 실생활뿐만 아니라 가상 세계에서도 적용된다. 온라인 상의 모든 대화는 화면에 나타나는 단어로 이루어지므로 상대방이 말하고자 하는 바를 잘못 이해하기 쉽고, 상대방이 나와 같이 감정을 가진 사람이라는 것을 잊어버리기 쉬워서인지 실생활에서보다 더 예절 바르지 않게 행동하는 사람이 많다.

① 인터넷은 한 네트워크로 구성되어 있는 것이 아니라 많은 네트워크들 사이에

정보를 전송할 수 있도록 다양한 네트워크를 연결시켜 주는 것이다. 따라서 정보가 한 컴퓨터에서 다른 컴퓨터로 직접 전송되지 않고 많은 네트워크를 통해 전송되므로 인터넷 서비스를 사용할 때에는 네트워크의 부하를 항상 생각하여야 한다.

② 전자 메일이나 토론 그룹에 글을 적을 때 다른 사람들이 자신의 글을 읽는 것이 시간 낭비가 되지 않도록 해야 한다.

③ 다른 사람의 실수를 용서할 줄 알아야 한다. 어느 정도 네트워크에 익숙해지게 되면 자신이 초보자이었음을 잊어버리게 된다.

④ 누군가가 맞춤법에 어긋나는 글을 적거나 어리석은 질문을 하게 되더라도 친절하게 대하도록 한다.

5) E-메일 예절

전자 우편(E-메일)은 인터넷을 통해 우리가 이용하는 활자 매체인 Text, 음성, 화상 등을 전송할 수 있는 전자 편지를 말한다.

① 본문 내용은 가능한 짧고 간결하며 이해하기 쉽게 쓴다.

② 내용을 짐작할 수 있는 제목을 달아 준다.

③ 본문 서두에 본인의 이름이나 신분을 밝힌다.

④ 받는 사람이 읽기 편하게 편집한다. 한 줄은 70자를 넘지 않도록 하고 단락에 따라 한 줄씩 빈 공간을 삽입해 읽기 쉽도록 작성한다.

⑤ '참조'(cc) 활용에 주의한다. 내용과 아무런 관계도 없는 사람의 ID를 참조해 기입해서는 곤란하다.

⑥ 수신과 참조를 구분해야 한다. 메일 수신자는 자신이 수신으로 지정된 경우 정독하고 참조로 된 경우 속독하게 마련이다.

⑦ 보기에 편해야 한다. 글자 폰트·색깔·크기 등에 차이를 두거나 표를 만들어 보내면 눈에 잘 들어온다.

⑧ 용량을 최대한 줄여야 한다. 꼭 필요한 경우가 아니면 파일 첨부를 피하고 본문 내용에 붙여 주는게 좋다.

⑨ 회신(REPLAY) 기능을 활용한다. 의사 소통을 위해 이전 문서가 필요할 때는 회신 기능으로 메일을 보낸다. 그렇지 않은 경우 새로운 메일을 작성해서 보내는 게 좋다.

⑩ 알파벳 하나만 틀려도 E-메일이 반송된다는 점을 고려해 발송 전에 주소를 다시 한번 꼼꼼히 확인해야 한다.

Tip

사이버 공간!
이것만은 조심하자!

① 은어 남발의 문제이다. PC통신 초보자는 대화방에 첫 발을 내딛다가 주춤하게 된다. 분명 우리말인데 무슨 뜻인지 어리둥절하게 만드는 채팅 언어 때문이다.

② PC통신망의 언어 폭력이 위험 수위를 넘어서고 있다.
일부 이용자들이 대화방, 토론방 등에서 비방과 욕설을 쏟아내며 통신망을 오염시키고 다른 대다수 이용자들을 불쾌하게 만들고 있다.

③ PC통신상의 게시판이나 토론방에 근거없는 소문이나 낭설을 유포해 특정인에게 피해를 입히는 사례가 빈번하다. 통신망 운영업체가 헛소문의 진상을 밝혀 제재를 가하는 데도 한계가 있다. 이용자들 스스로 올바른 통신 문화를 가꾸어 나가야 할 것이다.

④ PC통신상에서는 익명성이 보장되고 남의 ID를 빌려 써도 제재를 가할 수 없기 때문에 허위 신분과 익명성을 악용해 이용자를 불쾌하게 만들고 대화방의 분위기를 흐려 놓는 사례가 빈번하다. 따라서 통신인들은 'ID는 자신의 인격' 이라는 인식을 가지고 ID관리를 철저히 해야 한다.

⑤ 이외에도 요즘에는 상대방 한 사람만을 골라 집중적으로 음란 e-메일 등을 보내는 '사이버 스토킹' 까지 등장하고 있다. 피해자들의 적극적 신고와 공동 감시로 사이버 폭력을 방지하는 것도 중요하지만, 네티즌들 스스로 사이버 공간에서의 기본 예절을 지키며 양질의 사이버 문화를 이끌어 나가는 것이 더욱 중요하다. 앞으로는 사이버 문화의 질이 해당 국가의 문화 척도로 평가될 날이 올 것이다.

05 언어생활의 예절과 대화법

❖ 언어 예절의 의의

언어 (言語) 말(言語)은 의미가 담긴 소리로서 그 의미와 밖으로 나타내려는 의사가 일치해야 비로소 그 말이 가치가 있다.

언어예절 말은 일정한 생활문화권에서 약속된 어휘와 말씨를 사용해야 올바른 의사소통이 가능해진다. 이러한 말에 대한 사회적 약속을 언어예절이라 한다.

❖ 언어 예절 – 말씨

높임 말씨 어른에 대한 말에 '시 / 세 / 셔'를 넣으면 존댓말이 된다.
예) "~ 하시었다.", "안녕하세요."

반높임 말씨 동등한 사이에 말의 끝맺음이 '오' 나 '요'로 끝나는 말이다.
예) "이렇게 해요.", "이쪽으로 와요."

보통 말씨 친구 또는 아랫사람이라도 대접해서 말할 때 쓰는 말이다.
예) "여보게, 그렇게 하게.", "자네, 언제 왔나?"

반낮춤 말씨 낮춤 말씨를 써야 할 상대이지만 거북할 때 사용한다.
예) "이것을 해.", "언제 왔어?"

낮춤 말씨 잘 아는 아랫사람이나 아이들에게 쓰는 말이다.
예) "이것을 해라.", "언제 왔니?"

❖ 언어 예절 – 어휘

보통어휘와 존대어휘

보통어휘	존대어휘	보통어휘	존대어휘	보통어휘	존대어휘
밥	진지	말	말씀	준다	드리다
집	댁	데리고	모시고	있다	계시다
자다	주무시다	병	병환	생일	생신
묻다	여쭙다	나이	연세	보다	뵙다

❖ 성공적인 대화법 – 대화 요령

간결하게　　　말하기 전에는 정리를 한 후 침착하고, 간결하게 말한다.
상황에 따른 대화 대방의 친분 정도나 상황에 따라 대화 내용이 달라져야 한다.
진솔한 대화　　자신을 개방하여 솔직히 이야기할 때 부드러운 대화가 이루어진다.
질문　　　　　남의 비밀이 되는 것, 싫어하는 것은 묻지 않도록 한다.
공통 관심사　　함께 모인 사람들의 공통 관심사를 이야기한다.
특정적 이야기　자신의 특정 사업 이야기나 종교 이야기에 집중하지 않도록 한다.

❖ 성공적인 대화법 – 경청

- 궁금한 것에 대해 상대가 하고자 하는 말을 다할 수 있도록 격려하고, 자신의 이해를 돕기 위해 개방된 질문을 한다.
- 주의를 기울려 상대방을 진지하게 바라본다.
- 더 많은 정보를 구한다.
- 상대방이 한 말을 요약하여 확인해 본다.
- 상대방의 체험을 인정해 준다.

❖ 성공적인 대화법 – 칭찬

계속된 칭찬　　매사에 칭찬만 하지 않는다. 상황에 따라 칭찬의 효과가 달라진다.
칭찬 후 비난　　칭찬 후에 비난을 하지 않는다. 칭찬받은 것보다는 비난 받은 것을 오래 기억한다.
구체적 칭찬　　사소한 것을 칭찬하며, 구체적으로 한다. 그런 칭찬은 오래 기억된다.
마음 없는 칭찬 상대는 그것이 가식적인 칭찬이라는 것을 쉽게 알아차린다.
내면 칭찬　　　외면적인 것만을 칭찬하지 말고 내면을 칭찬할 수 있어야 한다.
즉시 하기　　　칭찬해야 할 상황이면, 바로 즉시 한다. 시기를 놓치면 효과가 반감 된다.

좋은 자세와 예의 바른 인사

≫ **06**

좋은 자세와 상황에 맞는 적절한 동작으로 인사하는 것이 행동 예절의 기초이다. 그 사람의 마음가짐이 얼굴의 표정과 외모에 나타나듯, 자세와 동작이 바르지 못하면 그 사람의 기품에 영향을 주면서 상대방에게는 좋지 않은 인상과 함께 불안정하고 정숙하지 못한 느낌까지 줄 수 있다.

1. 좋은 자세의 기본

① 등줄기를 곧게 편다. 바른 자세의 기본은 등을 곧게 펴는 것이다. 등을 구부리면 건강에 좋지 않은 것은 물론이려니와 자신감이 없어 보여 상대방에게 신뢰감을 주지 못한다.

② 손가락은 가지런히 붙인다. 방향이나 사물, 사람을 가리킬 때 검지 손가락을 사용하면 보기도 좋지 않을뿐더러 상대방에게 무례를 범하는 것이다. 가급적 손가락을 가지런히 붙이되 특히 엄지를 제외한 네 손가락은 늘 함께 붙여 마치 한 손가락인 것처럼 움직이는 것이 좋다.

③ 동작을 하나하나 끊어 연결한다. 한 동작은 여러 단계의 자세들로 이어져 있다. 각 단계마다 자세를 바르게 하고 바르게 한 자세들을 자연스럽게 연결시키면 아름다운 동작을 연출할 수 있다.

④ 시작보다 마무리 동작을 천천히 한다. 동작을 취할 때 시작보다 마무리를 천천히 하면 더 예의 바르게 보인다.

⑤ 상대방을 편안히 바라본다.

⑥ 밝은 표정을 유지한다. 밝은 표정을 짓고 있다가 어떤 자세나 동작을 취할 때 표정이 바뀌는 것을 종종 볼 수 있다. 이렇게 표정이 바뀌면 자세나 동작의 빛이 바래는 느낌을 주게 된다.

2. 바른 몸동작

• 서는 자세

1) 바르게 서기

- 두 발은 나란히 하고, 두 다리는 붙인다. 남자는 양 발을 45°, 여자는 양 발을 30° 정도 벌리고 선다.
- 몸 중심을 안전하게 잡고 선다. 몸무게를 두 다리에 골고루 나누어 선다.
- 가슴, 어깨, 허리, 무릎을 편다.
- 배에 약간 힘을 주어 당긴다.
- 얼굴을 바로 들고 시선의 초점은 5~6미터 정도 정면에 두고 부드러운 표정을 짓는다. 턱은 약간 뒤로 당긴다.
- 입은 가볍게 다문다.
- 손은 손가락을 모아 달걀을 쥔 듯이 하여 양옆의 바지 재봉선 위에 자연스럽게 드리우며, 어른 앞에서는 손을 마주 잡고(공수) 온 몸에 힘을 주지 않고 편한 마음으로 선다.

▶ 바로 선 자세

2) 서 있을 때 삼가야 할 자세

- 마치 배가 고픈 듯 힘이 빠져 가슴과 배가 들어간 구부정한 자세
- 새가슴을 하고 엉덩이를 내민 자세
- 배를 내밀고 있어 앞에서 보면 당당한 모습으로 보이지만 옆에서 보면 몸이 뒤로 어색하게 젖혀진 자세
- 허리 위의 상체가 앞으로 굽어진 자세
- 무릎을 벌리고 선 자세
- 어깨를 올리고 선 자세
- 손가락을 벌리고 선 자세
- 뒷짐을 진 자세

– 중심이 잡히지 않고 한쪽으로 기울어진 자세

3) 편히 선 자세

흔히 어린이들에게 편하게 서라고 하면 아무렇게나 자세를 흐트러뜨리기 쉽다. 이때는 편히 선 자세를 취하는 것이 좋다.

① 바로 선 자세에서 한쪽 다리를 뒤로 빼서 선다.
② 몸 중심을 두 다리에 나누어 서기도 하고 한쪽 다리에 몸 중심을 두어 뒤로 뺀 다리에 두기도 하거나 앞쪽 다리에 두기도 한다.

·앉기

1) 바닥에 앉기

– 어른이 앉으라고 하면 앉는다.
– 왼쪽 무릎을 꿇은 다음 오른쪽 무릎을 가지런히 꿇고 앉는다. 이때 발은 포개는 것이 편하다.
– 입고 있는 옷이 바닥에 넓게 퍼지지 않도록 갈무리 하여 단정하게 앉는다.
– 어깨와 허리를 펴서 앉은 자세를 바르게 하고 시선은 앉은키의 두 배 정도 거리의 바닥에 둔다.
– 손은 남자의 경우 두 손을 가지런히 편 후 두 무릎 위로 몸 가까이에 얹거나 공수한 손을 중앙에 놓는다. 여자의 경우 공수한 손을 중심에서 약간 오른쪽으로 몸 가까이에 놓는다.
– 어른들이 편히 앉으라고 하면 다리만 다소 편히 하고 다른 자세는 바르게 한다. 여자는 한쪽 무릎을 세우거나 두 발을 한쪽으로 빼며 엉덩이를 바닥에 붙인다. 이때 벽이나 가구에 몸을 기대지 않도록 하며 손으로 바닥을 짚고

비스듬히 앉거나 다리를 뻗지 않도록 한다.

- 일어설 때는 오른 무릎을 세우고 공수한 손을 오른 무릎 위에 놓고 약간 힘을 주어 일어서서 발을 모은다.

- 방석에 앉을 때는 방석의 중앙에 앉되 방석의 뒤편에 발끝이 걸치듯이 앉는다. 이때 몸이 너무 방석 끝에 왔으면 무릎 걸음으로 약간 앞으로 걸어와 방석의 중앙에 몸을 두도록 한다. 일어설 때는 발을 방바닥에 두고 무릎을 들면서 두 손으로 방석을 제자리에 놓고 일어선다. 방석 위를 발로 밟지 않도록 주의한다.

2) 의자에 앉기

의자의 왼쪽으로 들어가 앉는 것이 원칙으로 특히 여러 사람이 한꺼번에 앉을 때는 지키는 것이 좋다.

- 반걸음 정도 의자 앞에 바로 선 자세로 정면으로 선다.

- 한쪽 발을 조금 뒤로 뺀 후 옷을 정리하며 의자에 깊숙이 앉는다.

- 어깨와 허리를 곧게 펴고 치마를 입었을 경우 발과 무릎을 붙이도록 한다. 남자의 경우 무릎 사이에 주먹 하나 들어갈 정도로만 벌린다.

- 손은 남자의 경우 공수한 손을 다리 위에 자연스럽게 놓거나 손을 가볍게 쥐어 양다리 위에 각각 올려 놓는다. 여자의 경우 공수하여 몸의 중심에서 약간 오른쪽 몸 가까이에 놓는다. 낮은 의자의 경우 여자는 다리를 모아 옆으로 비스듬히 모으는 것이 좋다.

▶ 바른 자세로 의자에 앉기

- 일어설 때는 한쪽 발을 조금 앞으로 내밀며 일어선다. 소파와 같은 의자에 깊숙이 앉았을 때는 단번에 몸을 일으키지 말고 손으로 의자를 살짝 짚은 후 몸을 앞으로 밀어 움직여 일어선다.
- 일어선 다음에는 의자를 바로 놓거나, 탁자가 있는 경우에는 탁자 밑으로 의자를 밀어 넣고 방석이나 쿠션 등을 바르게 놓는다.
- 지하철이나 버스 등 공용 의자에 앉을 경우 다리를 너무 벌려 많은 자리를 차지하지 않도록 하고 다리를 뻗는 등 통행에 불편을 주지 않도록 한다.

• 걷기

1) 바른 걸음걸이

걷는 모습만 보아도 그 사람의 성품과 마음 상태를 알 수 있다. 당당하고 활기찬 걸음걸이는 자신감이 넘쳐 보이게 한다. 반면 고개를 숙이고 등을 구부리며 걷는 모습은 자신감이 없거나 몸이 약한 듯 보인다.

- 두 발은 나란히 하여 정면으로 옮겨 일직선의 양옆으로 발이 놓이도록 걷는다. 발 뒤꿈치 → 발바닥 → 발가락의 순으로 딛는다.

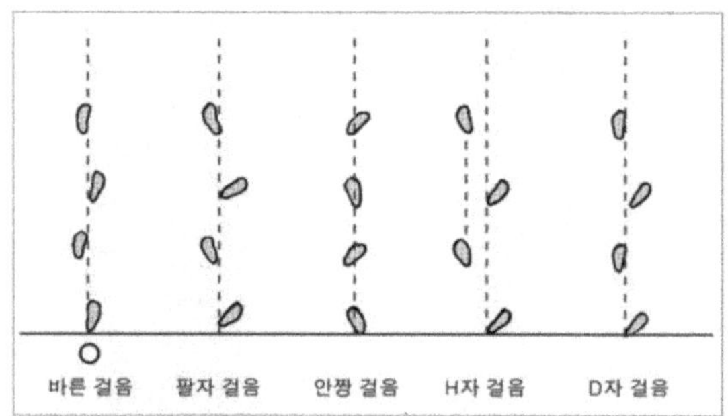

▶ 걸음걸이의 다양한 예

- 상체를 바르게 하여 가슴을 펴고 걷는다.
- 무릎 관절을 펴고 리듬감 있게 걷는다.
- 눈은 정면을 향하고 시선은 눈높이로 자기 키의 2~3배 거리 앞에 둔다. 실내에서는 자기 키 정도 앞에 둔다.
- 상체를 전후 · 좌우로 흔들지 않도록 한다(머리 위에 물건을 얹고 연습한다.).
- 양팔은 자연스럽게 앞뒤로 흔든다.

<table>
<tr><td>

Tip

어른 앞에서의 바른 동작

우리나라에서는 특히 어른을 모시고 하는 기거 동작이 잘되면 예의 바르다고 말하고, 그것이 바르지 못하면 기거가 분명치 못하다는 말로 예의가 바르지 못함을 빗대어 한다. 어른 앞에서의 기거 동작의 요령은 다음과 같다.

① 어른보다 편한 자세를 취하지 않는다.

② 어른보다 높은 곳에 자리하지 않는다.

③ 어른에게 뒷모습을 보이지 않는다.

④ 어른이 앉으라고 하시면 안쪽 옆에 무릎을 꿇고 공손한 자세로 앉는다.

⑤ 어른이 편히 앉으라고 하시면 몇 번 사양하다가 편히 앉는다.

⑥ 어른의 말씀이 자기에게 이롭고 편한 것이면 세 번까지 사양하다가 따르고, 자기에게 부담이 되거나 괴로운 것이면 즉시 행한다.

⑦ 어른이 일어서실 기미가 보이면 먼저 일어나서 부축하거나 공수하고 한쪽으로 비켜 선다.

⑧ 어른이 나가시려 하면 얼른 일어나 문을 열고 한쪽으로 비켜선다.

⑨ 어른이 나가시면 따라나가 가시는 곳까지 모신다. 그냥 배웅을 할 때에는 어른이 보이지 않을 때까지 서서 배웅한다.

</td></tr>
</table>

2) 걸을 때의 주의 사항

– 계단을 오르내릴 때는 상체를 곧게 펴도록 한다. 치마를 입은 여성의 경우 몸 자세는 정면보다는 옆으로 오르는 것이 좋다.

– 계단을 오를 때는 남자 혹은 안내자가 여자보다 한 발 앞서 올라가고, 계단을 내려 올 때는 한 발 뒤에서 내려온다.

– 남의 앞을 지날 때는 반드시 '실례합니다.', '죄송합니다.' 라고 양해를 구한 뒤 남의 몸에 부딪치거나 옷이 스치지 않게 주의하면서 민첩하게 걷는다. 또한 상대에게 정면으로 뒷모습이 보이지 않게 한다.

– 실내에서 걸을 때에는 보폭을 옥외에서보다 좁게 하며, 발자국 소리가 나지 않게 걷는다. 한복 치마나 긴치마를 입었을 때는 발끝으로 치맛자락을 사뿐히 차듯이 밀며 걷는다.

– 방향을 바꿀 때는 발을 민첩하게 옮겨서 방향을 바꾸도록 한다.

• **들어오고 나가는 자세**

– 방에 들어갈 때는 노크 또는 말로 방안에 있는 사람에게 양해를 구한다.

– 물건을 들었을 때에는 물건을 내려놓고 문을 여닫는다.

- 문턱을 밟지 않는다.

- 문소리와 발소리가 나지 않도록 열고 닫는다.

- 필요 이상으로 문을 활짝 열지 않으며, 문을 열어 놓은 채 일을 보지 않는다.

- 회전문은 안내인이나 아랫사람이 먼저 들어가서 밀어 드린다.

- **방향 지시**
  - 손가락을 모으고 손바닥 전체를 펴서 방향을 가리킨다.

  - 손등이 보이거나 손목이 굽지 않도록 한다.

  - 오른쪽을 가리킬 때는 오른손을, 왼쪽을 가리킬 때는 왼손을 사용한다.

  - 사람을 가리킬 때는 두 손을, 사물은 한 손을 사용한다.

  - 방향 지시는 몸 전체를 이용한다.

- **물건 주고 받기**
  - 받는 사람이 편하게 두 손으로 준다.

  - 건네는 위치는 가슴과 허리 사이가 좋다.

  - 물건을 손 위에 얹어서 든다.

  - 물건을 줄 때는 상대의 눈–〉 물건–〉 눈 으로 시선을 처리 한다.

  - 손잡이가 따로 있는 물건은 손잡이를 잡는다.

  - 신문, 책 등 읽을거리는 받는 사람이 바르게 보도록 건넨다.

  - 컵, 잔 등의 물건은 입이 닿는 부분에 손이 닿지 않도록 한다.

  - 물건을 바닥에 놓거나 들 때는 앉아서 놓고 든다.

  - 앉아 있는 사람에게는 앉아서 주고, 서있는 사람에게는 서서 준다.

  - 물건을 들고 다닐 때는 팔꿈치를 몸에 붙여야 한다.

3. 예의 바른 인사

원시시대부터 시작된 인사는 상대방을 존경하고 인정하며 반가움을 나타내는 방법의 하나이다. 『예기』(禮記)에서 "인사는 술을 만드는 데 있어서 누룩과 같은 것"이라고 하였다. 이는 인사가 사람살이에서 없어서는 안 되는 매우 중요한 행위임을 일러 주는 말이다. 처음 만난 사람이나 웃어른에게 호감을 얻을 수 있는 첫 관문으로 인사를 예의 바르게 잘하느냐 못하느냐에 따라서 상대방으로부터 존중받을 수도 있고 인격이 낮게 평가될 수도 있다.

인사는 받는 사람만의 기쁨이 아니라 하는 사람도 기분 좋은 일이기 때문에 러시아의 문호 톨스토이는 "인사하는 것은 경우를 막론하고 부족한 것보다는 지나친 편이 낫다"고 말하였다. 인사는 평범하고도 대단히 쉬운 행위이지만 습관화되지 않으면 실천에 옮기기가 어렵다. 인사를 습관화하게 되면 그늘진 성격이 밝아지고, 소극적인 사람은 적극적으로, 정적인 사람은 동적으로, 우울한 사람은 명랑하게, 꽉 막힌 사람은 탁 트인 사람으로 변하게 된다. 바른 인사법을 익히고 훈련하여 인사를 습관화하고 늘 실천하도록 해야겠다.

현대 우리나라 사람들이 하는 인사에는 앉아서 하는 절과 서서 하는 인사가 있다. 절은 우리나라의 전통적인 좌식 생활에 맞게 발달되어 현재까지 내려오고 있는 우리나라 고유의 인사 형식으로, 앉은 자세에서 정중하게 몸을 굽히는 수직적인 인사 방법이다. 그에 반해 서구에서 도입되어 일반적으로 통용되는 인사는 허리를 굽혀 하는 수평적인 인사이다.

1) 우리나라의 인사법, 절

'내가 하고 싶지 않은 것은 남에게도 시키지 않으며(己所不欲,

Tip

자세에 따른 절의 4가지 단계

① 차수(叉手) : 절의 첫 단계로 손의 처리방법이다. 김장생(金長生)의 『가례집람』과 김성일(金誠一)의 『동자례』에 따르면, 차수는 왼손으로 오른손의 엄지를 단단히 잡아 왼손의 새끼손가락이 오른 손목을 향하게 하고 오른손의 나머지 네 손가락을 편다. 그리고 왼손의 엄지를 위로 향하게 하고 오른손으로 가슴을 덮듯이 하되, 직접 가슴에 닿지 않고 두세 치 떨어지게 한다.

② 읍(揖) : 두 손을 맞잡아 얼굴 앞으로 들고 허리를 공손히 구부렸다가 펴면서 두 손을 내리는 것이다. 읍에는 상례 · 중례 · 하례가 있다. 상례는 지위가 낮은 사람이 어깨를 낮추어 몸을 굽히고 손을 가지런히 모아서 눈 밑까지 올려 최상의 존경을 표하는 것인데, 이때 읍을 받는 사람은 앉아 있거나 서 있는 것과 상관없이 답을 하지 않는다. 중례는 지위가 낮은 사람이 몸을 굽히고 손을 모아 입까지 들어서 존경을 표하는 것이다. 하례는 지위가 높은 사람이 손을 가지런히 하고 가슴까지 올려서 답례하는 것이다.

③ 궤(跪) : 머리를 낮추고 손을 마주잡고 편안한 자세로 두 무릎을 아래로 내린다. 허리는 곧게 세워 쭈그리지 않도록 하여 꿇어앉으며 등은 조금 굽혀 공경을 표시한다. 궤는 절의 한 절차일 뿐만 아니라 어린 사람이 어른을 모시는 일상예절이기도 하였다.

④ 배(拜) : 『주례』의 〈대축(大祝)〉에는 절의 종류를 9가지로 나누었는데 그 중 4가지는 정배(正拜) 나머지는 정배(正拜)에 따라 행한다. 남자의 정배는 계수(稽首) · 돈수(頓首) · 공수(空首)의 3가지가 있고 부인의 정배는 숙배(肅拜)라고 하였다. 이 밖에 진동(振動) · 길배(吉拜) · 흉배(凶拜) · 보배는 계수에 따르고 기배(奇拜)는 공수에 따른다. 정배 중 공수는 1배(拜)이고 나머지는 모두 2배이다. 숙배는 재읍(再揖)이라고도 한다.

勿施於人)' (『논어』), '이웃을 내 몸처럼 생각하는' (『마태복음』) 것이 바로 예절이나 에티켓이 함유하고 있는 기본정신이라 할 수 있을 것이다. 그런데 예절이나 에티켓은 시대와 장소, 그리고 문화의 양상에 따라 다를 수밖에 없는 것이다. 예를 들어 봉건시대의 예절이 오늘에 통하지 않으며 우리나라에서는 서양의 예절이 원형대로 통용되지 않는 것이 사실이다. 그럼에도 불구하고 시공(時空)을 초월하여 변하지 않는 것이 있다면 그것은 앞서 말한 기본정신이라 할 수 있다.

이렇게 예절은 능동적으로 그때그때 걸맞은 일정한 방법으로 다양하게 표현되지만, 나를 낮춤으로써 남을 높이는 마음의 표현이라는 예절의 근본정신만큼은 변화하지 않는 이치로 남아 있다.

그 가운데 우리나라의 인사법인 절은 몸을 굽혀서 예를 표현하는 방법으로, 예절 표현 방법의 정수(精髓)라고 해도 과언이 아니다.

절의 사전적 의미는 '몸을 굽혀 경의를 표하는 인사'로 한자로는 '배(拜)'인데, 『설문해자(說文解字)』의 단주(段注)에 '머리를 손에 대는 것'이라 하여 땅을 짚은 손에 머리를 대고 절하는 것이라고 했다.

우리나라의 절은 유교, 특히 주자학이 정치이념으로 수용되면서 『주자가례(朱子家禮)』가 바탕이 되었다. 관련 문헌들로는 김장생(金長生)의 『가례집람(家禮輯覽)』을 비롯해 이익(李漢)의 『성호사설유선(星湖僿說類選)』 중의 「인사(人事)」편, 정구(鄭逑)의 『오선생예설분류(五先生禮設分類)』 중의 「잡례(雜禮)」, 유장원(柳長源)의 『상변통고(常變通攷)』 중의 「통례(通禮)」와 『거가잡의(居家雜儀)』 등이 있다.

이들 문헌들에서 공통적으로 나타나는 것은, 절은 자세에 따라 차수(叉手)·읍(揖)·궤(跪)·배(拜)의 네 단계로 나누고 있다는 점이다.

앞에서 설명했듯이 현대로 넘어와 절은 그 지역과 시간에 따라 조금씩 차이가 있다. 특히 남자의 절보다 여자의 절의 이질성은 더욱 심각하다.

남자의 경우는 전통한복이나 양복 모두가 바지이기 때문에 절을 하기에 불편함이 없지만, 여자의 경우에는 전통한복은 긴 치마이지만 요즘에 와서는 짧은 치마나 편안한 바지를 입는 경우가 많아졌기 때문이다. 긴 치마를 입었을 때는 상관이 없지만 짧은 치마나 바지를 입고는 두 무릎을 벌리고 앉을 수가 없기 때문이다. 그래서 우리의 전통문화 가운데는 그대로 지켜져야 할 것이 있는가 하면 계승 발전시켜 나가야 할 것이 있다고 생각한다. 짧은 치마나 바지로도 쉽게 할 수 있는 절이 정착이 되었으면 한다.

* 절의 종류

『가례집람(家禮輯覽)』에서는 절의 종류를 남녀를 구별해 큰절, 평절(平拜), 약식절로 설명하고 있다. 그러나 평절의 경우 이 책의 근간이 되는 『주자가례(朱子家禮)』에서 주자(朱子)가 설명했듯이 '평등을 원칙'으로 한다고 했지만, 절은 연소자가 웃어른에게, 하급자가 상급자에게, 제자가 스승에게 등, 계층·계급상 아래에서 위로 행하는 예절 형식이니만큼 이는 적당한 말이 아니라고 생각해 '뵙는 절'이나 '인사절' '세배절'로 명칭을 바꾸어야 할 것이다. 그러므로 큰절·뵙는 절·상례절로 나눠 설명하고자 한다.

Tip

절의 기본, 공수법

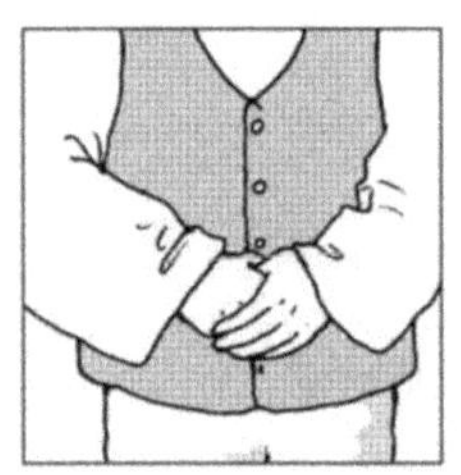

우리나라 사람들은 의식 행사나 전통 배례, 공손한 자세를 취할 때 두 손을 앞으로 모아 맞잡는데 이러한 자세를 공수(拱手)라고 한다. 절에서도 기본은 공수인데, 절을 시작할 때도 공수로써 하고 마무리를 할 때도 공수로 예를 갖춘다. 공수의 기본 자세는 두 손의 손가락을 가지런히 붙여서 편 다음 앞으로 모아 포개고 엄지손가락은 엇갈려 깍지를 끼고 집게 손가락 이하 네 손가락을 포갠다. 공수에서 평상시 남자는 왼손이 오른손 위로 가고, 여자는 오른손이 왼손 위로 가게 잡는다.

이러한 '남좌여우(男左女右)'의 이치는, 태양광선은 생명의 원천이기 때문에 생명이 있는 것은 태양광선을 가장 잘 받는 남쪽을 향하는 것이 정칙(正則)이기 때문이다. 이는 남쪽을 향할 경우 왼편이 동쪽이고, 오른편이 서쪽이며, 동쪽은 해가 뜨니까 양(陽)이고, 서쪽은 해가 지니까 음(陰)으로, 남자의 방위는 동쪽인데 그 동쪽이 왼편에 있으니까 남자는 좌(男左)이고, 여자의 방위는 서쪽인데 그 서쪽이 오른편에 있으니까 여자는 우(女右)가 되는 것이다. 이는 남동여서(男東女西)의 방향과 상관이 있는 것으로, 손잡는 데도 음양의 이치를 존중했던 선조들의 지혜가 엿보인다. 흉사시에는 반대로 남자는 오른손이 위로, 여자는 왼손이 위로 가게 한다. 대표적인 흉사는 사람이 죽을 때이다. 그렇지만 제사는 흉사가 아니다.

① 큰절

  큰절은 혼례·현구고례(見舅姑禮)·부모의 회갑이나 칠순 등 큰 예를 갖출 때 하는 절로 그 의식에 따라 수모(手母)가 부축해 도와주기도 한다. 절하는 방법은 두 가지가 있는데, 한복 착용시에는 가부좌를, 평상복일 경우에는 무릎을 꿇고 한다.

② 뵙는 절(인사절, 세배절)
  뵙는절은 평상시에 어른을 뵐 때 하는 절과 명절 때 하는 절로, 하는 방법은 한복과 평상복으로 나눠 큰절과 같다.

③ 상례절(제례절)
  상례절은 공수(拱手)한 손의 위치가 바뀌지만 망자가 가족 등 일가 친척이나 특별한 관계가 아닌 보통의 조문을 갈 때는 공수한 손의 위치는 바뀌지 않는다.

* 절하는 방법
① 큰절인 고희(古稀)절

  부모의 회갑이나 고희(古稀) 때 올리는 절로, 두 손이 바닥에 닿을 때까지 고개를 숙여 절을 한다.

1. 오른손을 왼손 위로 포개어 공수한다.
2. 두 손을 눈높이까지 올리고 왼발을 조금 뒤로 한 후 오른발도 빼면서 천천

히 몸을 숙여 가부좌를 한다.

3. 손이 바닥에 닿을 듯할 때까지 깊숙이 숙여 절을 한다(이마와 손등 사이에는 항상 주먹 하나 들어갈 만큼의 간격을 둔다.). 천천히 일어나며, 이때도 손은 눈높이에 맞추어져야 한다.

4. 공수하고 천천히 앉아 다시 한번 예를 표한다.

② 뵙는 절

뵙는 절이란 말 그대로 오랜만에 어른을 뵈었을 때나 명절때 어른께 드리는 "세배절" 이라고도 한다. 아랫사람이 웃어른께 절을 하면서 "새해 복많이 받으세요." "건강하세요." 등의 덕담을 하는데, 이때 덕담은 아랫사람이 먼저 하는것이 아니라 웃어른이 먼저 해주는 것이다. 또한 웃어른께 "절 받으세요." "앉으세요." 라는 말을 하는 것도 옳지 못하다.

1. 서있는 채로 두 손을 가지런히 모아 공수한다.
2. 천천히 손을 풀면서 앉는다.
3. 살며시 앉아 손을 무릎 안쪽에 대고 예를 갖춘다.
4. 천천히 일어나면서 자연스럽게 손을 공수한다.
5. 다시 왼발을 뒤로 빼고 오른 무릎을 세워 앉아 손은 무릎 앞쪽에 놓고 다시 한번 예를 갖춘다.

③ 평상복 뵙는 절

한복을 즐겨입지 않는 요즈음엔 짧은 치마나 바지 등 편한 복장이 많다. 그러나 웃어른께 예의를 갖추어야 할 곳에서는 정장차림이 바람직하다.

1. 남자는 왼손, 여자는 오른손이 위로 가게 공수한다.

2. 남자는 왼발, 여자는 오른발을 뒤로 한 다음 무릎을 꿇는다.

3. 남자는 왼손을 바닥에 대고 머리를 숙여 절을 하고, 여자는 공수한 손을 풀어 무릎 양쪽에 공손히 내려 머리와 등을 숙인다.

4. 절을 하고 공수한 다음 천천히 일어나며, 공수한 모습으로 천천히 무릎을 꿇고 앉아 가볍게 예를 표한다.

5. 한 번 더 예를 갖춘 다음 공손히 앉는다.

④ 남자 큰절

남자의 큰절은 읍을 하고 절을 한다. "읍"이라고 하는 것은 간략하게 예를 표하는 것이지, 반절이나 절에 속하지는 않는다.

1. 왼손이 오른손 위로 가게 공수한다.
2. 왼발을 뒤로 하고 두 손을 눈높이까지 올린다.
3. 몸을 숙이면서 손도 자연스럽게 가슴을 쓸어내리듯 구부리며 내린다.
4. 손을 바닥에 대고 머리 숙여 절을 하고 천천히 일어선다.
5. 공수한 채 무릎을 꿇고 앉아 무릎 위에 손을 올려 예를 표한다.

⑤ 혼례절

혼례는 남자와 여자가 혼인을 해 부부가 되는 예를 말한다. 혼인은 인륜지대사(人倫之大事)로 신랑은 자주색이나 남색의 사모관대를 하고 신부는 원삼, 족두리에 연지곤지를 한다. 혼례의 교배례에서는 겹절(挾拜)을 하는데, 신랑은 재배(再拜), 신부는 사배(四拜)를 한다(의례 때도 마찬가지로, 어른께 절을 할 때도 홑절을 하는 것이 아니고 겹절을 하는 것으로, 남자가 재배하면 여자는 사배를 한다.).

⑥ 제례(祭禮)절

기제사란 기일(忌日)의 제사라는 뜻으로, 일 년에 한 번 지낸다. 제삿날은 파제일(破堤日)이므로, 초저녁에 지낼 경우 돌아가신 날 지내되 일몰 후부터 밤 열두시가 되기 이전에 지내는 것이다.

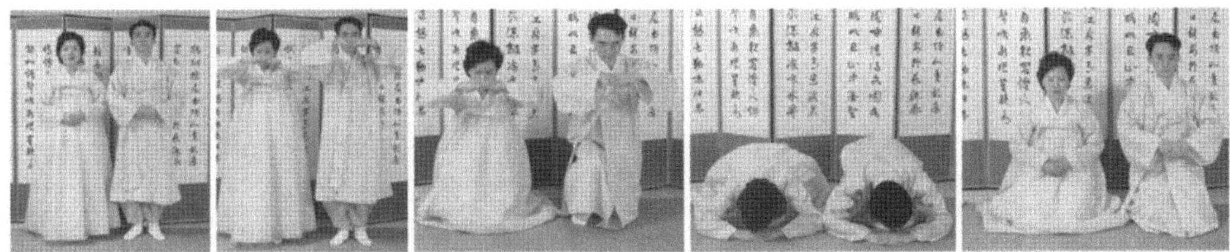

1. 남자는 왼손, 여자는 오른손이 위로 겹쳐서 공수를 한다.

2. 공수한 손을 눈높이까지 올려 오른발을 뒤로 하고 무릎을 꿇고 앉는다.

3. 무릎에서 잠깐 멈추었다가 바닥에 손을 대고 머리를 숙인다.

4. 이마와 손등이 닿도록 절을 한다.

5. 천천히 일어났다가 다시 무릎을 꿇고 앉아 공수한 손을 무릎 위에 놓고 예를 표한다.

⑦ 상례(喪禮)절

상례는 사람이 죽음에 이르는 순간부터 졸곡(卒哭, 사람이 죽었을 때부터 백일까지)까지의 전체 과정을 의식으로써 정한 예를 말한다. 이때는 흉사라 하여 공수한 손의 위치를 바꾸어 큰절을 한다.

1. 공수한 손의 위치가 바뀐다(이는 친부모 상례 때에 한하며, 남자는 오른손이 여자는 왼손이 위로 오도록 공수를 한다.).

2. 공수한 손을 눈높이까지 올려 오른발을 뒤로 하고 무릎을 꿇고 앉는다.

3. 공수한 손이 가슴을 쓸어 내린다.

4. 무릎에서 잠시 멈추었다가 바닥에 손을 대고 머리를 숙인다.

5. 이마와 손등이 닿도록 절을 한다.

6. 가슴을 쓸어 올리듯 천천히 일어난다(이때에도 손을 눈높이까지 맞춘다.).

7. 천천히 무릎을 꿇고 앉는다.

8. 공수한 손을 무릎 위에 놓고 예를 표한다.

Tip

절할 때 주의할 점

① 손은 공수하며 손끝이 상대를 향하게 하지 않는다.

② 누워 있는 어른에게는 절대 절하지 않는다.

③ 절을 받을 어른이 "절하지 말라."고 하면 안 해도 된다.

④ 찾아오신 웃어른에게 방 안에서 인사를 할 때에는 어른이 자리를 잡은 후 뵙는 절을 한다.

⑤ 어른에게 "앉으세요.", "절 받으세요."라는 말은 명령투이므로 삼가고 대신 "인사 드리겠습니다." 라고 한다.

⑥ 웃어른은 제자나 친구의 자녀, 연하자라도 상대가 성년이면 반드시 답배(答拜)해야 한다.

2) 서서하는 인사

① 인사의 종류

서서 하는 인사는 인사를 하는 방법에 따라서 경례, 눈으로 하는 목례, 손을 마주 잡고 흔드는 악수 등이 있다. 경례는 인사를 하는 대상과 상황에 따라 허리를 굽히는 정도가 달라지는데 여기에는 의식 경례와 큰 경례, 평 경례, 반 경례가 있다.

의식 경례 – 의식 행사 즉 졸업식, 시상식, 혼인식 등 신랑 신부의 맞절, 상가의 영좌에 대한 경례, 제례나 추모 의식 등의 신위에게 하는 경례이다. 윗몸을 90도로 굽혀 잠시 머무른 뒤 일어난다.

큰 경례 – 정중한 인사인데, 큰절에 해당하는 입식 인사이다. 약 45도 정도 허리를 굽힌다. 손님을 배웅할 때, 감사 또는 사죄를 표시할 때, 고객을 배웅할 때, 부모님에게 또는 스승에게, 직위가 높거나 훌륭한 저명 인사를 만났을 때 큰 경례를 한다.

평 경례 – 보통 인사로서 윗몸을 30도 정도로 굽힌다. 우리의 일상 생활에서 가장 많이 행하는 인사이다. 상대에 대한 정식 인사는 평 경례로 하며, 손님을 맞이할 때, 같은 나이 또래와 처음 만났을 때, 거래처 등 사회 활동을 하면서 처음 인사를 나눌 때, 나이 차이가 얼마 나지 않는 학교나 사회 선배를 만났을 때 한다.

▶ 서서 하는 인사의 종류

반 경례 – 허리를 15도 정도로 굽혀서 하는 약식 인사이다. 복도를 지나면서 상사를 만날 때, 복도나 계단 엘리베이터 등 공간이 좁아서 평 경례를 하지 못할 때, 양해를 구할 때와 질문이나 부탁을 할 때 반 경례를 한다.

목례 – 서로 눈이 마주쳤을 때 말없이 고개를 끄덕이며 눈으로 하는 인사이다. 길 또는 실내나 복도에서 사람을 자주 대할 때, 공동 화장실, 목욕탕, 사우나실 등에서 아는 사람을 만났을 때, 바쁘게 일을 하는 도중에 손님을 맞이할 때, 자신과는 직접 관계가 없는 방문객이 돌아가려고 할 때 목례를 한다.

그 밖에 포옹, 입맞춤, 합장 등의 인사 방법이 있다. 인사는 민족, 종교 등에 따라 감정 표현 방법, 생활 습관이 다르듯이 다양하다. 포옹은 서구에서 많이 하는데, 오랜만에 친척이나 친구를 만났을 때 서로 껴안으며 양 볼에 입을 맞추는 인사이다. 손에 하는 입맞춤은 유럽이나 남미 사교계에서 행해지고 있는 인사로 남성이 여성의 손을 잡고 몸을 굽혀 손등에 가볍게 입을 맞추는 인사이다. 그 외에도 코 비비기, 두 손을 모아 가슴에 대는 합장, 손을 흔들어 주는 것 등 여러 가지 인사가 있다.

② 좋은 인사의 5대 포인트

인사는 마음속에서 우러나오는 감정과 겉으로 드러나는 형식이 복합되어 전달되기 때문에 인사를 할 때는 내면의 친절, 정성, 감사의 마음을 정중하면서도 밝고 상냥하게 표현해야 한다. 인사의 기본은 정중하면서도 명랑한 표정을 보이는 것이다. 아무리 얼굴이 예쁘고 곱게 화장을 했다 하더라도 미소를 담은 표정만큼 아름다울 수는 없다.

* 내가 먼저 한다.
* 상대의 눈을 보며 한다.
* 표정을 밝게 한다.
* 인사말은 명랑하고 분명하게 한다.
* 때와 장소, 상황에 맞는 인사를 한다.

③ 상황별 바른 인사 예절

• 상황 1 – 계단에서 웃어른과 마주쳤을 때

일단 기다리는 것이 우선이다. 그런 후 손윗사람이 밑에 있을 경우 위에서는 인사를 하지 않고 옆으로 비켜선 다음, 밑에서 올라오는 손윗사람이 같은 계단에 오면 인사한다.

• 상황 2 – 상대방이 나를 보지 못했을 때

나를 보지 못한 상대방에게는 먼저 다가가라. 상대방에게 꼭 인사를 해야 하는데 상대방이 나를 보지 못하는 경우, 눈이 마주치기를 무작정 기다릴 것이 아니라

살짝 다가간 다음 밝은 목소리로 먼저 인사말을 건네도록 하자.

- 상황 3 – 부득이하게 일어나지 못할 상황일 때

앉아서 인사해도 예의에 어긋나는 것은 아니다. 앉아 있을 때도 기본적으로 일어나 자세를 갖추고 인사하는 것이 좋으나, 부득이한 경우에는 앉아서 인사해도 괜찮다. 이때 허리를 곧게 펴고 바르게 앉은 자세에서 밝은 표정으로 인사말을 먼저 건네는 것이 좋다. 밝은 표정과 환대의 인사말이 때에 따라서는 허리를 굽히는 동작보다 더 정중하고 효과적일 수 있다.

> ## Tip
>
> ### 인사할 때 주의할 점
>
> - 고개만 까딱 움직이는 인사는 성의도 없고, 사람이 가벼워 보인다.
>
> - 표정 없이 무뚝뚝한 인사는 상대방을 오히려 기분 나쁘게 만들기도 한다.
>
> - 급히 뛰면서 하는 인사는 예의에 어긋난다.
>
> - 공손함이 지나쳐서 90도 이상 숙여서 하는 인사는 상대에게 부담을 느끼게 한다.

- 상황 4 – 내가 잘 모르는 사람일 때

잘 모르는 사람에게도 밝게 인사하는 습관을 들이자. 예를 들어 잘 모르는 타부서 사람이 먼저 인사해 오는 경우 약간 당황스럽더라도 같이 인사로 답례를 갖추는 것이 좋다. 잘 알지 못한다고 해서 그냥 쳐다보기만 한다면 상대방의 호의를 무시하는 일이 된다. 우선 인사를 한 후에 주위 동료에게 누구인지 물어보고 다음에 마주쳤을 때 가벼운 인사말을 먼저 건네는 것은 더욱 좋은 방법이다.

• 상황 5 – 복도에서 남의 앞을 지나갈 때

복도에서 남의 앞을 지나갈 때도 인사는 필수다. 급한 용무가 있어 다른 사람 앞으로 먼저 지나가야 할 때는 한쪽으로 다소곳이 지나면서 인사한다. 이때 앞질러가는 것에 대한 특별한 양해의 말이나 부연 설명은 굳이 하지 않아도 된다. 단지 한쪽으로 비켜 지나가며 일상적인 인사말을 정중히 건네기만 하면 된다. 물론 앞에 가는 사람이 윗사람이라면 "실례합니다."를 덧붙여 인사하는 것도 괜찮다.

3) 악수하기

손을 마주 잡고 흔들어 악수를 하며 인사하는 방식은 원래 서양에서 들어온 인사법이다. 우리나라에서도 『삼국유사』나 『삼국사기』 등의 기록을 보면 고대부터 악수를 해오기는 했지만 근래에 들어 보편화되었다. 악수는 인사라고 하기보다는 정(情)의 표시로 행해지지만 절을 하는 대신 관례적으로 하기 때문에 인사의 범주에 포함시킨다. 그러나 악수를 했다고 해서 당연히 인사가 생략되는 것은 아니라는 사실을 잊지 말아야 한다.

• 악수의 의미

① 악수는 자기표현으로, 인간관계를 열어주는 문이 된다.

② 손을 잡음으로서 마음의 문을 열 수 있다.

③ 잡은 손을 흔들면서 일체감을 나타낼 수 있다.

• 악수하는 방법

미소 띤 얼굴에 허리는 곧게 펴고 마음에서 우러나는 태도를 취하는것이 좋다. 악수의 기본 동작은 다음과 같다.

① 오른쪽 팔꿈치를 직각으로 굽혀 손을 자기 몸 중앙이 되게 수평으로 올린다.

② 네 손가락은 가지런히 펴고 엄지는 벌려서 상대의 오른손을 살며시 쥔다.

③ 상대방의 눈·손·눈을 보며 가볍게 아래 위로 3번 정도 흔든다.

④ 상대가 아플 정도로 힘을 주거나 지나치게 흔들어 몸이 흔들려서는 안 된다.

⑤ 악수는 악수할 때의 상황이나 상대방에 따라 약간씩 달라진다. 의식 악수인 경우에는 상급자가 악수를 청하면 오른손은 가슴 높이로 하고 상급자를 바라보며 상급자의 악수에 응한다. 어른이나 상사와 나누는 정중한 악수를 할 때는 허리를 약간 굽히면서 오른손 팔꿈치에 왼손을 가볍게 붙이고 정중하게 한다. 특히 상대방이 50대 이상인 경우에는 허리를 굽히는 것이 상대방에게 자연스럽게 받아들여진다는 점도 잊지 말아야 할 것이다.

- **악수할 때의 예절**

악수를 할 때는 악수를 청하는 순서가 매우 중요하다. 세계 공통으로 통용되는 악수를 청하는 순서는 다음과 같다.

① 윗사람이 아랫사람에게, 선배가 후배에게 먼저 청한다.

② 여성이 남성에게 먼저 청하고, 기혼자가 미혼자에게 먼저 청한다.

③ 남녀간 악수에서는 상하 구별이 우선이다. 즉 남자가 상사이면 여자 하급자에게 악수를 먼저 청한다.

④ 상대편이 부부 동반일 경우, 남자들이 먼저 악수를 하는 것이 예의이다. 그러나 여성이 남성에게 악수를 청하는 것 역시 실례가 아니므로, 상대편 여자가 먼저 악수를 청해 올 경우 그 여성에게 먼저 악수를 응해야 한다.

⑤ 손을 잡을 때는 오른손을 잡도록 한다. 만약 오른손을 다쳤거나 해서 오른손을 사용할 수 없을 때는 상대방에게 양해를 구한다. 악수하는 동안 왼손을 주머니에 넣거나 뒷짐을 져서는 안된다.

⑥ 악수를 할 때 왼손으로 상대의 손등을 덮어 쥐는 것은 좋지 않다. 그러나 윗사람이 아랫사람에게 그렇게 하는 것은 깊은 정의 표시로 이해될 수 있다.

⑦ 허리를 굽히지 않는 것이 원칙이나 악수를 할 때 윗사람이나 존경하는 분께 약간 고개를 숙이며 예를 표하는 것은 한국적 악수법이다.

⑧ 서양에서는 흉사시에 악수를 하지 않는 것이 예의이나, 우리나라에서는 어른이 아랫사람의 손을 잡고 위로나 격려의 뜻으로 악수를 하기도 한다.

⑨ 장갑을 착용하고 악수를 할 때는 장갑의 종류에 따라 다르다. 방한용 장갑은 벗고 악수를 하는 것이 좋고, 예식용 장갑이나 장식용 장갑은 벗지 않아도 된다. 그러나 방한용 장갑이라 할지라도 날씨가 추워 상대편이 장갑을 끼고 악수를 요청한 경우에는 낀 채로 응하여도 좋다.

4. 소개 예절

소개는 사람을 처음 만났을 때 하는 것으로 상호 간의 첫인상에 많은 영향을 미치게 된다. 따라서 자신을 당당하면서도 정중하게 소개할 줄 아는 지혜가 있어야 하며, 다른 사람이 소개할 때 예의 바르게 받아들이는 매너가 필요하다.

보통의 경우 자신을 타인에게 소개할 때 이름과 직업 등 간단한 프로필을 말하기 때문에 쉬운 일로 여겨지지만 막상 소개할 상황에 닥쳤을 때는 당황하여 더듬거리거나 자신이 원하는 대로 의사가 전달되지 않고 실수를 하는 경우도 많다. 또한 다른 사람들을 매너 있게 소개시켜야 할 때도 있지만 생각만큼 쉬운 일도 아니다. 때문에 이와 관련한 매너를 알아두는 것은 사회생활을 하는 데 큰 장점이 된다.

1) 자신을 소개할 경우

- 자신을 직접 소개할 경우 경칭을 붙이지 않는다.
- 비즈니스와 관련되어 자신을 소개할 경우에는 자신의 이름뿐 아니라 회사나 담당업무 등을 간략하게 소개하는 것이 좋다.
- 사교적인 모임에서 상대방이 원치 않는데 자신의 직급을 미리 알리는 것은 상대에게 부담을 줄 수 있으므로 주의한다.
- 소개와 동시에 "잘 부탁 드립니다." 혹은 "만나 뵙게 되어 영광입니다." 등의 인사말을 같이 하는 것이 좋다. 눈인사나 고개 인사 정도로만 표시하면, 상대방에게 호감을 주기란 어렵다.
- 매우 짧은 첫 만남과 소개를 통해서 첫인상이 형성되기 쉽다. 따라서 소개할 때는 밝고 호감 가는 표정과 목소리로 소개하도록 한다.

2) 소개를 받을 경우

- 상대의 직급이나 이름 등을 주의해서 잘 듣고 기억하도록 한다.
- 밝은 얼굴로 반가움을 표시하여 소개하는 사람이 불편해하지 않도록 배려한다.
- "만나 뵙게 되어 기쁩니다, 영광입니다." 등의 인사말을 한다.

3) 두 사람을 서로 소개해야 할 경우

- 두 사람의 이름이나 소개하려는 내용을 미리 명확히 알아야 한다. 혹시 소개하는 중간에 소개할 분의 소속이나 이름을 다시 되물어 소개하는 일은 잘못된 것이다.
- 소개하는 순서는 직급이 낮은 사람을 높은 사람에게, 연하자를 연장자에게, 남성을 여성에게, 자사 사람을 타사 사람에게 먼저 소개한다.
- 비즈니스상에서는 직급이 우선이다. 따라서 하급자가 연령이 많더라도 연령

이 아래인 상급자에게 먼저 소개하는 것이 매너이다.

- 개인과 단체를 소개해야 할 경우 개인을 여러 사람에게 먼저 소개하도록 한다.
- 서로 소개가 끝나면 밝은 표정으로 인사를 나눈다.
- 파티의 여주인인 경우에는 상대가 남자라도 일어나서 인사를 나눈다.
- 성직자나 연장자의 경우, 소개를 받을 때에는 남녀 모두 일어나는 것이 예의이다.
- 동성끼리 소개를 받을 때에는 서로 일어나서 인사를 나눈다.

소개할 때의 기본 매너

- 소개를 할 때는 소개를 하는 사람과 받는 사람 모두 일어선다.
- 남성이 여성을 소개받을 때는 반드시 일어서는 것이 매너다.
- 여성이 남성을 소개받을 때는 반드시 일어설 필요는 없다,

2. 명함 교환

처음 보는 사람과 인사를 나눌 때는 명함을 교환하게 된다. 명함은 처음 대면하는 상대방에게 소속과 성명을 알리고 증명하는 역할을 하는 자신의 소개서이자 자기 자신을 표현하는 얼굴과도 같다. 한 장의 명함으로 새로운 인간 관계를 만들 수 있으므로 명함을 주고받을 때에는 예의에 어긋나지 않아야 한다. 특히 직장인은 언제나 명함을 소지하고 있어야 한다.

1) 명함을 주고받는 방법

• 명함을 줄 때

① 손아랫사람이, 방문한 사람이, 소개받은 사람이 먼저 명함을 건넨다.

② 명함은 선 자세로 교환하는 것이 예의이다.

③ 명함을 내밀 때는 정중하게 인사를 하고 나서 두 손으로 건넨다.

④ 명함은 왼손을 받쳐서 오른손으로 건네되 자기의 성명을 상대방이 보아 바르게 보이게 쥔다.

⑤ 두 사람 이상에게 명함을 동시에 건넬 때는 윗사람에게 먼저 건넨다.

• 명함을 받을 때

① 명함을 받을 때도 일어서서 두 손으로 받는다. 이때 "반갑습니다." 라고 한마디 덧붙이는 것이 좋다.

② 명함을 동시에 교환할 때는 왼손바닥으로 받고 오른손으로 건넨다.

③ 명함을 받으면 그 자리에서 보고, 읽기 어려운 글자가 있을 때에는 바로 물어본다.

④ 대화 도중에 상대방의 신원 사항을 잊어 버려 명함을 다시 꺼내 보는 일이 없도록 한다.

⑤ 자신보다 상대가 먼저 명함을 건넬 경우 꺼낸 자기의 명함은 일단 왼손으로 명함집에 넣고 상대의 명함을 받은 후에 건넨다.

⑥ 많은 사람들과 동시에 만났을 때는 상대 좌석 위에 맞춰 명함을 테이블 앞에 나란히 놓고 대화를 나눈다.

2) 명함 교환시 유의할 사항

① 명함은 원칙적으로 명함집에 넣어 사용한다. 명함집은 다른 증명서 등과 같이 쓰기도 하지만 많은 사람을 만나는 경우 독립된 명함집을 준비하는 것이 좋다. 명함집에는 명함을 거꾸로 넣어 한 번의 동작으로 상대에게 전해질 수 있도록 하는 것이 편리하다. 지갑에 명함을 넣어 다니는 사람이 있는데, 엉덩이 뒷 주머니에서 지갑을 꺼내어 명함을 내어 주는 것은 보기에도 좋지 않으므로 명함은 반드시 명함 지갑에 보관하도록 한다. 불가피한 경우 상대를 만나기 전에 지갑에서 필요한 개수의 명함을 미리 꺼내어 상의 안주머니에 넣어 놓았다가 주는 것은 괜찮다.

② 자신의 명함이 더럽혀지거나 구겨지지 않도록 주의해야 한다. 명함이 지저분하면 명함의 주인이 지저분한 인상을 주기 때문이다.

③ 사람을 만나기 전에 미리 명함을 준비해 두어 이리저리 찾지 않도록 한다. 명함이 떨어지지 않도록 개수를 확인하는데, 만날 사람이 한 사람인 경우는 3매, 두 사람이면 6매 정도를 사전에 확인하는 버릇을 들이도록 하고, 만일 명함을 요구받았는데 자신에게 명함이 없을 경우, 사과하고 백지에 적어서 주도록 한다.

Tip

명함별 필수기재 사항

- **비즈니스 명함** – 직장명, 직함, 성명, 주소, 전화번호 등
- **사교형 명함** – 성명, 주소, 전화번호 정도만 기입

④ 받은 명함은 정성스럽게 취급해야 한다. 받은 명함은 반드시 가지고 가도록 한다.

⑤ 상대방의 명함을 가지고 손장난을 하거나 상대방이 보는 데서 명함에 낙서를 하는 행동은 크게 결례를 범하는 것이다.

⑥ 성명을 밝히지 않고 건네거나 앉은 채로 명함을 건네는 행동은 금해야 한다.

⑦ 만난 후에 명함에 지저분하지 않게 그 사람을 만난 장소, 용건, 날짜 등을 기재해 두면 기억을 오래 유지하는 데 도움이 된다.

M / E / M / O

❖ **좋은 자세와 바른 동작**

마음가짐은 표정으로 얼굴에 나타나고 외모에 반영된다. 그러나 마음가짐과 외모가 잘 갖추어져 있을지라도 자세와 동작이 허술하면 그 가치를 발하지 못하게 된다.

① 행동예절의 기초　② 긍정적 이미지 전달　③ 건강에 영향

❖ **좋은 자세와 바른 동작의 기본**

① 등줄기를 곧게 편다.
② 손가락은 가지런히 붙인다.
③ 시작보다 마무리 동작을 천천히 한다.
④ 상대방을 편안히 바라본다.
⑤ 밝은 표정을 유지한다.

❖ **인사의 의미**

▶ 인간관계의 시작이며 끝이다.
상대방에 대한 존중의 표현이다.
성공적인 인간관계의 열쇠이다.

❖ **인사의 단계**

① EYE CONTACT & SMILE
② 일직선으로 허리 숙이기
③ 잠시 멈춘다.(1~2초간)
④ 천천히 일어나면서
⑤ EYE CONTACT & SMILE

❖ **악수할 때의 예절**

① 오른손을 잡는다.
② 상대의 눈을 보며한다.
③ 장갑을 벗고 한다.(예식용, 장식용은 제외)
④ 너무 세거나 약하게 잡지 않는다.

❖ 소개 예절 – 자신을 소개하는 경우

① 자신의 성명, 소속, 하고 있는 일 등을 당당하고 분명하게 밝힌다.
② 첫인사를 할 때는 정중하고 예의 바르게 한다.
   예) 처음 뵙겠습니다. 저는 ○○ 학교에 다니는 ○○○입니다.
③ 중간에서 다른 사람이 나를 소개한 후에는 인사를 한다.
   예) 안녕하십니까. ○○○입니다.

❖ 소개 예절 – 타인을 소개하는 경우

▷ 직위가 낮은 사람을 **높은 사람에게**
▷ 아랫사람을 **웃어른께**
▷ 한 사람을 **여러 사람에게**
▷ 자기 가족을 **다른 사람에게**

❖ 배례(拜禮)

배례란 상대방을 인정하고
상대에게 경의를 표하는 행동예절을 말한다.

❖ 절의 요령과 방법

기본횟수　　남자는 1배, 여자는 재배가 원칙
생사의 구별　생존해 있는 분에게는 기본 회수,
　　　　　　　의식 행사 및 죽은 분에게는 기본 회수의 배
절의 재량　　절을 받을 어른이 시키는 대로 변경하거나 줄을 수 있다.
절의 생략　　절을 할 수 없는 장소에서는 경례로 한다.

식생활 예절

≫ **07**

우리는 함께 한 끼의 식사를 함께 하는 것만으로도 상대방의 많은 것을 알 수 있다. 그 가운데 상대방이 음식을 먹고 마시는 모습에서 그 사람의 예절 수준과 매너 수준을 짐작할 수 있는데, 이것은 사람이 태어나서 제일 먼저 배우는 것이 음식 예절이기 때문이다.

식탁은 단순히 식욕을 채우는 곳만이 아닌 사교의 장소가 될 수 있다. 그러므로 식사 예법이 까다로운 형식이고 절차라는 생각을 버리고 바른 예법을 알아 두는 것이 좋다. 이와 함께 국제화 시대에 맞추어 우리 민족의 음식 문화뿐만 아니라 다른 나라의 식생활 문화를 익히고 적절하게 조화시킨다면 세계인으로서 손색없는 면모를 갖출 수 있을 것이다.

1. 한국 음식과 예절

1) 한국 식생활 문화의 특징

한국의 지리적 · 사회적 · 문화적 환경을 보면 음식 문화가 잘 발달되어 있음을 알 수 있다. 우리나라는 3면이 바다이며, 남북으로는 산맥이 자리잡고 있어 수산물과 채소류, 육류 등이 풍부하며 계절과 지역의 특성을 살린 다양한 음식이 있다. 우리나라 음식의 전반적인 특징을 살펴보면 다음과 같다.

첫째, 음식의 종류와 조리법이 다양하다. 한국 음식의 주식류는 밥, 죽, 국수, 만두, 떡국, 수제비 등이 있다. 그리고 부식으로는 육류, 어패류, 채소류, 해초류 등을 이용한 조리법을 통해 만들어지는 국, 찌개, 구이, 전, 조림, 볶음, 나물, 생채, 젓갈, 포, 장아찌, 찜, 전골, 김치 등의 여러가지 반찬들이 있다. 또한 일상의 음식 외에도 떡, 과자, 엿, 화채, 차, 술 등의 후식과 기호 음식이 다양하다.

둘째, 곡물이 풍부하다. 옛날부터 농경 사회였던 우리나라는 곡물을 가장 중요하게 여기며 쌀이나 보리 등의 곡물로 만든 밥을 주식으로 했다. 그리고 곡물로 만드는 음식의 종류로는 죽, 국수, 만두, 수제비, 떡, 엿, 술, 장 등으로 매우 다양한 종류가 발달되었다.

셋째, 맛이 다양하고 다양한 향신료를 사용한다. 우리나라의 음식을 만들 때 항상 붙는 수식어가 '갖은 양념을 넣어서' 이다. 갖은 양념이란 간장, 설탕, 파, 마늘, 깨소금, 참기름, 후춧가루, 고춧가루 등을 말한다. 식품 자체의 맛에 더해 여러 가지 향신료를 첨가하여 조화 있는 음식을 만들어 내는 것이다.

넷째, 모든 음식이 건강과 직결되어 있다. 우리나라의 일상 음식 속에는 한약재가 되는 재료들을 첨가하여 음식의 맛을 배가 시키면서 건강을 유지하는데 도움을 주었다. 이러한 예로는 꿀, 후추, 계피, 잣, 인삼, 생강, 밤, 대추, 오미자, 당귀 등이 있다.

다섯째, 음식의 모양보다는 맛과 정성이 중요하다. 그래서 한국의 음식은 화려한 외국의 음식에 비해 모양면에서 소박한 반면 푸짐한 것이 특징이다. 일상적인 반찬은 먹기 쉽도록 작게 썰거나 다져서 조리하는 경우가 많다는 것은 음식에 호화로움보다는 정성이 담겨 있다고 할 수 있겠다.

여섯째, 상차림과 예법에 있어 유교적 영향이 깊다. 의례를 중히 여기는 유교사상에서는 여러 의례 행사에서 음식을 차리는 순서와 종류가 정해져 있어 예의와 음식의 조화가 이루어지는 가운데 격조 있는 의례 행사를 만들고자 하고 있다.

일곱째, 명절마다 만들어 먹는 음식이 다양하다. 한국의 명절은 명절마다 다양한 행사와 놀이가 있지만 음식 또한 다양하게 만들어진다. 설날에는 떡국, 정월대보름에는 오곡밥, 추석에는 송편 등 특별한 음식을 명절마다 만들어 먹는다.

2) 상차림의 기본 예법

① 식탁의 차림은 먹는 사람에게 편리하게 차린다.

② 기본 음식인 밥은 먹는 사람의 왼쪽에, 국은 오른쪽에 놓는다. 숟가락은 국그릇의 오른쪽에 놓으며, 숟가락이 앞이고 그 뒤에 젓가락을 놓는다.

③ 간장, 고추장 등 기본 조미료는 상의 중앙이나 먹는 사람에게 가깝게 놓는다. 여러 사람이 함께 먹을 때는 따로 놓을 수도 있다.

④ 수육과 젓, 어회와 겨자 또는 초고추장과 같이 특정 음식과 관계되는 조미식품은 주된 식품과 가깝게 놓는다.

⑤ 국물이 있는 음식은 먹는 이에게 가깝게 놓고 국물이 없는 음식은 멀리 놓는다.

⑥ 부피가 얇고 적은 것은 가깝게 놓고 부피가 크고 많은 것은 멀리 놓는다.

⑦ 식어도 관계없는 음식을 먼저 차리고 뜨겁게 먹는 음식은 먹기 직전에 상에 올린다.

3) 상차림의 종류

한국 음식의 상차림은 전통적으로 독상이 기본이다. 또한 반드시 음식이 놓이는 장소가 정해져 있어 차림새가 질서 정연하였고, 먹을 때는 깍듯이 예절을 지켜야 한다. 상차림의 목적과 주식에 따라 반상, 면상, 주안상, 다과상 등이 있다.

구분		상차림의 종류
주식에 따른 구분	반상	밥을 주식으로 하여 여러 가지 반찬이 갖추어진 상차림
	면상	면(온면, 냉면, 떡국 등)이 주식이 되는 상차림
	주안상	술을 대접할 때 안주와 더불어 마련하는 상차림
	다과상	주식의 음식상이 끝난 후 내는 상차림 손님상, 간식상으로도 준비
목적에 따른 구분	교자상	명절이나 가정의 큰 잔치 때 차리는 상차림
	돌상	아기의 첫 생일에 차려주는 상차림 아기의 앞날을 위한 축복의 의미
	제사상	제사를 올릴 때 차리는 상차림 각 지방과 집안에 따라 제사 종류에 차이가 있음

• 반상

밥과 반찬을 주로 하여 격식을 갖추어 차리는 상차림으로 상을 받는 사람의 신분에 따라 반상·진지상·수라상으로 구별하여 명칭이 달라진다. 또한 한 사람이 먹도록 차린 반상을 외상 또는 독상이라 하고, 두 사람이 먹도록 차린 반상을 겸상이라 한다. 그리고 외상으로 차려진 반상에는 3첩·5첩·7첩·9첩·12첩이 있는데, 여기에서 첩이란 밥·국·김치·조치·종지(간장·고추장·초고추장 따위)를 제외한 쟁첩(접시)에 담는 반찬의 수를 말한다.

이 중 3첩은 있는 대로 적당히 먹었던 서민들의 상차림이었고, 5첩은 어느 정도 여유가 있었던 서민층의 상차림이었다. 7첩은 어염집에서 중요한 손님을 대접할 때 차리는 것이었으며, 9첩은 반가집에서의 최고 상차림이었고, 12첩은 궁중에서 차리는 수라상을 말한다. 수라상은 반드시 12첩이 아니고 그 이상이어도 상관이 없었다. 많은 가짓수의 반찬을 한 상위에 모두 차릴 수

▶ 7첩 반상의 상차림

없을 때 보조 상을 옆에 곁들여 놓는데, 이를 곁상 또는 곁반이라고 한다.

첩수에 따른 반찬의 종류를 정할 때는 재료가 중복되지 않도록 했고 빛깔과 영양도 고려해서 정했다. 오늘날 이 원칙을 그대로 따를 필요는 없지만 반찬을 놓는 위치는 참조할 필요가 있다.

• 면상

국수를 주식으로 하여 차리는 상을 면상이라 하며, 점심 또는 간단한 식사 때에 많이 이용한다. 주식으로는 온면, 냉면, 떡국, 만둣국 등이 오르며, 부식으로

찜, 겨자채, 잡채, 편육, 전, 배추김치, 나박김치, 생채, 잡채, 전 등이 오른다. 주식이 면류이기 때문에 각종 떡류나 한과, 생과일 등을 곁들이기도 한다. 이때는 식혜, 수정과, 화채 중의 한 가지를 놓는다. 술 손님인 경우에는 주안상을 먼저 낸 후 면상을 내도록 한다. 그리고 생일, 회갑, 혼례 등의 경사 때에는 큰상(고임상)을 차리고, 경사의 당사자 앞에는 면과 간단한 찬을 놓은 임매상(면상)을 차린다.

• 주안상

주안상은 주류를 대접하기 위해서 차리는 상이다. 당연히 안주도 내는데 안주는 술의 종류, 손님의 기호를 고려해서 장만하는 것이 좋다.

보통 약주를 내는 주안상에는 육포·어포·건어·어란 등의 마른안주와 전이나 편육·찜·신선로·전골·찌개 같은 얼큰한 안주 한두 가지 그리고 생채류·김치·과일 등이 오른다. 또 청주류의 주안상에는 전과 편육류, 생채류와 김치류 그 외에 몇 가지 마른안주가 오른다. 기호에 따라 얼큰한 고추장찌개나 매운탕, 전골, 신선로 등과 같이 더운 국물이 있는 음식을 추가하면 좋다.

• 교자상

교자상은 명절이나 잔치, 또는 회식 때 많은 사람이 함께 모여 식사를 할 경우 차리는 상이다. 교자상을 차릴 때에는 음식의 종류를 지나치게 많이 하는 것보다는 몇 가지 중심이 되는 요리를 특별히 잘 만들고, 서로 조화가 되도록 색채나 재료, 조리법, 영양 등을 고려하여 다른 요리를 몇 가지 곁들이는 것이 좋은 방법이다.

조선 시대의 교자상 차림의 주식은 냉면이나 온면, 떡국, 만둣국 중 계절에 맞는 것을 내고, 탕, 찜, 전유어, 편육, 적회, 채(잡채, 구절판), 그리고 신선로 등을 내놓는다. 김치는 배추김치나 오이소박이, 나박김치, 장김치 중에서 두 가지 정도를, 후식은 각색편, 숙실과, 생과일 화채, 차 등을 마련한다.

• 다과상

다과상은 식사 외의 시간에 다과만을 대접하기 위해 내는 경우와 주안상이나 교자상에서 후식으로 내는 경우 두 가지가 있다. 보통 떡류와 생과류 등을 차리고 음료로는 화채나 차 등을 내는데, 각 계절에 어울리는 종류로 준비하는 것이 좋다.

• 돌상

돌상은 아기의 만 1년 되는 첫 생일을 축하하는 상을 말하며 아기의 무병장수, 자손 번영, 다재 다부를 원하면서 차리는 상이다. 이 상의 음식으로는 백반, 미역국, 나물, 백설기, 수수경단, 송편, 생실과 등을 차리고 쌀, 면, 대추, 흰타래실, 청·홍 색타래실, 붓, 먹, 벼루, 책, 활, 돈 등을 상 위에 차려 놓는다.

4) 식사 예절

① 식사 전에는 위생상 손을 씻는 것이 좋으며 식사 전에 건네주는 물수건으로는 손만 닦아야 한다. 가볍게 손을 닦은 물수건을 잘 접어서 식탁 옆에 놓아두는 것이 예의이다.

② 윗사람과 함께 식사를 하거나 여러 사람이 회식할 때에는 윗사람이 수저를 든 다음에 들어야 하며, 식사를 마칠 때에도 윗사람과 보조를 맞추는 것이 예의이다. 젓가락은 혼합된 색을 싫어한다는 옛말도 있듯이 한꺼번에 이것저것 반찬을 집으면 여러 가지 맛이 뒤섞여서 그 음식의 참맛을 모르게 된다. 같은 음식을 먹어도 정갈하게 맛을 알고 먹는 습관을 기르도록 한다.

③ 식사할 때 맛있는 반찬만을 골라 먹거나, 뒤적거리며 집었다 놓았다 하는 것은 남에게 불쾌감을 주므로 피해야 한다.

④ 한꺼번에 많은 양을 입 안에 넣지 말아야 하며, 가시나 찌꺼기는 한곳에 가지런히 모아두어 식탁 위가 지저분해지지 않도록 한다.

⑤ 음식을 먹을 때 소리를 내거나 입안이 다른 사람에게 보이지 않도록 하며, 수저가 그릇에 부딪쳐 소리를 내서도 안 된다. 또한 국이나 물을 마실 때 후루룩 소리를 내거나 뜨거운 음식을 불면서 먹는 것도 곤란하다.

⑥ 음식을 먹는 도중이나 다 먹고 나서 물을 입에 머금고 양치하는 소리를 내

는 것은 큰 실례가 된다.

⑦ 예부터 우리들은 음식을 먹을 때 말을 하지 않는 것이 예의로 되어 있다. 그러나 생활 풍습의 변화로 이러한 규범도 바뀌고 있다. 부득이 말을 해야 할 때에는 입안에 음식물이 없을 때 하여야 하며, 윗사람이 질문을 했을 때에는 먹던 것을 삼키고 수저를 놓고 말을 해야 한다.

⑧ 음식을 다 먹은 후에는 수저를 처음 위치에 가지런히 놓는다.

⑨ 이쑤시개를 사용할 때에는 한 손으로 가리고 사용한 후 남에게 보이지 않게 처리한다.

⑩ 윗사람이 아직 식사중일 때에는 자신이 먼저 먹었다고 해서 자리에서 일어나서는 안 된다. 이때에는 수저를 상 위에 내려놓지 말고 국그릇에 걸쳐 놓았다가 윗사람이 음식을 다 먹고 난 후에 얌전히 수저를 내려놓는다.

⑪ 일행의 식사가 다 끝났을 때에는 "잘 먹었습니다" 하고 인사를 하는 것이 바람직하다. 이러한 인사말을 하는 습관이 몸에 배도록 하는 것이 좋다.

2. 일본 음식과 예절

1) 일본 음식의 특징

한국이나 일본 모두 바다로 둘러싸인 입지 조건으로 해산물이 풍부하다고 할 수 있다. 또한 사철의 변화에 따라 다양한 농작물을 수확할 수 있기 때문에 요리의 재료는 거의 같다. 한국과 일본 모두 주식은 쌀이며 밥과 반찬, 국 등이 올라오는 것도 비슷한 점이다. 그러나 맛은 아주 다르며 또한 식사법이나 그릇 등에서도 차이가 많다. 또한 일본 요리는 해산물과 제철의 맛을 살린 산나물 요리가 많으며 맛과 함께 모양과 색깔, 그릇과 장식에 이르기까지 전체적인 조화에 신경을 쓴다. 일본 음식의 구체적인 특징을 살펴보면 다음과 같다.

첫째, 일본 음식은 소량의 조미료만 사용한다.

흔히 "일본 음식은 달고 싱겁다"라는 말을 많이 한다. 일본 음식에 사용하는 주된 조미료는 설탕, 소금, 간장, 식초, 된장 등 다섯 가지이다. 이들이 각 요리 속에 어느 정도씩의 비율로 배합되어 있는가에 따라서 여러 가지 다른 맛이 난다. 그 외에도 미림이나 정종이 첨가되어 일본 음식 특유의 맛을 내기도 한다.

둘째, 지방마다 맛의 차이가 있다.

어느 나라든지 각각 지방별로 음식 맛이 조금씩 다르다. 우리나라와 마찬가지로 일본에도 지방 특유의 향토 음식이 존재한다. 일본은 국토가 남북으로 길게 뻗어 있는 탓에 우리나라보다 지방마다의 '고유의 맛'이 훨씬 더 풍부한 편이다. 일반적으로 도쿄를 중심으로 한 관동 지방에서는 소금으로 맛을 내는 음식이 많다고 한다.

셋째, 일본 음식은 눈으로 먹는다.

일본 음식은 냄비째 내오는 요리를 제외하고는 큰 그릇에 담아 오는 예는 거의 없다. 한국에서는 전체 요리를 함께 먹는 데 반해서 일본은 요리 하나하나를 일일이 각 개인의 접시나 그릇에 조금씩 나누어 먹는다. 그리고 음식의 모양에도 신경을 많이 써 색상까지 구색을 맞추어 예쁘게 차려져 나온다. 그러한 모든 색상이나 모양을 눈으로 즐겨 가면서 천천히 음미해 먹다 보면 상당한 즐거움을 느낄 수 있다.

2) 상차림의 종류와 특징

일본의 상차림은 외상을 기본으로 하며 일즙 삼채, 이즙 삼채로 구성된다. 즙이란 국을 의미하고, 채란 반찬을 의미한다. 식사시에는 젓가락만을 사용한다.

- 일본 요리와 코스

요리코스	특징
혼젠 요리 (本膳料理)	• 의식 때 나오는 정식 일본 요리이다. • 전형적인 손님상으로 일반적인 일본 식사 예절의 기본이 된다. • 1즙 3채(一汁三菜: 국 한 가지에 요리 세 가지), 2즙 5채, 3즙 7채 등 세 가지가 있다. • 주요리상, 곁상, 무꼬즈께 등 세 종류 상이 준비된다.
가이세키 요리(懷石料理)	• 다도(茶道) 모임에서 차 마시기 전에 대접하며 적은 양의 간단한 음식으로 준비한다. • 차 회석요리(懷石料理)로 불린다.
쇼진 요리(精進料理)	• 사원(寺院)에서 전해내려온 상차림으로 채소와 곡류 등 식물성 식품만으로 이루어진다.
가이세키 요리(會席料理)	• 회석요리(會席料理)로 불리며 일반적인 연회 요리이다. 혼젠 요리에 가이세키 요리에서 발달한 것으로 술 안주를 위주로 하여 차리는 연회 요리이다.

3) 식사 예절

식사 예절은 복잡하고 엄격하다. 식사 전후 반드시 인사하고 식사시 바른 자세로 소리나지 않게 먹으며 그릇을 반드시 들고 먹는다. 일본 음식을 먹을 때는 일식 벽장 앞 중앙이 상석이며, 밥상 앞에서는 언제나 똑바른 자세로 앉아야 한다.

① 일본 요리는 보통 소반 위에 얹혀져 나오는데, 젓가락은 자기 앞쪽에서 옆으로, 음료용 컵들은 바깥 쪽에 얹어서 놓는다.

② 밥이나 국을 받으면, 밥은 왼쪽에 국은 오른쪽에 놓았다가 들고 먹는데, 그릇을 받을 때나 들 때는 반드시 두 손을 사용하게 되어 있다.

③ 밥을 먹을 때에는 반찬을 밥 위에 얹어 먹어서는 안 되고, 추가를 원한다면 공기에 한술 정도의 밥을 남기고 청하는 것이 예의이다.

④ 국은 그릇을 들고, 한 모금 마신 후 건더기를 한 젓가락 건져 먹은 다음 상 위에 내려 놓는 방식으로 여러 번 들고 마시며, 밥 그릇에 국물을 부어 먹어서는 안 된다.

⑤ 생선회는 겨자를 생선 위에 조금 얹고 말듯이 한 후 간장에 찍어 생선 맛과 겨자의 향을 즐기는 것이 원칙이다.

⑥ 생선회는 무나 향초 잎이 곁들여 나오는데, 이것은 장식용이지만 입가심으로 먹어도 좋다. 두서너 가지의 모듬 회인 경우에는 희고 담백한 생선부터 먹는 것이 바른 순서이다.

⑦ 마지막으로, 잔이 비우고 난 후 술을 따르는 우리와는 달리 상대의 술잔에 술이 조금 남아 있을 때 술을 채워 주는 것이 일본식 주도임을 함께 알아 두면 좋다.

3. 중국 음식과 예절

1) 중국 음식의 특징

중국에서는 광활한 땅과 넓은 바다, 상이한 기후 풍토에서 얻어지는 갖가지 재료들을 바탕으로 다양하고 화려한 음식 문화가 발달해 왔다. 각 지방마다 특징이 있는 음식을 중심으로 크게 분류하면 북경 요리, 남경 요리(상해 요리), 광동 요리, 사천 요리 등으로 구분된다. 중국 음식의 일반적인 특징은 다음과 같다.

① **색과 향을 매우 중시한다.** 중국인들은 음식의 3대 요소인 색 · 향 · 미의 조화를 중시하고 그중 특히 색과 향신료를 많이 사용함으로써 중국 요리의 독특한 맛을 내고 있다.

② **조리의 기구가 비교적 간단하고 사용하기 편리하나, 조리법과 그 과정은 다양하다.**

③ **기름을 많이 사용하지만 방법이 합리적이기 때문에 자주 먹어도 쉽게 물리지 않는다.**

④ **음식의 수분과 기름기가 분리되는 것을 방지하기 위해 녹말을 많이 사용한다.**

2) 중국 요리의 종류와 특징

구분	특징
북경 요리 (베이징 요리)	• 북경 요리는 일명 징차이[京菜]라고 한다. • 수도인 베이징을 중심으로 남쪽으로는 산동성, 서쪽으로 태원(太原)까지의 요리를 포괄한다. 베이징은 오랜 세월 수도답게 궁중 요리를 비롯한 고급 요리에 각지의 향토 음식들을 종합해 베이징 요리를 탄생시켰다. • 육류를 주요 재료로 하며, 강한 불에 짧게 조리하는 튀김요리와 볶음요리가 특징이다. • 대표적인 요리 : 북경 오리통구이와 양고기를 사용하여 만든 칭기즈칸 구이
남경 요리 (상해 요리)	• 중국 중부 지방의 대표적인 요리로 남경, 상해, 양주, 소주 등지의 요리를 총칭한다. • 양쯔강 유역에서 나오는 풍부한 해산물과 미곡(米穀), 그리고 따뜻한 기후를 바탕으로 이 지방 특산물인 장유(奬油)를 사용하여 만드는 것이 특징이다. • 맛이 비교적 달콤하고 기름기가 많으며 진하다. • 대표적인 요리 : 소롱만두, 홍소육, 오향우육, 꽃빵, 취계, 부귀계 등
광동 요리 (난차이)	• 광동 요리는 일명 난차이(南菜)라고도 하며, 중국 남부 지방의 요리를 대표한다. • 광주를 비롯 복건성, 조주, 강동 요리를 총칭. 광저우는 예부터 '식재광주(食在廣州)'란 말이 있을 만큼 음식이 뛰어난 곳이다. • 재료가 가진 자연 그대로의 맛을 살리는 담백함이 특징이다. • 대표적인 요리 : 구운새끼돼지요리, 광동식 탕수육, 생선찜, 상어지느러미찜, 볶음밥 등
사천 요리 (쵄촤이)	• 중국 서부 지역의 요리를 대표하며 양쯔강 상류의 산악 지대인 사천, 운남, 귀주 지방의 요리 • 바다가 멀고 더위와 추위가 심한 지역적 특성 때문에 고추 · 마늘 · 후추 등 향신료를 많이 써서 자극적인 것이 특징이다. 소금절이, 건물(乾物) 등 저장 식품이 발달했다. • 대표적인 요리 : 마파두부, 새우칠리소스, 새우누룽지 튀김 등

3) 상차림

중국 요리의 순서는 식사 전 씨앗과 함께 먹는 징꾸어, 식욕을 돋구기 위한 시엔꾸어, 전체요리에 해당하는 치엔차이, 튀김과 볶음요리 등 주 요리로 구성되는 따차이, 녹말 음식을 주로 한 띠엔신, 후식에 해당하는 호우쓰 순으로 이어지며, 음식을 준비하는 데 필요한 상차림은 다음과 같다.

① 주인은 초대일 3일 전에 초대할 사람에게 지단(초대장)을 보낸다.

② 초대받았을 때는 늦지 말고 주빈 이외의 손님은 정각보다 빨리 도착한다.

③ 연회장에 도착하면 대기실에 안내되고 징구어인 견과류가 나온다. 초대한

사람 전원이 다 모이면 주인이 식탁으로 안내를 한다.

④ 중국 음식의 식탁은 전통적으로 사각 식탁을 사용하는 것으로 되어 있으나, 요즈음은 원탁을 전형적인 것으로 사용하고 있다.

⑤ 요리를 중앙의 회전탁에 놓기 때문에 그곳을 비워 두고 각자의 젓가락·숟가락·각 접시·뼈 담을 접시·국 그릇·술잔·컵·냅킨 등을 미리 준비해 놓는다.

⑥ 조미료인 간장·식초·고추·후추 가루 등은 식탁 위에 놓아 둔다.

4) 식사 예절

• **음식 테이블과 세팅** – 중국 요리의 테이블은 둥글고 중심 부분이 약간 높은 회전대로 되어 있다. 요리나 조미료를 이곳에 올려놓고, 회전대를 돌리면서 각자 좋아하는 음식을 택하여 작은 접시에 조미료를 담고, 개인 접시에 요리를 덜어서 먹는다.

1개의 탁자에 앉는 사람의 수는 8명 내지 10명이 기본이다. 중국 요리는 산해진미를 둘러싸고 우정을 두텁게 하도록 고안되어 있다. 그래서 본래 여러 사람이 한 접시의 요리를 먹는데 때로는 6명 정도의 작은 탁자인 경우도 있다. 어느 경우이든 객석은 짝수로 되어 있다. 중국에서는 예부터 홀수를 꺼리고 짝수를 길하게 여기는 습관이 있기 때문이다.

• **앉는 순서** – 우리나라와 마찬가지로 입구에서 먼 곳이 상석으로 주빈의 자리가 된다. 이어서 양쪽에 그 상대역이 되는 손님들이 앉고, 주인은 입구에 가까운 위치에서 주빈과 마주보는 자리에 앉는다. 네모난 식탁에서는 주빈 옆에 그 다음 주요 상대역이 앉고, 나머지 순서는 둥근 식탁에서와 같다. 손님의 수효가 많을 때에는 2~3개의 탁자가 추가되고 이때도 입구 쪽에 주인이 앉는다.

• **음식 덜기** – 적당량의 음식을 덜어 먹고, 새 요리가 나올 때마다 새 접시를 쓰도록 한다. 젓가락으로 요리를 찔러 먹어서는 안 되며, 식사 중에 젓가락을 사용

하지 않을 때는 접시 끝에다 걸쳐 놓고, 식사가 끝나면 상 위가 아닌 받침대에 처음처럼 올려놓는다.

• **후식** – 중국 식당에서는 녹차, 우롱차, 홍차 등의 다양한 차가 제공된다. 한 가지 음식을 먹은 후에는 한 모금의 차로 남아 있는 음식의 맛과 향을 제거하고 새로 나온 음식을 즐기면 된다. 기름진 음식을 먹고도 비만을 예방할 수 있는 데에는 중국차의 덕이 크므로, 중국 음식을 먹을 때에는 많이 마시는 것이 좋다.

M / E / M / O

4. 서양 음식과 예절

1) 서양 음식의 특징

서양에서 테이블 매너가 완성된 것은 19세기 영국의 빅토리아 여왕 때로 알려져 있다. 이 시대는 형식과 도덕성을 가장 중시하던 때로서 이때에 갖춰진 식사 예법의 절차와 매너가 오늘날까지 이어져 내려오고 있다. 그러나 테이블 매너의 기본 정신은 형식에 있는 것이 아니라 서로 요리를 맛있게 먹고 분위기를 즐기는 데 있음을 잊지 말아야 한다.

첫째, 서양 요리는 요리가 나오는 대로 바로 먹기 시작한다.

동양적 사고방식에서는 여러 사람이 식사를 할 때, 모든 요리가 다 나오기 전에 먼저 먹는 것을 예의에 어긋나는 것으로 여기지만, 서양 요리는 뜨거운 요리든 찬요리든 가장 먹기 좋은 온도일 때 제공되고 좌석 배치에 따라 상석부터 제공되기 때문이다. 따라서 온도가 변하기 전에 먹는 것이 제 맛을 즐길 수 있는 요령이다.

둘째, 4~5명이 함께 식사를 하는 경우에는 요리가 나오는 시간이 그다지 길지 않으므로 조금 기다렸다가 함께 식사하는 것이 좋다. 특히 윗사람의 초대를 받은 경우에는 윗사람이 포크와 나이프를 잡은 후에 먹기 시작하는 것이 에티켓이다.

셋째, 서양의 식사는 매 끼니마다 주된 음식의 종류가 다르고 식사 순서가 정해져 있다. 식사 계획시에는 주 요리의 종류와 조리법을 정하고 나서, 주 요리에 어울리는 전채, 수프, 채소 요리, 후식 등을 정한다.

2) 상차림 (table Setting)

서양식 상차림은 한꺼번에 차려지는 우리 식과는 달리 순서에 따라 하나씩 음식이 나온다. 그리고 음식마다 사용하는 식기도 다르며 식전에 식탁보, 냅킨, 나이프, 포크, 스푼, 접시, 잔을 격식에 맞게 배열해 놓는다.

① 식탁보는 식탁 가장자리에서 30cm 정도 늘어지게 한다.

② 식탁보는 린넨을 사용하며 정식 디너에는 흰 색을 사용하고 보통 식사에는 색깔있는 것을 사용한다.

③ 1인용 식탁의 너비는 70~80cm가 적당하다.

④ 식탁의 장식

- 꽃이나 촛대, 과일 등으로 한다.(장식 주위에 양념인 '소금과 후추' 그릇을 놓는다.)

- 너무 화려하거나 향기가 강한 것은 피한다

- 상대방의 얼굴이 보이도록 눈높이보다 낮게 장식한다.

- 포크와 나이프 : 생선용이 육류용보다 조금 작고 손잡이에 장식이 있다.

⑤ 좌석 중앙에 메인 접시를 놓고 오른쪽에 스푼과 나이프를, 왼쪽에 포크를 식단의 순서대로 바깥쪽에서 안쪽으로 놓는다.

⑥ 접시 : 식탁 끝에서 2~3cm 안쪽에 놓고 포크, 나이프, 스푼의 끝도 여기에 나란히 맞추어 놓는다.

⑦ 물잔, 술잔 : 나이프 왼쪽에 물잔을 놓고 그 옆에 술잔을 놓는다.

⑧ 냅킨 : 포크 위쪽에 놓거나 메인 접시 위에 놓는다.

▶ 서양음식의 상차림

① 메인 접시 ② 냅킨 ③ 애피타이저용 나이프, 포크 ④ 수프 스푼
⑤ 생선용 나이프, 포크 ⑥ 육류용 나이프, 포크 ⑦ 빵 접시 ⑧ 버터 나이프
⑨ 버터 접시 ⑩ 잼 접시 ⑪ 물컵 ⑫ 백포도주 컵 ⑬ 적포도주 컵
⑭ 샴페인 컵 ⑮ 기타 주류용 컵 ⑯ 조미료 ⑰ 디저트용 스푼, 포크, 나이프

3) 식사 예절

① 좌석은 주최측이나 식당의 안내자가 정해 준 자리에 앉으며 남자는 여자가 앉고 난 후에 앉는다.

Tip

육류 요리 주문 방법

스테이크의 경우 굽는 정도에 따라 맛이 달라진다. 그러므로 스테이크를 주문할 때는 취향대로 부탁을 한다. 일반적으로 스테이크의 참맛은 붉은 육즙이 있을 때 육질을 제대로 즐길 수 있다.

• 레어(Rare) : 약간 구운 것. 표면만 구워 중간은 붉은 날고기 상태 그대로이다.

• 미디엄 레어(Medium Rare) : 좀더 구운 것. 중심부가 핑크인 부분과 붉은 부분이 섞여 있는 상태이다.

• 미디엄(Medium) : 중간 정도 구운 것. 중심부가 모두 핑크 빛을 띠는 정도이다.

• 웰던(Welldone) : 완전히 구운 것. 표면이 완전히 구워지고 중심부도 충분히 구워져 갈색을 띤 상태이다.

고기 요리는 한 번에 썰어 놓고 먹기보다는 잘라 가며 먹는 것이 예의이다. 뼈가 있는 고기인 경우 뼈에서 떼어 내기 어려운 부분은 고기가 남아 있더라도 그대로 남겨 두는 편이 좋다.

고기 위에 뿌려진 것 같은 묽은 소스는 직접 요리에 얹어 먹도록 한다. 전통적으로 고기 요리는 육류의 종류에 따라 그 맛과 향을 더해 줄 수 있는 소스와 어울리는데, 오리 고기에는 오렌지 소스, 돼지 고기에는 파인애플 소스, 양고기에는 민트 소스 등이 궁합이 잘 맞는 고기 요리와 소스이다.

② 냅킨은 첫 요리가 나오기 전에 주최측에 맞추어 무릎 위에 펴 놓고 사용한다.

③ 나이프와 포크는 바깥쪽에서 사용하며 식탁 위에 팔꿈치를 올려놓지 않는다.

④ 식사중에는 포크와 나이프를 접시 양쪽에 걸쳐 놓는다.

⑤ 자리를 떠날 때는 의자의 왼편으로 나와 의자를 조용히 밀어 넣는다.

⑥ 식사시에 얼굴 또는 머리를 만지거나, 다리를 포개는 것은 좋지 않다.

⑦ 식탁 위에 팔꿈치나 손을 얹어 놓거나 포크 또는 나이프를 손에 든 채 식탁 위에 팔을 얹어 놓아서는 안 된다.

⑧ 식탁에 놓여 있는 나이프와 포크는 바깥쪽에서부터 안쪽으로 놓은 순서대로 사용한다.

나이프와 포크가 놓이는 위치는 요리 접시를 중앙에 두고 우측에는 나이프, 좌측에는 포크로 정해져 있으며 나이프와 포크는 보통 같은 수가 양쪽에 놓여지며, 스프 스푼은 좌측 나이프가 있는 곳 가장 바깥쪽에 놓여 있다.

⑨ 나이프에 음식이 묻었을 때 그대로 입에 가져가는 일은 위험하므로 어떠한 경우라도 입에 가져가서는 안 된다.

⑩ 요리를 다 먹은 후 나이프와 포크는 나란히 접시 오른쪽 아래로 비스듬히 놓는다.

⑪ 냅킨을 수건으로 사용해서는 안 된다.

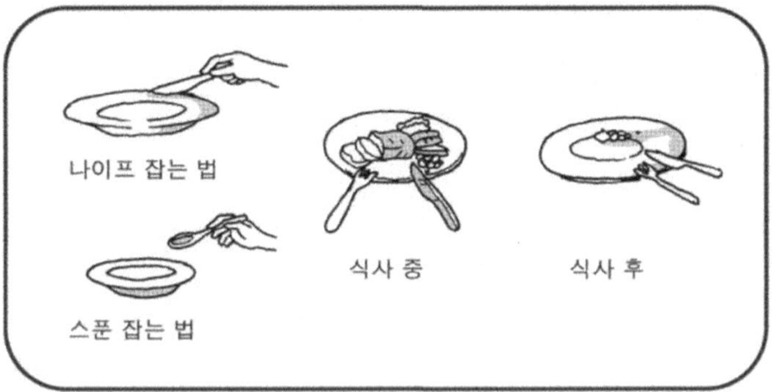

▶ 포크와 나이프, 스푼 잡는 법

Tip

그 밖의 식사 예절

예약

- 레스토랑을 이용할 때는 전화로 사전 예약을 하는데, 먼저 이름과 이용할 인원수, 일시를 알린다.
- 예약한 시간을 지키는 일은 테이블 매너에서 가장 기본이다.
- 정찬의 복장은 최소한의 예절을 갖춰서 입는다.

입장 순서

- 웨이터가 손님을 맞이하며 여성이 먼저 들어가고 남성이 뒤따른다.
- 종업원이 테이블까지 안내한다. 종업원의 말을 무시하고 아무 테이블에 앉아서는 안 된다.
- 테이블의 위치를 바꾸고 싶을 때는 조용히 다른 자리로 옮기고 싶다고 말하고 옮긴다.

앉는 자세

- 모자, 코트 등 소지품은 Clock Room에 보관한다.
- 핸드백은 자신의 등 뒤에 놓고, 부피가 큰 가방은 바닥에 놓는다.
- 테이블과 가슴의 거리는 주먹 두 개 정도의 거리를 두고 앉는다.
- 식사 중에 위치를 바꾸는 것은 실례이니 처음에 앉을 때 적당한 거리를 잡는 것이 좋다.

5. 그 외의 음식과 예절

1) 술과 예절

① 술을 따르는 예절

여러 사람이 함께 모여 있을 때 술을 따른다면 가장 지위가 높거나 나이가 많은 순서대로 따른다. 친구나 동료 또는 아랫사람이 아니면, 모든 사람에게 두 손으로 따르는 것이 주도에 어긋나지 않는다.

② 웃어른과 함께 술을 마실 때의 예절

- 어른이 문 쪽에서 먼 곳에 앉으시도록 자리를 만들고 어른이 앉으신 후에 따라 드릴 때에는 먼저 "제가 한잔 드려도 되겠습니까?"하고 여쭤보고 상대가 좋다고 하면 꿇어 앉은 자세로 두 손으로 잔에 따라드린다.
- 한복을 입고 술을 따르게 되면 오른손에 술병을 쥐고 왼손은 소매부리를 끌어올리듯이 하고, 양복일 경우는 술병을 받쳐 드는 것이 예의이다.
- 술을 따르고 난 다음에는 편안한 자세로 앉는다.
- 술은 어른이 권할 때까지 기다리고 혼자서 따라 마시지는 않는다.
- 어른이 술을 따라주면 술잔을 받아 어른의 반대편으로 돌려서 마신다.
- 어른 앞에서 엉거주춤 서서 내려다보면서 술을 따르지 않는다.
- 어른이 술을 권하면 가급적 받아 마시는 것이 예의이다.
- 무리하게 권하지 않는 것도 예의이다.

③ 술자리에서의 올바른 매너

인사불성 NO! - 대인관계에도 큰 타격을 입히므로 말과 행동을 조심한다.

순서 – 술은 연장자, 상급자에게 먼저 따르는 것이 매너이다.

받기 – 윗사람이 술을 따라 줄 때는 두 손을 모아 받는다.

술 권하기 –술을 원하지 않는 사람에게 억지로 권하지 않는다.

건배 – 술을 마시지 못하는 경우라도 건배는 참여한다.

2) 와인과 예절

① 와인(Wine)이란

와인은 포도를 발효해서 만든 술이다. 유럽에서는 "와인 없는 식탁은 태양 없는 세상과 같다"는 말을 할 정도로 와인을 소중히 여긴다. 육식을 주로 하는 서양인들에게 알카리성 음료인 와인은 없어서는 안 될 건강보조식품이기도 하다.

와인은 기원전 7700년경의 바빌로니아 함무라비 법전에 이미 와인 제조와 음주에 관한 규정이 나와 있다. 와인은 로마신화와 성경에도 등장한다. 특히 그리스도가 최후의 만찬에서 "이 포도주는 나의 피요. 이 빵은 나의 살이다"라고 말한 이후로 포도주는 종교와 매우 밀접한 관계를 갖는 술이 되었다.

② 와인의 분류

제조 방법에 따라, 혹은 색깔과 당분 함량에 따라 몇 가지로 나눌 수 있다.

• 제조방법에 따른 분류

- 비발포성 와인(Still Wine): 와인 양조 때 발생하는 탄산가스를 제거한 와인이다. 보통 식탁에 올려지는 와인을 말하며 그래서 테이블 와인이라고 한다.
- 발포성 와인(Sparkling Wine): 1차 발효가 끝난 다음 2차 발효에서 생긴 탄산가스를 그대로 함유한 와인으로 흔히 샴페인이라고 한다.

  그러나 샴페인은 원래 프랑스 북부 상파뉴 지방에서 생산되는 스파클링 와인을 뜻하는 말로, 다른 지역에서 생산되는 발포성 와인이라면 그저 스파클링 와인이라고 칭하는 것이 정확하다. 예를 들어 샴페인의 한 종류로 통하는 '그

랑주아도 스파클링 와인 그랑주아' 라 하는 것이 정확한 표현이다.

– 주정강화 와인(Fortified Wine): 와인 제조 과정에 알코올 도수가 높은 그 지역의 브랜디 혹은 향신료, 약초 등을 첨가한 것으로 스페인의 세리, 시실리섬의 마르살라, 포루투갈의 포르토, 프랑스의 드라이 베르무트와 이탈리아의 스위트 베르무트 등이 이에 속한다. 세리와 베르무트는 식전주로, 마르살라와 포르토는 디저트 코스 음료로 자주 쓰인다.

• 색상에 따른 분류

적색의 레드와인, 백색의 화이트와인, 분홍색의 로제와인, 백포도주 중 노란빛을 띤 실로와인 등이 있다. 프랑스 남서부 보르도 지방에서 생산되는 와인 특히 레드와인이 유명하다. 이곳에서 생산된 와인은 아름다운 선홍색에 떫은 맛과 신맛의 조화가 절묘하다. 화이트와인은 투명도가 높고 감칠맛이 있다.

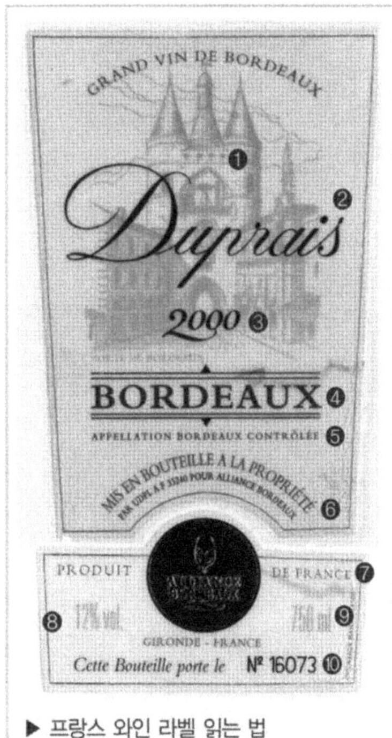

▶ 프랑스 와인 라벨 읽는 법

③ 와인의 선택

와인 맛을 결정하는 것은 포도다. 포도는 사람의 정성과 기후 조건, 토양 상태에 따라 품질에 많은 차이가 있다. 따라서 와인을 고를 때에는 상표, 산지뿐 아니라 양조시기(Vintage)를 잘 따져보아야 한다. 그리고 요리에 따라서 와인을 선택해야 한다.

④ 프랑스 와인 라벨 읽는 법

❶ 브랜드 로고 / ❷ 생산자명: 포도 생산 지역 앞에 붙여 타 와인과 구별
❸ 빈티지: Vintage, 포도 수확 연도 표시 / ❹ 포도 생산 지역
❺ *AOC 등급 표시: 특정 지방에서 생산되는 AOC 등급 와임임을 증명하는 표시
❻ 병입장소 / ❼ 생산 국가명 / ❽ 알코올 도수 / ❾ 와인 용량 / ❿ 생산 일련번호

* AOC_ 1935년부터 와인의 명성을 유지하기 위해 AOC(원산지 통제 명칭)법을 시행해오고 있는 프랑스 와인의 라벨은 4개의 등급과 재배지역으로 분리된다. AOC(최고급), VDQS(고급), Vins de Pays(중급), Vins de Table(보통)로 나누어지는데 고급인 AOC등급은 지명이 기재된다.

⑤ 와인 다루는 방법

• **보관방법** – 와인은 서늘한 곳에 뉘어서 보관해야 한다. 만약 세워서 보관하게 되면 마개가 말라서 공기를 흡수하게 되어 맛이 변질될 우려가 있다. 테이블에 놓을 때에도 뉘어서 라벨이 보이도록 놓는다.

• **마시기 좋은 온도** – 레드와인은 17~20도의 실온에서 보관하고, 화이트와인은 10~17도로 차게 해 마시는 것이 와인을 맛있게 마실 수 있는 방법이다. 샴페인 등 스파클링 와인은 4~7도가 적당하다. 차게 마시기는 해도 잔에 얼음을 넣지는 않는다. 또한 와인은 앙금이 있기 때문에 잔에 따를 때에는 조심해서 따르도록 한다.

• **종류에 따른 그라스** – 와인은 튤립 모양의 다리가 긴 전용 글라스를 사용한다. 위로 올라갈수록 좁아지는 것은 와인 향기를 오래 유지할 수 있도록 한 것이다. 다리 부분이 긴 것은 손의 온도 때문에 와인이 따뜻해지는 것을 방지하기 위해서이다. 글라스의 색은 와인색을 잘 나타내기 위해 투명한 잔이 기본이지만 화이트와인의 경우 색조를 아름답게 보이기 위해서 색이 있는 글라스를 사용하기도 한다.

　– 화이트와인 그라스는 레드와인 그라스보다는 조금 작은 것을 사용한다.
　– 샴페인그라스는 레드와인이나 화이트와인보다는 길이가 긴 것을 사용한다. 이것은 발포성 스파클링의 기포를 눈으로 보며 좀더 즐길 수 있기 때문이다. 샴페인의 꽃이라 할 수 있는 하얀 기포가 올라오는 것을 느끼려면 넓고 작은 잔에서는 기포가 사라져 샴페인의 멋을 느끼기에 적합하지 않기 때문이다.

⑥ 와인과 예절

• **바른 시음법** – 와인 시음은 손님을 초대한 사람이 하는 것이 매너이다. 예전에는 와인에 독이 들어있는지의 여부를 판별하기 위한 것이었지만 요즘은 일종의 의식과 같이 되어 있다. 와인 시음은 남성이 하는 것으로 되어 있으므로 여성이 모임을 주최할 경우에는 동석한 남성에게 시음을 의뢰한다.

　먼저 와인을 1/4정도 따르고, 잔의 다리 부분을 잡고 불빛이 있는 쪽으로 약간 기울여서 색을 확인한다. 화이트와인의 경우는 침전물이 없는지, 엷은 초록이나 담황빛이 잘 나타나는지 살펴보고, 레드와인은 침전물이 많거나 색이 검붉으면 보관상태가 좋지 못한 것이다. 이렇게 잔에서 색을 확인하고 나면 향기를 느껴보도록 한다. 부패된 와인에서는 썩은 코르크 마개 냄새나 식초 냄새가 난다. 이렇게 향기를 느끼고 나면, 와인을 조금 입에 머금고 혀끝으로 굴리면서 천천히 맛을 본다. 단맛, 쓴맛, 신맛, 떫은맛 중 하나가 유난히 강하다면 좋은 와인이라 할 수 없다.

시음이 끝나면, 웨이터는 상석의 여자 손님부터 시계방향으로 여성에게만 먼저 따라준다. 그 다음 상석의 남자 손님에게서부터 시작해서 같은 순서로 남성에게 따른다.

• 와인 즐기기 – 와인은 요리와 함께 마시는 술이기에 글라스에 요리 찌꺼기가 묻을 수 있으니 와인 마시기 전에 냅킨으로 입을 눌러 닦는다. 음식이 입안에 남아 있을 때에도 와인을 마시지는 않는다. 와인을 따라줄 때는 잔을 테이블 위에 놓은 상태에서 받는다. 또한 와인을 받을 때에 글라스를 기울여서도 예의에 어긋난다. 와인을 더 이상 마시지 않을 때에는 글라스 가장자리에 손을 가볍게 얹으면 된다. 그러나 건배를 위한 샴페인은 마시지 않더라도 조금 따라 놓는 것이 예의이다.

❖ 한국 음식 문화의 특징

다양성	음식 종류와 조리법, 맛, 향신료 등이 다양하다.
풍부성	곡물이 풍부하다.
약식 동원	건강과 직결되어 있다.
정성	외양보다 맛에 더욱 정성을 들였다.
유교적 예법	어른을 공경하는 식사예법.
발효 식품	다양한 발효식품 섭취.
색감	오방색에 기초를 둔 화려한 색의 음식.

❖ 한국 상차림 예법

▷ 먹는 사람이 편리하게.

▷ 조미식품은 주된 식품과 가깝게.

▷ 국물은 먹는 이에게 가깝게.

▷ 뜨거운 음식은 식사 직전에 차림.

❖ 상차림의 종류

주식에 따른 분류	》	반상, 면상, 주안상, 다과상
목적에 따른 분류	》	교자상, 돌상, 제사상

❖ 중국 음식문화의 특징

다양성	다양한 식품이 재료로 이용된다.
	조리기구는 비교적 간단하다.
녹말	녹말물을 사용하여 수분과 기름기의 분리 방지.
숙식	익혀 먹는 숙식을 기본으로 한다.
향	향신료와 조미료의 향을 잘 활용한다.
기름	기름을 사용하여 합리적으로 조리한다.

❖ 중국의 식사 예절

젓가락	식사 중일 때는 젓가락을 접시 끝에 걸쳐 놓는다.
회전식탁	옆 사람을 위해 시계방향으로 움직인다.
좌석	초대를 받은 경우 지정하는 자리에 앉는다.
생선	생선을 먹을 때는 뒤집지 않는다.
차	기름기 제거를 위해 음식을 먹은 후 한 모금씩 마신다.

❖ 일본 음식문화의 특징

시각적	음식을 눈으로 즐기며 먹는다.
조미료	소량의 조미료를 사용한다.
주식과 부식	주식과 부식의 구분이 확연하다.
자연식	계절과 자연의 형태를 살려서 조리한다.
젓가락	음식을 먹을 때에는 젓가락만 사용한다.

❖ 일본의 식사 예절

젓가락	국물요리를 먹을 때에도 사용한다.
생선회	겨자를 생선 위에 조금 얹고 간장에 찍어 먹는다.
두 손 사용	그릇을 받을 때나 들 때는 두 손을 사용한다.
국	국그릇을 들고 마신다. 밥그릇에 국을 부어 먹지 않는다.
인사	식사 전후에 반드시 인사를 한다.

❖ 서양 음식 식사 매너

▷ 포크는 왼쪽, 나이프는 오른쪽에 놓인다.

　바깥쪽에 있는 것부터 순서대로 사용한다.

▷ 나이프와 포크는 끝이 서로 직각이 되도록 하고 팔목만 사용한다.

▷ 식사 중에는 포크와 나이프를 접시 양 끝에 걸쳐 놓는다.

▷ 식사가 끝났을 때는 접시 중앙의 윗부분에 나란히 놓는다.

차 생활 예절

>> 08

차라고 하면 차나무에서 어린 잎을 따서 덖거나 찌고 발효를 하여 만든 음료이다. 그러나 현대에서는 차라고하면 커피를 떠올린다. 그 밖에도 우리가 가깝게 마시는 매실차, 대추차, 유자차, 인삼차, 생강차 등을 차라고 하지만 대용차라고 부르는 것이 보다 정확하다.

역사가 가장 오래 된 차는 처음에는 음료수의 일종이거나 약용으로 쓰였지만, 점차 건강식품으로 인정받으면서 커피, 코코아와 함께 세계 3대 기호음료로 160여 개국에서 즐겨 마시고 있다.

차는 그 나라의 혼이 담겨 있는 음료문화의 예술이라고 보아도 지나침이 없다. 그런 이유로 각 나라마다 자기 국민들의 기호에 알맞은 제다방법과 그에 따른 각종 차가 개발되어 있다. 우리 고유의 차문화 또한 차를 마시는 예의범절과 함께 발달해 왔다. 차는 피로를 풀고 정신을 맑게 할 뿐만 아니라 차를 우리고 대접하는 가운데 예의범절을 배우고 익힐 수 있어 문화적 가치도 크다.

1. 차의 역사

차의 역사를 살펴보면 중국에서 약 5000년 전에 마시기 시작했고, 우리나라에서는 1300~1400년 전경에 전래되었다. 차의 전래를 보면 기원 후 48년 가락국의 김수로왕의 왕비인 허황후가 인도에서 차씨를 가져와 심었다는 설이 있다. 그러나 기록에는 흥덕왕 3년 828년 신라의 사신인 대렴이 당나라에서 가져와 왕의 명으로 지리산에 심었다고 한다. 그러나 차는 선덕여왕(632~647) 때부터 있었고 따라서 우리나라는 약 1400년 동안 전해 내려오고 있다.

차가 흥행했던 시기는 신라 말부터 고려시대까지 불교와 함께 흥행했다. 그렇지만 조선시대에는 억불정책으로 인해 국가의식에서 차가 빠지게 되었고 산사에서 간간히 이어져 내려왔다. 차 문화가 다시 발전한 시기는 1960년대 들어서였다. 전통문화의 중요성이 부각되면서 차에 대한 관심이 높아졌고 이에 비례해 선호하는 인구가 많이 늘었으며 이제는 많은 사람들의 기호음료로서 보편화되었다.

2. 차나무의 종류

차나무는 동백과에 속하며 아열대 식물이다. 다년생의 상록수로 학명은 (Camellia sinensis)이고, 차 잎은 새의 혀와 같다 하여 작설이라고 한다. 차 꽃은 흰색으로 늦가을에 피고 열매는 이듬해 가을에 영글기 때문에 이를 실화상봉(實化相逢)이라고 한다.

차나무는 대엽종과 중엽종, 소엽종이 있다. 중국과 인도에서는 대엽종을 주로 재배하고, 우리나라와 일본은 소엽종이 많다. 대엽종은 키가 크고 잎 길이도 길다. 인도, 스리랑카, 미얀마의 북부에 분포되어 강한 발효차 또는 홍차로 가공을 한다. 소엽종은 키가 작고 잎의 크기도 작은 관목으로 녹차와 말차 그리고 발효차에 쓰인다.

3. 차의 종류와 특징

차는 찻잎의 채취시기와 찻잎의 형태, 발효정도, 품종 등 여러 가지의 기준에 따라 분류한다. 찻잎은 일찍 딸수록 부드럽고 좋은 차가 만들어지며 차 따는 시기는 곡우 전후로 4월 중순부터 5월 초순에 채취를 한다. 이 시기에 찻잎을 따서 만든 차를 첫물차라 하는데, 차의 맛이 부드럽고 향이 뛰어나 비싸게 판매되고 있다. 6월에 따는 두물차와 8월에 따는 세물차는 일조량이 많기 때문에 부드러운 맛보다는 떫은맛이 강하며, 아미노산의 함량이 적어서 맛과 품질 면에서 떨어진다.

1) 차 잎의 형태에 따른 분류

• **잎차** – 주로 마시는 차는 잎차이다. 잎차는 녹차나 황차와 같이 제조과정에서 잎의 형태가 변형되지 않고 원형 그대로 덖거나 쪄서 만든 차이다.

• **가루차** – 가루차를 만들려면 찻잎을 부드럽게 하기 위해서 차광막을 쳐서 특수 재배를 해야 한다. 이렇게 재배를 한 찻잎을 가루로 만들어서 채로 친 후 고운 가루로 만들어서 마시는 차이다. 우리나라와 일본에서 주로 소비한다.

• **떡차** – 떡차는 삼국시대부터 내려온 제다 방법이다. 찻잎을 쪄서 절구에 찧은 다음 여러 가지 모양을 만들어 고체화하여 보존성을 높인 것이 떡차이다. 떡모양은 병차(餅茶), 돈모양은 돈차(錢茶)이다.

2) 발효에 따른 분류

차는 발효에 따라서 비발효차, 반발효차, 발효차, 후발효차로 나눈다. 발효란 찻잎에 함유된 폴리페놀(Polyphenols)이라는 성분이 산화되어 색이 황색으로 나타나는 것을 말하며, 이런 산화 과정에 의해 여러 가지 성분이 변화를 거치면서 독특한 향과 맛, 색을 나타낸다.

• **비발효차** – 채취한 찻잎을 바로 솥에 덖거나 증기로 쪄서 산화효소를 파괴하여 녹색이 나타나도록 만든, 발효가 되지 않은 차이다. 비발효차인 잎차는 덖음차와 증제차로 양분되는데 만드는 과정이 다르기 때문에 그 모양과 색·향·미가 각각 다르다. 덖

음차와 증제차의 차이점을 살펴보면, 덖음차는 전혀 수분이 없는 상태에서 고열로 처리하기 때문에 차의 모양은 곡형으로 약간 구부러진 형태며, 고소한 맛과 독특한 향이 있다.

증제차는 처음부터 고압 수증기를 가하여 순식간에 쪄서 만들기 때문에 차의 모양이 거의 침상이며, 차색도 유난히 푸르다. 이렇게 쪄서 만든 증제차는 자극성이 별로 없고 담백한 편이다.

• **반발효차** – 햇볕이나 실내에서 시들리기와 비비기를 반복하여 찻잎의 폴리페놀 성분을 10~65% 정도로 발효시킨 차이다. 발효 정도에 따라 약발효차, 중발효차, 강발효차로 나뉜다. 10~20% 발효된 약발효차로는 백차(백호은침, 백모란), 황차(군산은침), 화차 (자스민, 치자, 계화)가 있고 20~40% 발효된 중발효차에는 포종차(철관음, 무이암차, 수선)가 있다. 40~65% 발효된 강발효차에는 우롱차(동정 우롱차, 백호 우롱차, 고산 우롱차)가 있다.

• **완전발효차** – 시들리기를 하면서 85% 이상을 발효시킨 차로 홍차가 여기에 속한다.

• **후발효차** – 비발효차와 같이 발효 효소를 파괴한 후 공기 중에 있는 미생물의 번식으로 다시 발효를 시킨 것으로 보이차가 있다.

4. 차의 성분과 효능

1) 차의 성분

차의 성분과 효능은 여러 가지 요인에 의해서 차이는 있지만, 대체적으로 생잎에는 수분이 75%이고, 고형 성분은 25%로 구성되어 있다. 고형성분 중에는 수용성 외에 섬유소와 단백질 등이 있다. 차에 많은 성분을 보면 카테친, 테아닌, 카페인 등이 있고, 각종 미네랄과 비타민 C, 토코페놀, 베타 카로틴 등도 함유되어 있다.

2) 차의 성분별 효능

• **카테친** – 폴리페놀의 주성분이 카테친이고 이를 탄닌이라고 한다. 차의 맛과 색 그리고 향에 영향을 주는 성분이다. 카테친은 광합성을 하기 때문에 일조량이 많거나 기온이 높으면 함량도 많아진다. 카테친은 수렴작용으로 위점막을 보호하고, 위 활동을 활발하게 해주며 해독작용을 한다.

• **카페인** – 차에는 많은 카페인이 함유되어 있다. 그러나 차에 함유되어 있는 카페인과 커피에 함유되어 있는 카페인은 다르다. 차의 카페인에는 체내 흡수를 저해하는 카테친과 테아닌의 영향으로 쉽게 배설되기 때문에 해를 주지 않는다. 카페인의 함유는 증제차보다 덖음차에 함량이 높고, 첫물차와 채광으로 재배한 차에는 카페인 함량이 적다. 카페인의 효능은 각성작용과 기억력, 판단력을 증강시키고, 두통억제, 심장운동 활발, 이뇨작용의 효과가 있다.

• **아미노산과 단백질** – 차에는 아미노산과 단백질, 핵산 등이 있다. 단백질은 물에 녹지 않아 차의 맛과는 무관하고, 아미노산은 물에 녹아 차의 감칠맛에 영향을 준다. 아미노산 중에서 테아닌은 54% 이상을 차지하는데, 감칠맛을 내고 카페인 활동을 억제하며, 특히 어린잎과 채광으로 재배한 차에 많이 함유되어 있다.

• **비타민** – 차에는 수용성 비타민인 B · C · P(루틴)과 지용성 비타민인 A · D · E · F가 함유되어 있다. 비타민 중에서 비타민 C는 레몬에 비해 5~8배 많이 들어 있다. 이 비타민에는 토코페놀 70mg, 카로틴 16mg 이상이 들어 있는데, 이 중에 비타민 P는 혈관벽을 강화시켜서 고혈압 예방에 중요한 성분이다. 비타민은 여린 잎보다는 잎이 큰 끝물차에 더욱 많이 들어 있다.

• **색소** – 차의 색은 중요한 부분으로 차의 품평에도 영향을 준다. 색소에 따라 차의 맛과 향에도 차이가 있다. 차의 색소 중에서 엽록소와 카로티노이드(Carotenoids)는 불용성이고, 안토시아인(Anthocyamin)은 수용성으로 적색을 나타낸다. 색소는 일조량에 따라서 함량이 달라진다.

• **미네랄** – 차는 각종 미네랄 성분을 5~6% 함유하고 있다. 이 중에서 60~70% 는 물에 용해된다. 차에는 미네랄 중에서 칼륨과 인이 풍부하고, 구리, 망간, 아연, 니켈 등의 원소도 다른 식물에 비해서 많은 편이다. 이 미네랄은 충치 예방에 효과가 있고, 불소 성분은 끝물차에 많이 함유되어 있다.

• **탄수화물과 당류** – 차 잎에는 다당류와 전분을 함유하고 있고, 불용성이기 때문에 가루차를 제외한 일반적으로 마시는 차로는 섭취가 어렵다. 혈당치를 낮추는 작용이 알려져 당뇨병 치료제로 개발되고 있다.

• **사포닌** – 사포닌은 가루차에 거품을 나게 하는 중요한 성분이다. 부드러운 쓴 맛을 내는 사포닌의 성분이 0.3~0.5% 들어 있다.

3) 차의 효능

• **항암작용** – 차 중에서 녹차의 항암 효과가(85%) 가장 많고, 홍차에도(43%) 있다. 차의 카테친 성분은 항암효과가 있다고 과학적으로 밝혀지고 있다.

• **고혈압 등 성인병 예방 효과** – 칼륨 성분은 고혈압을 유발시키는 나트륨을 체외

로 배출하여 고혈압에 도움을 주는데, 녹차 100g에는 일반적으로 칼륨 2.2g이 포함되어 있어서 나트륨 과다 섭취를 낮춰준다. 또한 녹차의 주성분인 카테친은 콜레스테롤 수치를 낮춰주어 동맥경화, 심근경색, 협심증 등을 예방한다. 그리고 차 잎에 함유된 비타민 C가 지방의 산화를 촉진하여 콜레스테롤 배출이 활발해진다. 또한 녹차의 카테친 성분은 당질의 소화흡수를 지연시켜 포도당이 혈액 중으로 흡수되는 것을 막아주어 당뇨병에도 효과가 있다.

• **다이어트 효과 –** 차의 주성분인 카테친은 지방을 분해하는 작용을 하여 체중 감소에 도움을 준다. 또한 커피와 같이 설탕과 프림을 넣어서 마시지 않아 다른 음료에 비해서 가장 이상적인 저칼리 음료이다.

• **노화 억제 효과 –** 차에는 항산화 작용을 하는 성분을 많이 함유되고 있어서 노화 억제 효과가 있다. 일본에서는 실험 결과 카테친이 노화 억제에 비타민 E보다 강하다는 것을 발표했다. 이 밖에도 차는 미네랄이 풍부해 피부의 탄력성을 높이고,보습을 유지하게 하며 레몬에 비해 비타민을 5배나 더 함유하고 있다.

• **변비 치료 효과 –** 카테친은 위 운동을 활발하게 하고 장의 긴장을 풀어주어 변비에 좋다. 신경성 변비와 이완성 변비에도 효과가 좋다.

• **식중독 예방 효과 –** 식중독 균인 포도상구균, 장염비브리오균, 콜레라균, O-157균, 다이옥신 등은 차에 있는 카테친 성분이 세포막을 파괴함으로써 독소 작용을 억제해 식중독을 예방한다. 그러나 장에 이로운 비피더스균에는 진한차를 마셔도 살균작용을 하지 않고 도움을 준다.

• **중금속과 니코틴 해독 –** 우리 몸에 축적된 중금속은 조혈기능을 방해하고 중추신경을 마비시키며, 특히 임산부에게 있어서는 기형아나 미숙아를 낳게 하는 여러 요인이 된다. 그러나 차의 카테친은 중금속이 체내에 흡수되지 않도록 배출시킨다. 담배에 있는 니코틴은 차의 성분인 폴리페놀이 체외 배출을 돕는다.

• 충치예방과 입 냄새 제거 효과 – 차에는 불소 성분이 들어 있고, 세균을 살균하는 폴리페놀 성분이 있어 충치 예방 효과가 있다. 불소는 치아의 표면에 코팅을 하고 산으로부터 보호하여 치아를 보호해준다.

차는 이외에도 숙취 제거와 피로회복, 학습 능력 및 기억력 증진에도 도움을 주고 있다. 그렇지만 이렇게 이로운 차라도 주의해야 할 때가 있다. 임신부와 위궤양, 불면증, 악성 빈혈, 저혈압 등의 환자는 많은 양의 차를 마시는 것은 주의해야 한다.

5. 차에 담긴 정신과 문화

이색(李穡)의 시를 보면, 차생활이 그를 수신제가(修身齊家)하는 군자로 이끌었음을 알 수 있다. 그는 "차를 끓여 마시면 귀·코·눈·입·마음의 오관이 즐겁고, 특히 행동이 아니라 생각에도 그릇됨이 없게 된다"고 했다. 이목(李穆)은 『다부』에서 차는 "사람으로 하여금 예를 갖추게 하는 덕(德)을 지녔다"고 한 것도 차가 자신을 바로 알게 깨우쳐 주고 나아가 겸손함을 가르쳐 준다는 의미로 생각해 볼 수 있다. 이처럼 우리의 고유의 차는 건강과 정신 모두에 이로울 뿐 아니라 사람의 품성을 다듬어주는 역할까지 하고 있다. 그래서 예절을 중시했던 우리 선조들은 찻잔을 들고 다관을 기울여 물을 따르고 손님에게 대하는 몸가짐 하나하나에 의미를 두었다.

1) 차 마시는 자리

차 마시는 자리는 소란스럽거나 사치스러워서는 그 정취를 느낄 수 없고, 조용하고 소박한 분위기 속에서 차를 마심으로써 여유를 갖게 되고 그 속에서 사색과 명상을 통해 평온을 찾을 수 있는 것이다. 차를 마실 때 함께하는 손님은 적을수록 차 맛이 완성된다고 하는데, 초의선사의 『다신전』에는 손님 수에 따라 도달할 수 있는 경지를 다음과 같이 설명하고 있다.

손님수	정취	경지
1인	신(神)	신령스럽고 그윽한 경지
2인	승(勝)	한적(閑寂)한 경지
3~4인	취(趣)	취미적이고 유쾌한 경지
5~6인	범(泛)	평범한 경지
7~8인	시(施)	음식 나누워 먹기, 박애경지

2) 좋은 찻자리란

너무 격식에 얽매이지 말고 자연스럽고 온화한 분위기 속에서 편안한 마음으로 찻자리를 즐기면 된다. 찻자리에서 나누는 이야기를 다담(茶談)이라 하는데, 다담을 나눌 때에는 차맛의 색이나 향, 차를 즐기는 사람들의 마음에 대해 이야기할 수 있다. 또한 부담스러운 주제보다는 자연의 아름다움이나 시, 그림, 문화 예술 차원의 다양한 소재의 이야기를 나누는 것이 좋다. 차를 대접하는 주인은 따뜻한 마음을 나눌 수 있는 분위기를 이끌어가도록 해야 한다.

3) 차의 아홉 가지 덕(德)

당나라 육우의 다경과 초의선사의 동다송, 허준의 동의보감 등에서는 차가 사람에게 아홉 가지 큰 덕을 베푼다고 여겨 그 효능을 설명하고 있다.

1. 머리를 맑게 한다.
2. 귀를 밝게 한다.
3. 눈을 밝게 한다.
4. 밥맛을 돋구고 소화 촉진을 시킨다.
5. 술을 깨게 한다.
6. 잠을 적게 한다.
7. 갈증을 멈추게 한다.
8. 피로를 풀어 준다.
9. 추위나 더위를 막아준다.

6. 차 예절 실습

1) 차의 도구

차의 도구는 차를 우리기 위해서 필요한 물품이다. 차 도구는 개인의 취향에 따라 선택할 수 있고, 차의 종류에 따라서 도구가 바뀌기도 한다. 차의 도구는 너무 사치스러운 다구보다는 소박하고 수수한 다구를 선택하는 것이 바람직하다 하겠다. 녹차를 우릴 때에는 백자를 사용하면 차의 빛을 선명하게 볼 수 있으므로 잘 어울린다.

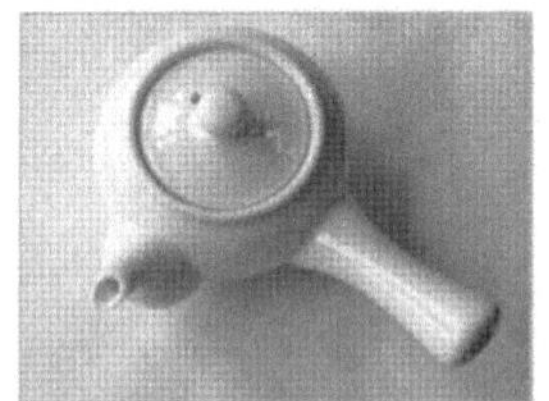

• **찻주전자 (다관)** – 다관은 차관이라고도 한다. 다관은 차를 넣어 우려내는 도구이다. 손님의 숫자에 따라서 다관의 크기를 정해 준비한다. 다관의 물 따르는 부리는 절수가 잘 되는 것이 좋다.

• **찻잔** – 다관에서 차를 우려낸 것을 찻잔에 따라서 마시는 도구이다. 백자 잔에 차를 따르면 탕 빛이 선명하다.

• **찻잔 받침** – 찻잔 받침은 찻잔의 크기에 따라서 준비하고 찻잔은 찻잔 받침에 받쳐서 잔을 권한다.

• **물식힘 그릇 (숙우)** – 물식힘 그릇은 탕관에서 끓는 물을 차 우리기 적당한 온도로 식혀주는 도구이다. 뜨거운 물을 따르기 편하게 한쪽에 귀가 달려있어서 귓대 사발이라고도 한다.

•**차호** – 차호는 차를 넣어 놓는 그릇이다. 차 항아리는 몸체와 뚜껑이 잘 맞아야 차향을 유지할 수 있다.

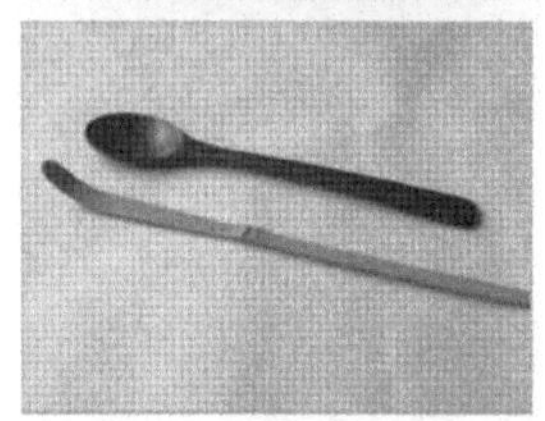

•**차 숟가락 (차시, 차칙)** – 차시라고도 하는 차 숟가락은 차 잎을 떠서 차관에 넣을 때 쓰이는 도구이다. 대나무, 버드나무 등으로 만들어지며 숟가락 모양과 대나무를 반 자른 모양의 차칙도 있다.

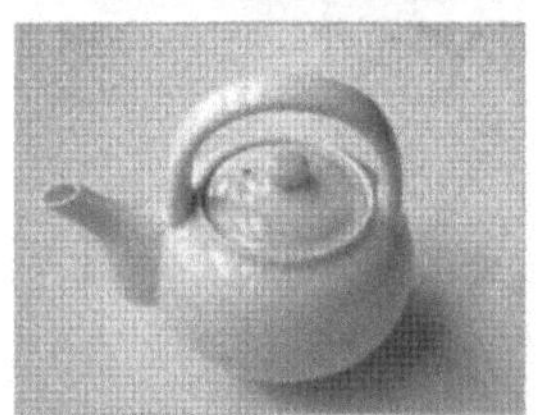

•**물주전자 (탕관)** – 차를 우리기 위해서 물을 끓이는 주전자이다. 생활 차에서는 간편하게 전기 포트로 사용하기도 한다.

•**물 버림 그릇 (퇴수기)** – 찻잔을 예열한 물을 버리거나 차 찌꺼기를 버리는 도구이다.

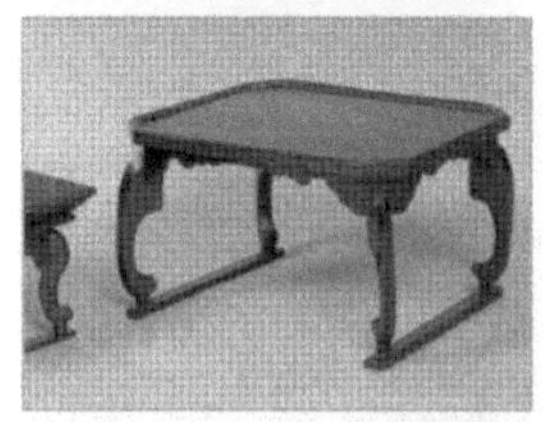

•**찻상** – 차를 우릴 때 차 도구를 올려놓는 상이다. 다과를 올려놓는 다과상이 있고, 손님과 차담을 하는 다담상이 있다.

•**차 수건 (다건)** – 차 수건은 무명이나 명주 삼베 등으로 만든다. 물기를 닦거나 뜨거운 물 식힘 그릇을 들 때 손 데임을 예방할 때에도 쓰인다.

• **찻사발(다완)** – 찻사발의 모양은 지름이 15cm미만이 적당한 크기이며, 가루차를 마실 때 사용하는 그릇이다.

• **차선** – 대나무로 가늘게 쪼개여 만든 것으로 가루차의 거품을 내는 데 사용하는 도구이다.

• **찻상보** – 다기나 상을 덮는 보자기이다. 예로부터 안팎을 적색과 남색으로 치장하여 사용했다. 찻상보의 크기는 찻상을 덮을 만하면 족하다. 그러나 빛깔이 너무 울긋불긋하면 보기에 좋지 않으므로 조화를 이루는 것이 중요하다.

Tip

상보 접는 법

1. 상보를 반으로 접는다.
2. 오른손은 위로하고 왼손은 아래로 한다.
3. 밖으로 반을 접는다.
4. 오른손으로 접힌 상보 윗부분의 가운데를 잡는다.
5. 왼손으로 접힌 상보의 아랫부분을 잡고, 오른손으로 잡은 상보를 밖으로 다시 반을 접는다.
6. 오른손을 상보에서 떼거나 옮겨 잡지 말고, 바로 뒤에 있는 상보를 같이 잡는다. 왼손은 소매 안쪽에 공손한 모습으로 상 오른쪽에 내려놓는다.

상보 덮는 법

1. 왼손이 상보 밑으로 가게 하여 접힌 상보의 한자락을 잡는다.
2. 상보를 가운데에서 세로로 잡아 한 가닥을 가져온다.
3. 다시 반으로 접으면서 한 가닥을 다시 가져온다.
4. 반으로 접힌 상태가 된다.
5. 밖으로 1/3을 접는다.
6. 접은 부분을 놓고 나머지 2/3부분을 잡는다.
7. 찻상 앞에서부터 상보를 천천히 덮는다.

2) 다구별 차 내는 모습

• 생활차

일상생활에서 편안하게 다구를 준비하여 우리는 방법이다. 생활 차는 두 손으로 다소곳이 차를 내는 모습이 아름답다.

찻잔, 다관, 뚜껑받침, 차시, 차호, 물 식힘 그릇,
다건, 찻잔받침, 물주전자, 찻상보, 퇴수기

〈 차 내는 순서 〉

1. 공수한 모습으로 인사를 한다.

2. 상보를 접어 상 오른쪽에 내려놓는다.

3. 물 식힘 그릇에 물을 따라 놓는다.

4. 다관 뚜껑을 열어 뚜껑받침에 놓은 다음 다건으로 물 식힘 그릇을 받쳐 잡고 물을 다관에 따른다.

5. 다관 뚜껑을 덮고 다관을 들어 손님 잔, 주인 잔의 순으로 한 번에 가득 따라 잔을 예열한다.

6. 차 우릴 물을 물 식힘 그릇에 따르고, 다관 뚜껑을 뚜껑 받침에 놓고 두 손으로 차호를 들어 왼손에 올려놓고 차호 뚜껑을 열어 차호 있던 자리에 내려놓은 다음, 차시를 들어 차를 2~3그램 정도 다관에 넣고 차시를 내려놓는다. 차호 뚜껑을 덮고 차호를 내려놓는다. 다건을 오른손으로 들어 왼손에 옮긴 다음 물 식힘 그릇을 받쳐 잡고 물을 다관에 따른다.

7. 차가 우러나는 동안 예열하기 위해 따라 놓은 찻잔의 물을 퇴수기에 주인 잔, 손님 잔의 순서로 따른다.

8. 다관의 차가 우러나면 주인 잔에 조금 따라 차가 잘 우러났는지 보고, 이어서 손님 잔에 따른다. 3번에 나누어서 한 잔을 채운다.

9. 두 손으로 찻잔받침을 들어 왼손에 놓고 찻잔을 올려 오른손으로 잔받침을 잡고 왼손은 오른손 손목에 나란히 대고 손님께 공손히 드리면, 손님은 두 손으로 받아 바닥에 내려놓는다.

10. 주인 잔도 찻잔받침에 받쳐서 내려놓는다

11. 주인은 왼손 위에 잔을 올려놓고 오른 손으로 찻잔을 잡은 상태로 손님께 "드시지요"하고 인사를 하면, 손님도 찻잔을 들고 "같이 드시지요"하고 답례를 하고 차를 마신다. 손님이 서너번 나눠서 차를 마시는 동안 주인은 한 모금 정도 마시고 두 번째 차를 준비한다.

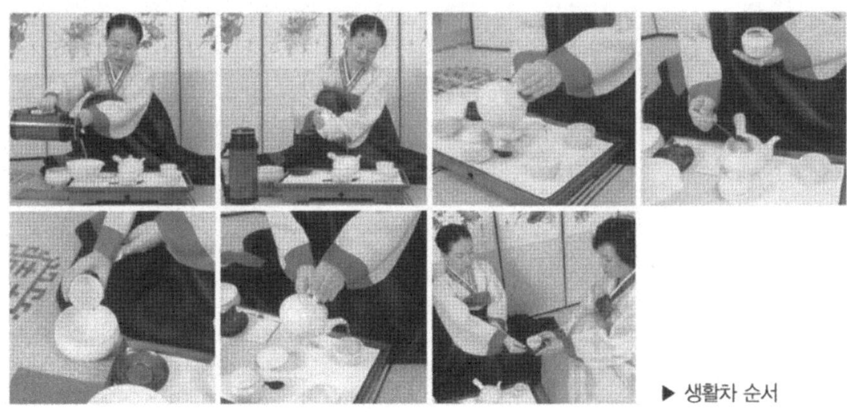

▶ 생활차 순서

12. 손님 잔에 두 번에 나누어 따른 다음 주인 잔에는 한 번에 따르고, 차를 모두 마시고 나면 주인은 주인의 찻잔을 찻잔받침과 함께 들어 왼손 바닥에 놓고 잔을 처음 위치에 내려놓은 후, 찻잔받침도 처음 위치에 놓는다.

13. 손님은 찻잔받침을 들어 주인에게 공손하게 주고 주인은 두 손으로 받아 왼손바닥에 찻잔받침을 놓고 찻잔, 찻잔받침 순으로 내려놓는다.

14. 상보를 덮고, 공수하고 인사를 한다.

- **선비차**

선비차는 생활차와는 달리 한 손만을 사용하여 차를 내는 모습에서 선비다운 기품을 엿볼 수 있는 다법이다.

찻잔, 다관, 뚜껑받침, 차호, 물 식힘 그릇, 차칙, 찻잔받침,
다건, 물주전자, 찻상보, 퇴수기

〈 차 내는 순서 〉

1. 일반적으로 손님은 주인 왼쪽에 앉는다. 공수한 상태로 인사를 하고 상보를 접는다.

2. 물 식힘 그릇에 물을 붓고 다관 뚜껑을 열어 뚜껑받침 위에 놓는다.

3. 물 식힘 그릇의 물을 다관에 부은 후 뚜껑을 덮는다.

4. 오른손으로 다관을 든다. 선비차는 생활차와는 달리 오른손으로 손잡이를 쥔 상태에서 엄지 손가락으로 뚜껑 위에 올려 다관을 든다.

5. 손님 잔에 팔부 정도 따라 예열을 하고 주인 잔도 같은 방법으로 예열을 한다. 차 우릴 물을 물 식힘 그릇에 따라 놓는다. 오른손으로 차호를 들어 왼손바닥에 놓고 뚜껑을 열어 차호 있던 자리에 뚜껑을 내려놓는다.

6. 차칙을 들어 차호 안의 차를 다관에 2~3그램 넣고 차칙을 내려놓는다. 차호는 뚜껑을 덮어 제자리에 내려놓는다. 물 식힘 그릇의 물을 다관에 따르고 뚜껑을 덮어 차를 우린다.

7. 예열된 찻잔의 물은 주인 잔, 손님 잔의 순으로 퇴수기에 버린다. 잔에 묻은 물기는 상 위에 놓여있는 다건에 살짝 닦는다.(생활 차 및 규방다례의 행다법에서는 여성이 다건을 들어 찻잔의 물기를 닦는 것과 대조가 된다.) 손님 잔도 같은 방법으로 한다.

8. 다관을 들어 주인 잔에 조금 따라 차가 우러났나 보고, 차가 우러났으면 손님 잔과 주인 잔에 번갈아 가면서 3번에 나누어서 따른다. 찻잔받침을 들어 왼손바닥에 놓고 손님 잔을 들어 손님에게 드린다. 주인도 찻잔받침을 들어 왼손바닥에 놓고 찻잔을 올린다음, 오른쪽 상 위에 내려놓는다. 주인과 손님은 서로 인사하고 차를 마신다. 손님이 차를 마시는 동안, 주인은 두 번째 차를 준비한다.

▶ 선비차 순서

9. 두 번째 차가 우러나면 차를 마시면서 담소를 나눈다. 손님이 차를 다 마시면 주인은 자신의 잔부터 찻잔받침까지 들어 왼손에 놓고 찻잔, 찻잔받침 순으로 내려놓는다. 주인은 공손하게 손님의 찻잔받침을 받아 주인의 왼손바닥에 놓고 찻잔, 찻잔받침을 내려놓는다. 그리고 상보를 덮은 후 공수하고 인사를 나눈다.

• 가루차

우리나라와 일본에서 주로 마시는 가루차는 가공된 다엽을 미세한 분말로 만들어 물에 타서 마시는 차로, 약으로서의 효과도 인증받고 있다.

> 주인 다완, 손님 다완, 물식힘 그릇, 가루차호, 뚜껑받침, 가루차시와 차시받침,
> 차선과 차선받침, 다건, 찻상보, 발, 퇴수기, 물주전자

〈 차 내는 순서 〉

1. 상차림(발을 바닥에 깔고 다완 등을 정리한다.)

2. 주인은 손님과 마주 앉아 공수한 상태로 인사를 한다.

3. 주인은 상보를 접어 퇴수기 옆에 내려놓고, 발을 깔고 다완 등을 정리한 상태의 상차림으로 배열을 한다.

4. 발은 왼쪽에서 오른쪽으로 얌전하게 펼친다.

5. 발을 펼칠 때에는 한 번에 펼쳐지지 않도록 주의한다. 그런 다음에 손님 다완을 두 손으로 공손하게 들어 발의 중앙에 놓고, 발의 오른쪽 위에 물 식힘 그릇

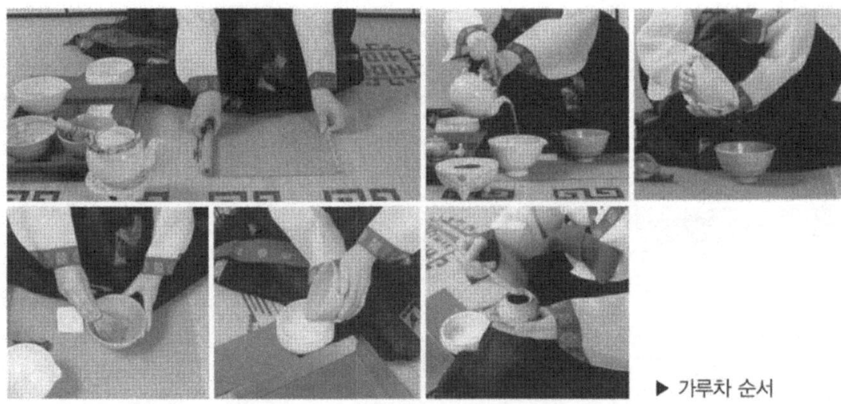

▶ 가루차 순서

을 놓는다. 이어서 차선받침을 나란히 놓고 그 위에 차선을 십자가 되도록 놓는다. 다건은 차선과 손님 다완 사이에 놓는다.

6. 물 식힘 그릇에 물을 따른다.

7. 물 식힘 그릇을 왼손에 다건으로 받쳐 들고 물을 다완에 붓는다. 이때 물 식힘 그릇 위로 손가락이 올라오지 않도록 유의한다.

8. 차선을 들어 손님 다완에 넣고 가볍게 한번 돌려 예열을 한다. 차선을 들 때나 놓을 때는 공손하게 왼손으로 오른손을 받친다. 차선을 다완에 넣고 한번 돌리는 것은 다완 주변을 고르게 예열하기 위함이다. 차선을 뺄 때는 차선의 물기가 흐르지 않도록 잠시 멈추었다가 차선받침에 올려놓는다.

9. 다건을 오른손에 받쳐 들고 손님 다완의 물을 퇴수기에 버린다.

10. 두 손으로 차호를 들어 왼손바닥에 놓고, 뚜껑을 뚜껑받침에 내려놓는다.

11. 차시를 들어 차호에서 가루차를 뜰때 너무 많은 양을 떠서 바닥에 떨어지지 않도록 하며, 손님 다완에 넣을 때도 주의한다.

12. 가루차를 다완에 넣을 때는 차시 다완에 "톡" 쳐서 차시에 가루차가 묻어나지 않도록 한다. 차시를 차시받침에 내려놓고 차호 뚜껑을 덮어 처음 자리에 놓는다. 물은 물 식힘 그릇에 따랐다가 다완에 붓는다.

13. 차선을 들어 다화(茶花)가 피도록 잘 저어 준다. 이때 손은 위아래로 움직이며, 다화가 피었으면 원을 한 번 그려서 다화를 정리하고 차선을 직각으로 빼내어 차선받침 위에 올려놓는다.

14. 가루차가 완성이 되면 손님 앞에 놓고 손님에게 "드시지요" 하고 인사를 한다.

15. 손님은 두 손으로 다완을 들며, 왼손은 다완을 받치고 오른손은 다완을 감싸 잡은 상태로 마신다. 주인도 같은 방법으로 차를 내 마시며, 손님은 주인의 차를 우릴 때까지 천천히 마신다.

16. 정리할 때는 주인 다완, 물 식힘 그릇, 다건의 순으로 놓은 다음, 차선은 손님 다완 안에 넣고 차선받침, 손님 다완 순으로 상에 옮겨 놓는다.

17. 상보를 덮고 공수하고 인사를 나눈다.

7. 세계인의 茶, 홍차

오늘날 세계의 차 가운데 홍차가 약 80%를 차지하고 녹차는 약 20% 정도일 뿐이다. 녹차를 주로 마시는 지역은 일본, 중국, 한국 뿐이고, 대부분의 서구지역에서는 차라고 하면 홍차를 연상한다.

① 국가별 홍차의 다양한 음용법

찻잎을 발효시키지 않고 덖거나 찐 것을 녹차라 한 것에 비해 홍차는 완전 발효시켜 찻잎이 검은색을 띠어 블랙티(black tea)라고 한다. 일반적으로 한국을 비롯한 동양에서는 차에 설탕을 넣지 않고 차 자체의 향과 맛을 즐기는 데 반해, 티베트에서는 버터를 넣어 마시고 몽고에서는 소금으로 간을 해서 마신다.

유럽에서는 차의 쓴맛을 제거하기 위해 설탕과 우유를 넣어 마셨다고 하는데 차는 전혀 생소한 동양의 음료였기 때문에 여러 방법으로 마셔 보면서 유럽에 적합한 음용 방법을 찾은 것으로 보인다.

② 홍차 끓이는 방법

• **물의 온도** – 홍차는 뜨거운 물속에서 홍차의 맛 성분을 추출하는 음료이며, 따라서 물의 성질과 온도가 매우 중요한 포인트이다. 홍차를 끓이기에 가장 적합한 물은 산소가 많이 들어 있고 냄새가 나지 않는 것으로 보통 수돗물을 끓여서 사용하면 된다.

여기서 물의 온도가 중요한데 이것은 홍차 잎이 뜨거운 물속에서 아래위로 대류하는 점핑을 통해 잎의 꼬임이 풀리면서 맛 성분이 빠져나오기 때문이다.

특히 홍차의 떫은맛 성분인 탄닌은 90℃ 이상의 온도에서 유출되는 성질을 가지고 있으므로 물은 100℃의 끓는 물, 즉 물의 표면에 동전 크기의 기포가 충분히 생기는 상태가 가장 좋다. 단, 너무 많이 가열하면 물속의 산소가 빠져나가 점핑이 잘 안되므로 주의해야 한다.

• 홍차 우려내는 시간 – 포트 속에서 홍차의 맛을 만들어 내므로 포트 속에서의 시간이 매우 중요하다. 찻잎의 꼬임이 풀어지면서 떫은맛의 탄닌이 추출되는데, 포트 속에서의 시간이 너무 짧으면 탄닌의 떫은맛만 강해지고 반대로 시간이 너무 길면 찻잎에 다른 성분이 녹아나와 좋지 않은 쓴맛이 생기게 된다.

홍차를 우려내는 적정 시간은 찻잎의 크기와 조제법에 따라 변하지만 보통 2~4분 정도가 적당하다. 약간 큰 잎이라면 3분 이상, 엷은 잎이라면 2분 이상이 필요하며 느낌에 맡기지 말고 타이머로 재는 것이 좋다.

• 적정 분량 – 홍차가 가진 맛을 충분히 끌어내기 위해서는 확실한 양의 찻잎을 넣어야 한다. 보통 홍차의 분량은 '몇 스푼'으로 나오는데, 이것은 전용 티메저 스푼을 말한다. 보통 가정에서 쓰는 티스푼과는 큰 차이가 있다. 티메저 스푼은 3g 정도의 홍차가, 티스푼은 0.5~1g의 홍차 양이 해당된다. 티백을 이용하는 가장 큰 이유는 빠른 시간 내에 간단하게 끓이는 데에 있다. 여기에 '맛'까지 유지할 수 있다면 금상첨화이다. 맛을 유지하려면 티백도 온도를 유지해주면 맛있는 홍차를 즐길 수 있다.

③ 홍차의 분류

- **Straight tea** : 기문, 우바, 다즐링, 랩상소총, 실론 등
- **Blanded tea** : 잉글리쉬 브렉퍼스트(English Breakfast), 로얄블랜드(Royal Bland), 아이리쉬 브렉퍼스트(Irish Breakeakfast)
- **Flavery tea** : 얼그레이(Eari Gray), 과일차(Frult tea), 꽃잎차(Flower tea), 로즈티(Rose tea)

④ 영국인과 홍차

영국은 현재 세계 홍차의 약 50%를 소비하고 있다. 영국에서 홍차가 발달된 것

은, 역사적으로 외래 음료 가운데 차보다도 커피가 영국에 먼저 보급되었지만, 커피의 공급확보라는 국제경쟁에서 영국이 패하기도 했고, 영국의 물이 차에 적합하였기 때문이다. 또 프랑스, 이탈리아, 스페인 같은 와인문화권에는 차가 파고들어 갈 여지가 없었던 데 반해, 전통적인 음료가 그리 많지 않았던 영국에서는 비교적 쉽게 확산될 수 있었다.

실제로 영국 사람들처럼 차를 자주 마시는 국민도 없다. 그들은 아침에 일어나 자마자 침대에서 차를 마신다. 영국 호텔에 묵어 보면 룸서비스 차원에서 방에까지 차를 가져다 준다.

아침에 차(모닝 티)를 마신 후 11시가 되면 또 차를 마시고 점심 식사 때에도 차를 마신다. 3시에서 5시 사이에 애프터눈 티타임을 갖고, 저녁 식사 때와 식사 후에도 차를 마시는 등 영국인은 하루에도 여러 차례 차를 마신다. 모닝 티에는 애프터눈 티와 같이 진한 밀크 티(잉글리시 티)를 마신다. 그밖에는 플레인 티를 즐긴다. 영국 사람들이 티라 하면 애프터눈 티를 말한다.

영국에서는 손님을 청하여 차를 대접하는 일이 많다. 그런 경우 케이크와 샌드위치 이외에 치즈 크래커, 스콘 등 먹을 것을 준비하므로 간단한 식사를 하는 것이나 마찬가지다. 일요일 오후의 하이티(high tea)는 일품 요리가 따르는 티타임이다. 한마디로 영국인들은 현재 세계에서 홍차를 가장 애호하는 국민이다. 영국에서는 "오후에 차 마시러 오세요"하면 친구가 되자는 뜻이 된다. 그리고 그 마시는 법, 즐기는 방법 속에는 영국인의 자부심이 배어 있다.

중국차와 일본차 종류 알아보기

▶ 중국의 10대 명차

• 백호은침(白毫銀針) 백차(白茶) – 최고품으로 어린 싹으로 만드는 차이다. 향기가 좋고 단맛이 남아 떫은맛이 적은 것이 특징이다.

• 용정차(龍井茶) – 중국 녹차를 대표하는 차이다. 용정에서 생산되는 차라 해서 용정차라고 불리워진다. 맛이 부드럽고 용정의 특유한 향이 있다.

• 동정벽락춘(洞庭碧螺春) – 녹차의 한 종류로 향이 풍부하고 맛이 부드러운것이 특징이다. 차색은 벽녹색을 띤다.

• 황산모봉차(黃山毛峰茶) – 녹차의 한 종류로 짙은 향기와 신선하고 부드러운 맛이 특징이다. 차 잎은 황녹색을 띠며 우려낸 탕색은 맑고 투명하다.

• 군산은침(君山銀針) – 황차 종류이다. 군산에서 생산되어 군산은침이라 불려진다. 향기가 맑고 맛은 부드럽고 달고 상쾌하다. 차 잎은 담황색을 띠며 우려낸 탕색은 등황색이다.

• 철관음차(鐵觀音茶) – 오룡차의 한 종류로 향이 좋고 오래 유지되는 것이 특징이고, 차맛은 달고 입안을 시원하게 해준다. 차의 탕색은 등황색을 나타낸다.

• 동정오룡차(凍頂烏龍茶) – 대만의 대표적인 차로 중부지역 동정산 주변에서 생산되는 차이다. 차맛은 부드럽고 향기가 강하며 입안에 단맛이 감도는 것이 특징이다. 차잎은 담녹색을 띠고, 탕색은 황금색이다.

- **대홍포차(大紅袍茶)** – 오룡차 종류이며, 차나무의 빛이 타오르는 불과 같고 붉은 천을 드리운 것처럼 아름답게 보인다 해서 붙여진 이름이다. 맛은 순하고 향이 진한 것이 특징이다.

- **기문홍차(祁門紅茶)** – 세계 3대 명차 중의 하나이다. 중국 안휘성의 기문에서 생산된다 하여 붙여진 이름이다. 공부홍차(工夫紅茶), 기홍(祁紅)이라고도 불린다. 탕색은 짙은 선홍색을 띤다.

- **보이차(普茶)** – 흑차 종류로 운남성에서 생산되는 후발효차이다. 보이현에서 출하하기에 붙여진 이름이며 특유의 곰팡이 냄새가 난다.

▶ 일본 차의 종류 (제조방법에 따른 분류)

- **교쿠로(玉露, 옥로)** – 그늘에서 키운 고급 녹차이다. 가격면에서도 비싸고 맛과 향이 풍부한 제품이다.

- **센차(煎茶, 전차)** – 일본 녹차의 대부분을 차지하고 있는 녹차이다. 일본인의 일상 생활에 밀접한 차이다.

- **말차(抹茶)** – 찻잎을 곱게 갈아서 뜨거운 물에 풀어서 마시는 차이다.

  농차(濃茶) – 말차로 진하게 탄 차이다. 주과자와 곁들여 마시는 차이다.
  박차(薄茶) – 말차를 연하게 탄 차이고 한과자와 곁들여 마시는 차이다.

- **카부세차** – 새싹을 따기 1~2주 전에 위를 덮어 빛을 차단하여 재배를 한다. 떫은맛이 적고 은은한 맛과 향이 특징이다.

- **타마로쿠차(玉露茶, 옥로차)** – 제조 방법은 센차와 비슷하고 마지막 공정에서 동그란 모양 그대로 완성시키는 차이다.

• **반차(番茶, 번차)** – 차잎을 딴 곳을 고르게 하기 위해 깎아낸 딱딱한 잎이나 초봄과 늦가을에 커져서 딱딱해진 차잎을 따서 만든 차이다.

• **호우지차(배지차)** – 반차를 불에 볶아 만든 차로서 특히 초밥을 먹을 때 이 차를 마신다.

• **메차(芽茶, 아차)** – 센차나 교쿠로의 제조공정에서 새눈을 추려서 만든 차이다.

• **코나차(粉茶, 분차)** – 교쿠로와 센차의 제조과정에서 발생하는 가루를 선별하여 만든다. 녹차 특유의 색과 맛이 진한 차이고 보통 초밥이나 요리에 자주 사용한다.

• **켄마이차(현미차)** – 센차나 반차에 볶은 현미 또는 튀긴 쌀을 섞어 넣어 만든 차이다. 2차대전 때 식량 부족으로 인하여 생겨났다고 한다.

M / E / M / O

8. 세계인의 기호음료, 커피

① 커피의 기원

커피가 언제, 어디서 재배되기 시작해서 오늘날과 같이 전 세계인이 즐기는 음료가 되었는지는 역사가들 사이에서도 매우 흥미로운 연구 대상이다. 커피의 기원에 대해서는 여러 가지 설이 전해지는데 그 중 가장 널리 알려진 이야기는 춤추는 염소에 관한 이야기이다.

약 AD 500년경에, 에티오피아에 사는 칼디(Kaldi)라는 양치기 소년은 어느 날 염소들이 빨간 열매를 먹고 난 뒤 흥분하는 모습을 보게 되었다. 그 열매를 직접 먹어본 칼디도 기분이 상쾌해짐을 느끼게 되었다. 칼디는 이 사실을 마을에 있는 한 수도승에게 알렸고, 이를 신기하게 여긴 수도승은 열매를 가져다 동료 수도승들과 나누어 먹었다. 그날 밤, 열매를 먹은 수도승들은 이 열매에 잠을 이겨내는 효과가 있음을 발견하였다. 이러한 소문은 금방 사람들에게 퍼지게 되었고, 그 뒤로 커피열매는 잠을 극복하게 해주는 신비의 열매로 세상에 알려지기 시작했다.

이외에도 커피의 발견에 대한 여러 가지 설이 있으나 대부분이 사람들의 입을 통해 전해 내려온 전설이거나 근대 유럽지역에 커피가 보급되면서 지어진 이야기들에 불과하다. 그렇지만, 분명한 것은 기원전부터 아프리카 동부 일대에서 커피열매가 존재했으며 커피나무의 원산지가 에티오피아임은 정설로 받아들여지고 있다.

커피의 어원 또한 그 기원에 대한 것과 마찬가지로 자세한 기록은 없으나 커피가 처음 발견된 에티오피아의 지명 '카파(Kappa)'에서 유래하였다는 학설과 '카와(Kahwa)'라는 아랍어에서 유래하였다는 학설이 있다. '카와'는 '기운을 돋우는 것(stimulant)'이라는 의미로 커피의 효능을 나타내고 있다.

② 유럽에서의 커피(1500년 ~ 1700년대)

커피가 기독교권에 처음 소개된 것은 십자군 전쟁 때였다. 사라센 제국이 분열되어 있을 무렵, 11세기 말부터 13세기 동안 유럽인들은 십자군을 조직하여 이슬람 세계로 8차례의 대원정을 보냈다. 이때 십자군에 지원한 각 유럽지역의 사람들은 이슬람 지역에서 향기로운 커피를 경험하게 되었지만, 1615년 베니스 상인들에 의해서 유럽에 소개될 때까지 그것이 무엇으로 어떻게 만들어진 것인지에 대해서는 정확히 모르고 있었다.

중세 로마카톨릭교회는 이슬람 문화인 커피가 유행하는 세태에 종교적인 교리를 내세워 로마 교황인 클레멘트 8세에게 커피를 악마의 음료로 칭하며 커피 음용을 금지시켜 줄 것을 탄원했다. 그러나, 교황은 뜻밖에도 향기로운 맛과 향에 감탄하며 커피에 세례를 내렸다. 이를 계기로 커피가 유럽에 보편화되기 시작하였다. 17세기 초 유럽 최초의 커피하우스가 이탈리아에 문을 연 이래로 특히 영국에 많은 커피하우스가 생겨나게 되었는데, 런던에만 거의 2,000여 개의 커피하우스가 있었다고 한다.

한편, 17세기 후반 영국의 왕 찰스 2세는 '커피하우스가 혁명의 온상' 이라는 정치적 이유를 들어 커피하우스를 폐쇄한다는 포고령을 내렸다. 하지만 포고령은 11일 만에 일반 대중의 반대에 부딪쳐 발효되기도 전에 철회되었다. 이렇듯 커피는 이교도의 음료라는 종교적 박해와 커피하우스에 오랜 시간 남편을 빼앗긴 부인들의 불만 등에도 불구하고 대중속으로 급속도로 번져갔다.

커피가 유럽에 전해지고 얼마 지나지 않아, 커피하우스가 범람하고 커피소비량이 급증하자 공급부족으로 품귀현상이 발생하였다. 이처럼 품귀현상이 발생한 이유는 이때까지만 해도 이슬람 교권은 커피의 묘목과 종자의 유출을 금지 시키고 있었기 때문에 커피는 아라비아 지역에서만 재배되고 있었을 뿐만 아니라, 커피나무가 자라기에 유럽의 땅은 적합하지 않았기 때문이었다. 그렇지만 1600년대 중반으로 접어들면서 바바부단(Baba Budan)이라는 인도인이 성지 순례를 마치고

7알의 커피 씨앗을 인도로 빼내와 재배하는데 성공하였고, 인도 남부 마이소르(Mysore)지방의 산에 심었다. 이 이후로 훗날 바바부단이라고 명명되어진 언덕에서 커피나무가 번성하게 되었으며 인도와 무역하던 유럽 식민지 국가들에게까지 재배가 확대되었다.

③ 커피의 품종

아라비카종(Arabica) – 우리가 구입하는 원두커피 대부분을 차지하는 품종으로, 전 세계 커피의 65%를 차지한다. 원산지는 에디오피아이며 보통 해발 600~1,800미터에서 재배되는데, 높은 지역에서 재배될수록 품질이 우수하다. 또한 고지대이지만 서리가 없고 일교차가 크며, 강한 햇볕과 서늘한 바람, 배수가 잘되는 비옥한 토양일수록 잘 자란다. 깊은 맛과 향을 지니며, 신맛도 우수하다.

로부스타종(Robusta) – 원산지는 콩고로 성장이 빠르고 병충해에 강한 로부스타종은 신맛은 거의 없고 쓴맛이 강하다. 주요 생산지는 베트남 등 동남아시아 국가이며 인스턴트 커피나 저렴한 레귤러 커피의 원재료로 이용된다.

리베리카종(Liberica) – 생산지는 아프리카 서쪽 끝에 위치한 라이베리아이며 해발 100~200미터인 저지대에서 재배된다. 수요가 적어서 생산량도 적은 리베리카종은 쓴맛이 강하고 향미는 약하다.

④ 커피와 매너

대인관계와 사회생활 영역이 확대되면서 커피는 인간관계 형성을 위한 중요한 매체로 활용되고 있으므로, 커피를 마실 때는 각자의 기호와 상황뿐만 아니라 품격에 맞춰서 즐기면서 매너를 지킬 수 있어야 한다.

- 커피잔에 손잡이가 있는 경우 고리 사이로 검지손가락을 끼워잡는 것은 옳지 않다.
- 손잡이의 둘레 부분을 손가락 세 개 정도로 잡고 나머지 손가락을 살짝 받치

는 정도로 잡는다.

– 티스푼으로 설탕이
나 크림 등을 넣고
저은 후 티스푼으로
떠서 맛을 보지 않
는다.

– 각설탕을 넣을 경우
맨손으로 집어 잔

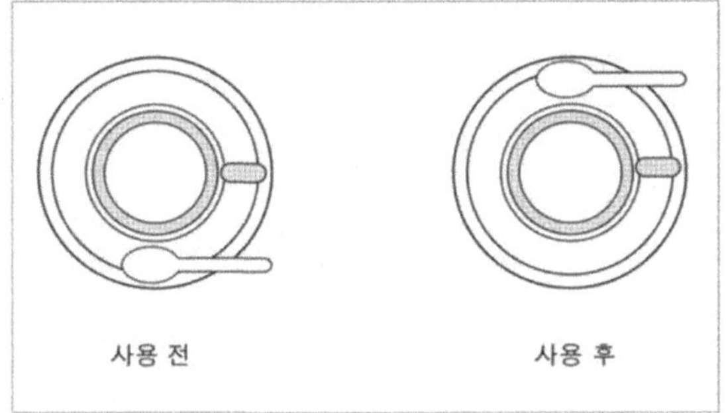

▶ 티스푼 놓는 위치

속으로 넣지 않고 티스푼에 올려 잔에 넣고 녹인다.

– 티스푼을 사용하면 잔의 뒷부분에 가로로 놓는다.

– 차를 마실 때 잔에 스푼을 담가 놓지 않는다.

– 차를 마실 때는 대화와 함께 적절히 식혀가며 천천히 마시되 뜨거운 차를 급
하게 후후 불면서 마시지 않는다.

– 차는 조금씩 몇 번에 나누어 가며 마시고 한 번에 다 들이키지 않는다.

– 티백이 있는 경우는 티백을 살짝 들어올려 컵의 안쪽 면에 대고 물이 흐르지
않도록 컵 안쪽에 잠시 대고 있다가 컵의 뒤쪽에 놓는다.

– 찌꺼기가 남을까 봐 찻잔을 잡고 돌려가며 흔들어 마시는 것은 좋지 않다.

– 컵 받침은 탁자에 놓은 상태에서 컵만 들고 마신다.

– 컵 받침과 컵 사이에 물기가 있는 경우는 컵을 들어올릴 때 잔 받침이 같이
따라 올라올 수 있으므로 한손으로 컵 받침을 잡고 컵을 들어올린다.

우리나라의 커피 이야기

• 양 탕국

구한말 서양문물이 들어오면서 커피도 자연스럽게 우리나라에 소개되었다. 일반 민가에도 외국인 선교사와 상인들을 통해 커피가 전파되었다. 서양에서 전해온 탕국이라 하여 양 탕국이라 불렀다.

• 고종과 커피

최초의 한국인 커피 애호가는 고종 황제였는데, 고종은 1895년 을미사변으로 러시아 공사관에 피신해 있으면서 러시아 공사의 처형인 독일 여성 손탁 여사에게 모든 식사와 수발을 맡겼고, 그녀를 통해 커피를 처음 맛보게 되었다. 1902년 고종은 덕수궁 뒤편에 2층 양옥집을 지어 손탁 여사에게 선물했고, 그녀는 이곳을 손탁 호텔로 운영하면서 1층에 한국 최초의 커피숍을 만들었다.

• 한국의 인스턴트 커피

6.25전쟁 이후 한국에 주둔하는 미군 부대로부터 값싼 인스턴트커피가 대량으로 흘러나오면서 커피가 본격적으로 우리나라에 보급되었다. 1970년에 국내 최초로 인스턴트 커피 생산에 성공했고, 1976년에는 세계 최초로 커피 믹스를 개발하면서 인스턴트 커피는 1980년대 이후 국민음료로서 전성기를 누리게 되었다.

커피에 대한 오해와 진실

⦀⦀⦀ 커피를 마시는 것은 건강에 해로운가?

그렇지 않다. 건강한 사람이 커피를 마시는 것이 건강에 해롭다는 과학적 근거는 없다. 건강한 사람이 하루 2~4잔의 커피를 마시는 것은 건강에 어떤 해도 주지 않는다는 것이 미국 식품과학자회의 공식 견해이다.

⦀⦀⦀ 커피를 마시는 것은 심장 질환의 위험을 높이는가?

심장 질환의 원인은 다양하다. 끓인 커피를 많이 마시면 심장 질환이 증가한다는 연구가 발표되기도 했지만 커피를 9잔 이상 마셨을 때 가능성이 있다는 연구 보고였다.

⦀⦀⦀ 카페인은 신체에 유해한가?

커피에는 1~2%의 카페인이 들어 있어서 정신과 육체를 깨워주는 각성 역할을 하는데, 커피 한 잔에는 카페인이 약 30~120mg 들어 있다. 미국 FDA에서는 카페인은 안전하여 규제의 필요성이 없는 GRAS(generally recognized as safe)로 분류한다. 카페인이 인체에 해로운 양은 하루 커피를 약 100잔 이상 마시는 양에 해당한다.

08 차 생활 예절

❖ 차의 종류

녹차   백차   우롱차   황차   홍차   보이차

❖ 제다 방법 – 발효 정도에 따른 분류

❶ 비발효 녹차   ❷ 반발효 우롱차
❸ 발효차 홍차   ❹ 후발효 보이차

❖ 차의 분류 – 채취 시기에 따른 분류

❶ 첫물차 – 곡우 전후   ❷ 두물차 – 어린싹
❸ 세물차 –보통차   ❹ 끝물차 –대작차

❖ 차의 오감과 오미

오감

차를 끓여 마시면 귀,코,눈,입,마음의 오감이 즐겁고 특히 행동이 아니라 생각에도 그릇됨이 없게 된다.

오미

인생의 삶과도 같은 것으로 쓴맛(苦),떫은맛(澁),짠맛(鹽),신맛(酸),단맛(甘)이 있다.

❖ 좋은 찻자리란?

1인	신령스럽고 그윽한 경지
2인	한적한 경지
3 ~ 4인	취미적이고 유쾌한 경지
5 ~ 6인	평범한 경지
7 ~ 8인	음식을 나눠 먹는 박애 경지

❖ 티 테이블 매너 – 차

찻잔 잡기	오른 손으로 감싸 쥐고 왼손으로는 잔의 아랫부분을 받친다.
찻잔 받침	찻잔 받침은 찻상에 두고 찻잔만 들고 마신다.
차 마시기	색, 향, 맛을 느끼며 2~3번 정도에 나누어 마신다.
티백	티백을 들어올려 컵의 뒤쪽에 내려 놓는다.
차 대접	손님, 어른 그리고 주인 등의 순서로 차를 대접한다.

❖ 티 테이블 매너 – 커피

커피의 양	잔에 가득 담지 말고 잔의 7~8부 정도로 담는다.
커피잔 잡기	손잡이를 권총 잡듯이 손가락을 끼워 잡지 않는다.
설탕	각설탕을 넣을 때는 티스푼 위에 놓고 티스푼을 내려 놓는다.
소리	마실 때는 소리를 내거나 '후후' 부는 행동을 하지 않는다.
티스푼	티스푼으로 저은 후 찻잔 뒤쪽에 티스푼을 내려 놓는다.

의미 있는
관혼상제
및 가정예절

» 09

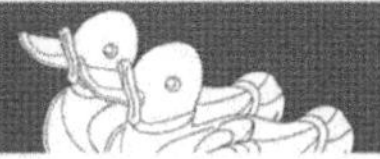

가정의례는 크게 관혼상제(冠婚喪祭) 네 가지를 들 수 있다. 오늘날 우리의 관혼상제는 삼국시대에 이어 고려, 조선시대를 거치면서 체계적으로 제도화된 예의범절이다. 즉, 관혼상제에는 그 시대의 정치, 경제, 사회 문화를 반영하는 시대적 규범이 고유한 문화 형식으로 녹아 있다. 그러므로 시대가 바뀌면 의례의 형식이나 절차가 변화를 겪는 것은 자연스러운 현상으로 받아들여지고 있다. 하지만 관혼상제의 의식 속에 담긴 참 의미를 짚어보면 그 안에는 전통이 지닌 참뜻과 정신이 들어있음을 알게 된다.

1. 성년례

1) 성년례(관·계례)의 의미

어느 시대 어느 민족이든 삶의 마디마디에는 그 나름의 새로운 의미를 짚어주는 특색 있는 통과 의례가 있다. 그 중에서도 어린아이에서 어른의 세계로 들어서게 되면 개인은 지위뿐 아니라 권리와 의무, 책임 등 많은 면에서 큰 변화를 겪게 된다. 이런 질적인 변화의 의미를 새기는 성년례는 그 형식과 내용이 다를 뿐, 나라마다 중요한 의식으로 자리잡고 있다. 서양의 성년식(Initiation)이 그렇고, 일본의 성년례 또한 장중하게 거행되는 오랜 전통을 지니고 있다.

한국의 성년례는 고대 국가 마한에서 비롯되었는데, 젊은이에게 신체의 고통을 줌으로써 극기의 힘을 시험하는 의식이 있어 왔다고 한다. 씨족 사회가 정착되고 농경 사회로 접어들면서부터 나름의 성년 의식이 있어 왔던 것이다. 그러나 문화적인 틀을 갖추게 된 성년례의 시작은 신라 진흥왕 37년(576) 때의 화랑 제도라고 주장하는 학자도 있다. '충성으로 나라를 지킨다', '효도로 부모를 섬긴다', '정의에서 물러서지 않는다', '믿음으로 친구를 사귄다', '살생을 함부로 하지 않는다' 는 계율을 지키며 신체와 정신을 단련시킨다는 점이 성년 의식의 형태와 내용면에서 흡사하기 때문이다.

그렇지만 기록된 문헌에 의하면 성년 의식은 고려 광종 16년(965)부터 시작하였고, 조선 시대 (이재의 『사례편람』)에 체계적인 틀로 정리하여 시행해 온 것이 1940년까지 이르렀다. 이때 성년례는 주로 왕실, 문·무관, 사대부 등 상류 사회에서 행해져 왔던 관례, 계례를 가리킨 것으로 이것이 우리나라 전통 성년례이다.

관례란 어린아이가 어른으로 인정받게 되었음을 상징하기 위하여 남자에게 상투를 틀게 하여 갓을 씌우는 의식으로 초가(初加), 재가(再加), 삼가(三加)라 하여 옷과 관을 세 번 바꾸는 절차를 말한다. 이는 아이와 어른을 외형적으로 구분짓는다는 뜻과 아울러 어른으로서 갖추어야 할 사람 됨됨이의 기본을 가르치는 것으로 어른으로서의 차림새의 중요함도 일러주기 위함이다.

계례는 글자의 뜻대로 땋은머리를 쪽을 찌어 비녀를 꽂아주는 의식으로 관례(관례, 계례를 통칭하여 관례라고 한다.)와 같은 절차를 치른다.

2) 현대의 성년례의 의미

성년이 되는 의식은 본디 가정의례로써 스무 살이 되는 생일날 가족, 친지, 이웃이 모여 성인 사회로 편입하게 된 것을 축하해 주고, 어른됨의 의미를 일정한 형식과 절차를 통해 일러 주며 그에 따른 의무, 책임 의식, 권리를 부여하는 동기로 시작되었다.

우리나라는 민법 제 4조에 만 20세를 성년으로 규정하였다. 그러므로 권리와 의무의 주체가 되어 책임 있게 법률 행위를 할 수 있는 시기는 만 20세가 넘는 생일이지만, 사회적인 관습으로는 만 20세를 성년의 해로 삼고 1963년 각종 기념일 등에 관한 규정에 의거 '성년의 날' 을 제정하였다.

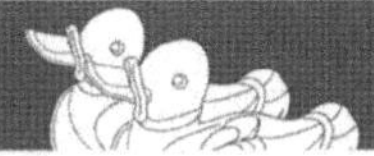

당시에는 4월 20일이었고, 1975~1984년에는 5월 6일이었다가 1985년부터 5월 셋째 월요일로 지켜져 왔다. 그러나 개정 청소년 보호법은 그동안 술, 담배 판매 금지, 유흥업소 출입, 고용 제한 등과 관련한 청소년 보호연령을 미성년자보호법, 공중위생법, 식품위생법 등에서 20, 19, 18세 미만으로 혼재하고 있다가 '19세 미만'으로 통일했으며, 남녀 모두 만 19세가 되면 자기 행위에 대해 책임을 지도록 했다.

따라서 2001년부터 성년례는 만 19세가 되는 생일이나 그 해의 성년의 날(5월의 셋째 월요일)에 행하고 있다. 이러한 추세에 따라 민법상 성년의 나이를 만 19세로 변경하는 법안이 2011년 3월에 통과되었으며, 이 법은 2013년 7월부터 시행이 예정되어 있다.

성년례란 성년 의식을 통해 성인으로서의 명분을 주어 책임의식, 의무 아울러 권리 주체로서 긍지를 갖게 하는 계기를 만듦으로써 당당하게 사회 구성원으로서 한 몫을 할 수 있게 하자는 것이다.

그러나 전통 성년례의 내용과 형식은 21세기 지식 정보화 시대의 젊은이들의 사고와 행동 양식을 담아내기에는 적절하지 않은 부분들이 있다. 하지만 자기 성찰을 통한 책임 의식과 자신감을 심어주고자 했던 옛 관례와 계례의 본래 기능을 현대에 맞게 살려간다면 오늘의 가정, 학교에서 다 하지 못하는 생활 윤리로서, 전통의식으로서 아름답고 책임 있는 삶의 길잡이가 될 것이다.

2. 혼례 문화

1) 바람직한 혼례 문화

혼인 의례, 즉 혼례 절차는 역사적 변천과 생활양식의 변모에 따라 계속 변화되고 있다. 혼례는 개인의 일생뿐만 아니라 가족이나 친족 생활에 변화를 가져오는 중대사이다. 그러므로 형식에 치우치기보다는 혼례 본연의 의미를 잘 살리고자 하는 혼인 당사자와 부모들의 건전한 의식이 높아질 때 건전한 혼례 문화가 정착될 수 있을 것이다.

건전한 혼례를 치르기 위해 혼인 당사자는 내 결혼의 주인은 '나'라는 생각을 명심해야 한다. 혼례 비용 및 절차를 부모에게 의논을 하고 부모님의 의사에 따라 도움을 받을 수는 있지만 부모에게 전적으로 의존하지 말고 혼례 당사자가 정하는 것이 바람직하다.

또한 주변 사람들의 말이나 혼례 형태에 의존하지 말고 주체성을 가지고 자신의 사회 경제적 상황에 맞추어 혼인 절차 및 비용을 정하여 과소비를 하지 않도록 해야 할 것이다. 아울러 이때는 자신의 혼례 행위가 타인과 사회에 어떠한 영향을 미치는가를 인식해야 할 것이다. 혼례를 준비할 때는 물질보다 정신을 강조하여 준비 원칙을 세우고 그에 따른 계획과 표준을 지킨다.

자신의 혼인식을 수천만 원을 들여 개성 없고 아무런 의미 없는 통과절차 정도로 할 것인지 아니면 진정으로 자신에게 유익하고 추억이 있는 개성 있는 혼인식으로 만들 것인지를 결정해야 하는 것이다.

자신에게 무엇이 중요한지, 양가의 어른인지 아니면 화려한 결혼식인지, 아니면 알찬 신혼집과 살림살이인지, 자신의 상황을 우선 직시하고 자신의 취향을 분명히 하여야 한다.

2) 현재의 전통 혼례식

오늘날의 혼례식에는 우리나라 전통 혼례의 절차를 따른 전통 혼례식과 서구문물의 영향을 받은 현대 혼례식이 있다. 현대의 전통 혼례식은 다음과 같이 진행된다.

① 먼저 양가의 안 혼주가 나와서 초례상 위의 촛불을 밝힌다.

② 다음, 신랑이 신부의 어머니에게 부부간의 백년해로를 상징할 기러기를 전달한다. (전안례)

③ 신부의 어머니가 기러기를 안고 들어가면 신랑과 신부는 몸을 정화하는 의미로 맑은 물에 손을 씻는다.

④ 신랑 신부는 맞절로서 백년가약을 약속한다. 이때 신부가 먼저 두 번 절하고 신랑이 한 번 답배한 후, 다시 신부가 두 번 절하고 신랑이 한 번 답배한다.(교배례)

⑤ 교배례를 행한 다음 합근례를 행한다. 합근례의 방법은 지방에 따라 차이가 있지만, 술을 나누어 마심으로써 두 사람이 하나가 됨을 상징한다.(합근례)

⑥ 합근례 의식이 끝나면 집사자는 하객들에게 혼인이 성사되었음을 알린다. 이는 신식 결혼식에서의 '성혼 선서' 의 의미와 같다.

⑦ 성혼을 공표하고 나면 신랑 신부는 양가 부모 및 내빈들에게 큰절을 올린다.

3) 혼례식에서의 용어 의미

① **현구고례 (見舅姑禮)** – 신부가 시부모님을 처음으로 뵙는 예이다. 그리고 나서

Tip

혼인과 결혼

결혼(結婚)이란 말은 '남자가 장가든다' 는 말이므로 가급적이면 쓰지 않고 '혼인(婚姻)' 이라고 쓴다. '혼(婚)' 은 '장가들다', '인(姻)' 은 '시집간다' 는 뜻이므로 '혼인(婚姻)' 이라고 써야 '장가들고 시집 간다' 는 뜻이 된다.

특히 시집 가는 여자측에 주는 포장이나 내용에 '화혼(華婚)' 이나 '결혼(結婚)' 이라고 쓰면 시집 가는 사람에게 '장가 드는 것' 을 축하하는 것이 되어 맞지 않는다. 그리고 '축(祝)' 은 빈다는 뜻이므로 '경축(慶祝)' 이나 '경하(慶賀)' 로 쓰면 '경하하고 빈다' 는 뜻이라 좋지만, 그냥 '축혼인(祝婚姻)' 이라 쓰면 '혼인을 빈다' 는 뜻이 되어 혼인하는 사람에게는 걸맞지 않는다. 때문에 '혼인을 경하한다' 는 뜻인 '경하혼인(慶賀婚姻)' 이 신랑, 신부 모두에게 적당하다.

시댁 친지들에게 정식으로 첫 인사를 드리는 절차로서 시아버지와 시어머니에게 절을 올린 다음 시조부모, 백숙부모에게 차례로 절을 올리고 같은 항렬의 친지들과는 맞절로 인사한다.

전통 현구고례는 여자의 집에 가서 혼인 후 시댁에 갔을 때 갖는 행사였으나 현대에는 예식장에서 혼례를 마친 후 폐백실에서 신부가 시부모와 친척에게 첫인사를 하는 의식으로 현구례 또는 현구고례를 하고 있다. 폐백은 신부가 처음으로 시아버지와 시어머니에게 인사를 올릴 때 예물을 드리는 것이다.

② **폐백** – 시아버지에게는 밤과 대추를 시어머니에게는 육포, 꿩구이, 닭구이 등을 마련한다. 신부가 시부모에게 각각 술을 올리면 시부모는 술을 마신 뒤에 밤과 대추를 신부에게 건네 준 다음 시아버지와 시어머니는 교훈을 내린다.

그리고 시백숙부모 시고모께 큰절을 하고, 형제 · 종형제 · 재종형제 등 수숙간의 예는 어른분들이 앉은 자리는 피하고 자리와 방향을 바꾸어 서로 방석을 깔지 않고 마주 보지 않고 비스듬히 맞절을 한다.

3. 상례

1) 상례의 의미

상례란 상중에 행하는 모든 예절을 뜻하는 것으로 사람이 운명하는 순간부터 시신을 매장하거나 화장할 때까지의 절차, 그리고 그 죽음을 슬퍼하여 가족들이 일정 기간 동안 일상으로 돌아가지 못하고 몸과 마음을 삼가면서 치루는 각종 의식 절차를 말한다.

전통 의례의 규범은 삶의 역사가 새겨진 틀이기 때문에 임의적으로 바꾸거나 고칠 수 없는 특성을 가지고 있다. 다만 시의성이 떨어졌을 때 오히려 의례의 본질이 훼손되거나 계승의 단절을 가져올 수도 있다는 점을 감안하여 의식 절차 본래의 정신에 어긋나지 않는 한 시대성을 살리는 방향으로 상례가 올려져야 할 것이다.

2) 상례 용어에 담긴 의미와 역할

• **축문** – 종교적 역할로써 죽은 이의 영혼을 위로하고 저승에서의 평안을 빌어 주며 죽은 이와 살아 있는 이들과의 사이에 새로운 의미를 부여한다.

• **성복례** – 입관이 끝나고 상복을 입는 절차이다. 원래 성복례는 상을 당해 황망한 가운데 가족과 상복을 입을 친척들이 서로 인사할 겨를이 없었으므로 옷을 갖추어 입고 서로 위로 하고 인사를 나누는 예절이다.

• **발인제** – 상가 또는 장례식장을 떠나기 직전에 거행하는 의식이다.

• **노제** – 장례 행렬이나 장의차가 죽은 이의 연고지나 생전에 가까운 친지가 사는 마을이나 그 집 앞을 지날 때 머물러 제사를 받는 의식이다.

3) 조문 예절

가까운 친지, 이웃, 친척 등이 상을 당하였을 경우 되도록 빨리 찾아가 위로하고 장례 준비를 돕는 것이 예의이다. 그러나 즉시 달려가 도와줄 처지가 아닌 사람은 상가에서 염습이나 입관을 마친 후 상복으로 바꿔 입고 조문객을 맞을 준비가 된 후에 문상한다.

① 조문 절차
첫째, 조위록에 주소와 이름을 쓰고 안내를 받아 영좌 앞에서 흉사 때의 공수를

하고 잠시 멈춘다.

둘째, 향안 앞으로 가서 분향을 한다. 촛불에 향불을 붙여 가슴 높이로 들고 불꽃은 조심스럽게 흔들어서 끈다.

셋째, 향로에 정중하게 향을 꽂고 영좌가 입식이면 90도로 허리를 굽혀 한 번 절하고 좌식이면 무릎을 꿇고 이마가 바닥에 닿을 만큼 굽혀 두 번 절한다.

넷째, 좁은 보폭으로 뒤로 물러서서 상제를 향하면 상제가 먼저 절을 한다. 그때 따라서 절을 하면 맞절이 되지만 조문객의 세대가 높을 경우 상제의 절을 받고 나서 절을 하면 답배가 된다.

다섯째, 입식이면 잠시 서서(좌식이면 꿇어 앉아) 조문객이 먼저 인사말을 건넨다. 상황이나 상제와의 관계에 따라 다르겠지만, '얼마나 슬프십니까' 정도의 짤막한 인사말을 할수도 있으나 예부터 침묵으로 애도의 마음을 표현하는 것이 통례였다.

여섯째, 물러 나와 조의금을 낸다. 조의금은 문상 절차를 끝내고 내놓는 것이 예의이다. 그러나 영좌 옆에 조의금을 놓게 된 경우에는 영좌에 절한 다음 정해진 자리에 놓고 상제와 인사한다.

② 삼가야 할 사항

옷차림은 검정색, 흰색이 원칙이나 준비가 어려울 경우 회색, 감색, 갈색 등 무채색 옷을 입으며 남자의 와이셔츠는 흰색으로 하고 검은 양말, 구두가 무난하다. 삼복 더위라 할지라도 상의나 하의는 긴 것을 원칙으로 하며, 여성의 스커트는 무릎 아래 길이가 무난하다. 반팔 상의를 입을 경우 팔꿈치까지는 내려 와야 하며 색조 화장은 피한다.

엷은 화장은 가능하지만, 되도록 소박한 얼굴빛이 적합하다. 침묵하는 경건한 분위기를 지녀야 하지만 꼭 말을 해야 될 경우라면 작은 목소리로 나직하게 말한다. 유족에게는 말을 시키지 않는 것도 조문객의 예의이다. 특히 사망 원인, 경위 등을 묻지 않는 것이 예의이다.

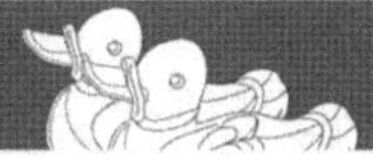

4. 제례

1) 제례의 의미와 역사

제례는 유교 문화의 기본 윤리로써 가정의례(관·혼·상·제) 중의 네 번째 통과 의례다. 조상에 대한 제사가 의식으로 틀을 잡기는 고려 때부터로 보고 있으나 의식 참여에 남녀가 차별되고 장자와 장손으로 제사가 계승되는 관습은 조선 중엽 이후 주자가례가 보급되고 주자학이 정치 이념으로 뿌리를 내리기 시작하면서부터이다. 조선 초기까지는 제사를 딸, 아들 구별없이 돌아가며(윤회) 봉사를 했으며 제사에 드는 경비도 분담하는 분할제를 택하는 합리적인 방법으로 제사를 지냈다. 조상을 받드는 정신은 딸, 아들이 다를 수 없으며 맏이나 그 외의 자녀들도 다르지 않다는 것을 제례를 통해 그대로 보여준 것이다.

제례는 살아 생전의 부모를 섬기는 마음을 돌아가신 후에도 이어가려는 정성이다. 부모 윗대의 할아버지나 할머니께도 부모를 낳아주신 은덕에 감사하고 공경하는 행위를 제사라는 의례로 표현하는 것이다. 그래서 경건한 자세가 제례의 기본이다. 그러나 한편으로는 많은 가정들이 조상을 잘 섬겨야 집안이 평안해진다고 믿고 있다. 조상은 관대하고 자비로운 분이며, 이 세상에 계시지 않아도 자손들이 잘 되도록 도와주는 분으로 유교적 의식 속에 자리 잡고 있기 때문이다.

이와 같은 제사는 장손들이 맡게 되었고 따라서 조상에게 제사를 지낼 아들이 꼭 있어야 한다는 생각을 갖게 했다. 그래서 제사가 남아선호 사상이 전수되는 기제로 작용했던 것이다.

전통적으로는 4대봉사를 원칙으로 했으며, 사대부 집안에는 사당(가묘)을 지어놓고 조상의 신위를 모시는 곳을 마련했다. 오늘날에는 4대까지 제사를 모시는 가정은 점점 줄어들고 2대나 3대까지만 제사를 지내는 것이 일반적인 경향이다.

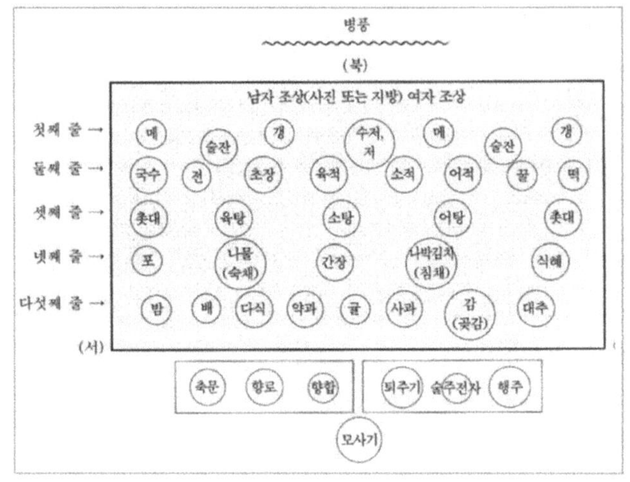

2) 제사상 차림

제사상을 차릴 때 음식을 놓는 순서나 음식의 종류가 지역이나 가정마다 다르기 때문에 예부터 가정의 례를 가가례 또는 문중 예법이라고 하였다. 기본은 같지만 그 지역 특산물이 있고 또 집안의 전통이 있다 보니 조금씩 다르게 나타나는 것이다.

하지만 중요한 것은 정성을 다하는 마음과 태도이지 음식의 종류와 가짓수, 그릇이 놓이는 위치가 아니다. 돌아가신 분 생전에 대접하던 대로 공경하는 마음가짐으로 상차림을 한다. 율곡 선생도 그의 저서 『격몽요결』에서 '무릇 제사는 사랑하고 공경하여 정성을 다하는 것에 뜻이 있으므로 집안 형편에 맞게 제수를 장만하고, 가족들이 몸과 마음을 건강히 유지하여 제사를 지낸다. 하지만 음식을 갖추는 일에는 과일과 탕은 세 가지를 넘지 않으며 형편에 따라 더 간략히 할 수 있다' 고 하였다.

다음은 상차림의 기본 틀을 쉽게 익히기 위해 옛 용어를 풀이한 것으로 일상에서 큰상을 차릴 때에도 참고가 될 것이다.

- **상례의 상차림시 기본이 되는 옛 용어 풀이**
- **시접거중** : 수저를 담은 그릇은 신 위의 앞, 중앙에 놓는다.
- **반서갱동** : 메는 서쪽, 국은 동쪽에 놓는다.
- **적접거중** : 적(구이)은 중앙에 놓는다. (소고기를 정사각으로 구운것)
- **적전중앙** : 적은 상의 중앙에 놓는다. 합적을 할 수 있다. (부침 종류)

- **면서병동** : 국수(건더기만 놓는다)는 서쪽, 떡은 동쪽에 놓는다.
- **어동육서** : 생선은 동쪽, 고기는 서쪽에 놓는다.
- **좌포우혜** : 포는 왼쪽에, 식혜는 오른쪽(식혜도 건더기만)에 놓는다.
- **두동미서** : 생선의 머리는 동쪽, 꼬리는 서쪽으로 놓는다.
- **건서습동** : 마른 음식은 서쪽, 젖은 음식은 동쪽에 놓는다.
- **숙서생동** : 익힌 나물(숙채)은 서쪽, 생채(침채)는 동쪽에 놓는다.
- **홍동백서** : 붉은 과일은 동쪽, 흰 과일은 서쪽(배, 밤은 깎아 놓는다)에 놓는다. 조율시이(대추 · 밤 · 곶감 · 배)순으로 놓기도 한다. 그러다 보면 홍동백서 배열에는 맞지 않으므로 혼동하는 경우가 있다. 하지만 어느 것이 옳다고 하기 이전에 제사 상차림 전체의 색깔을 소박하게 한다는 데 기준을 둔다면 같은 색끼리 배열하는 것이 합리적이지 않을까 한다.
- **동조서율** : 대추는 동쪽, 밤은 서쪽에 놓는다.

※ 계적은 등이 바깥(위), 배가 안(아래쪽)이 되게 놓는다. 어적은 배가 신위쪽으로 가게 담는다.

※ 탕은 합탕하기도 한다. 육탕, 어탕(북어), 소탕(두부)의 건더기만 한그릇에 담기도 한다.

5. 가정예절

1) 가정과 가족

가정은 한 사회를 이루는 가장 기초적인 단위이자 한 개인에게는 가족간에 사랑과 우애를 나누고 서로 도우며 사는 공동생활의 터전이다. 또한 사회생활에 필요한 기초적인 생활양식을 몸에 익히는 공간이기도 하다. 그렇기 때문에 **가족 간에는 서로 존중하며 생**

활하면서 서로 지켜야 할 기본예절을 지켜나갈 때 더욱 화목한 가정을 이룰 수 있다. 그런 의미에서 개인 예절을 바탕으로 이루어지는 가정 예절은 직장 예절, 사회 예절의 모체가 된다.

2) 가족 범위와 호칭

① 가족의 범위

가정 예절은 가족간의 예절이다. 가족은 한 쌍의 부부를 중심으로 혈연 관계에 있는 사람들이 가족 의식을 갖고 가계를 공동으로 영위해 가는 집단이다. 가족은 혈족의 직계와 방계 및 그 배우자로 구성된다. 먼저 혈족(血族), 척족(戚族), 친족(親族)의 개념은 다음과 같다.

- **혈족(血族)** – 남자 조상이 같은 집안을 말한다.

핏줄 또는 혈족이라고 하고 일가라고도 한다. 여기서 직계 존속 여자, 즉 어머니, 할머니, 증조할머니와 직계 비속 남자의 아내, 즉 며느리와 손부는 핏줄은 아니지만 핏줄과 같이 간주해 혈족의 범위에 포함시킨다. 혈족은 직계(直系)와 방계(傍系)로 나뉘는데 자기와 직결로 이어지면 직계 혈족이고(아버지와 아들, 손자), 가지를 뻗어 이어지면 방계 혈족(형제, 자매, 백숙부, 조카)이다.

- **척족(戚族)** – 성이 다른 친족을 말한다.

척족의 범위에는 외척과 내척, 인척이 있다.

① 외척(外戚) : 직계 여자 조상(할머니, 어머니)의 친정 가족으로 외가의 친족이다.

② 내척(內戚) : 혈족인 여자가 시집 가서 낳은 자손이다.

③ 인척(姻戚) : 혼인으로 인해서 집안·친족이 된 사람이다. 남자에게 있어서는 아내의 친정 가족, 여자에게 있어서는 남편의 직계가 아닌 친족을 말한다.

- **친족(親族)** – 촌수가 가까운 한 핏줄로 배우자, 혈족, 인척 등을 통틀어 이르는

말이다. 즉 배우자 및 8촌 이내의 부계 혈족, 4촌 이내의 모계 혈족, 남편의 4촌 이내의 모계 혈족, 아내의 부모 등을 지칭한다. 그러나 엄격한 의미에서 친족은 고조할아버지 이하의 조상을 직계 할아버지로 하는 혈족과 그 배우자를 말하며 근친(近親)이라 한다.

〈친족의 관계 명칭〉

친족 관계	명칭	친족 관계	명칭
아버지와 아들	부자간	시아주버니와 제수, 형수와 시동생간	수숙간
아버지와 딸	부녀간	형제의 아내끼리	동서간
어머니와 아들	모자간	자매의 남편끼리	동서간
어머니와 딸	모녀간	아버지 · 어머니의 형제자매와 형제자매의 자녀	동서간
시아버지와 며느리	고부간	4촌끼리	종형제(자매, 남매)간
시어머니와 며느리	고부간	아버지 · 어머니의 종형제 자매와 종형제 자매의 자녀	당(종) 숙질간
장인과 사위	옹서간	6촌끼리	재종형제(자매, 남매)간
조부모와 손자녀	조손간	아버지 · 어머니의 6촌 형제 자매와 6촌 형제자매의 자녀	재종(당) 숙질간
여자 동기끼리	자매간	8촌 끼리	삼종형제
남자 동기끼리	형제간		
남자 동기와 여자 동기	남매간	외숙의 자녀와 고모의 자녀	내외종간
시누이와 올케 처남과 매부	남매간 남매간	이모의 자녀와 자기	이종간

② 촌수와 친척 관계

친척간의 멀고 가까운 관계를 말할 때는 촌수로 말한다. 그리고 상대와 자기와의 관계를 말할 때는 친척 관계로 말한다.

• 촌수 따지는 법

계촌(系寸)이란 혈연관계의 계통과 그 멀고 가까움을 나타내는 촌수를 말한다. 촌수를 따지는 방법은 먼저 자기와 상대가 누구를 동일 조상으로 하는지 분기점을 알아서, 자기와 그 분기점까지의 대수(代數)와 분기점에서 상대까지의 대수를 합해서 촌수로 한다.

• 호칭

호칭에는 서로 마주 보며 직접 부르는 호칭과 그 사람을 다른 사람에게 말할 때 간접적으로 부르는 말인 지칭이 있다. 호칭어와 지칭어는 서로 기대할 수 있는 행위가 무엇인지, 어떻게 대립하고 처신해야 하는지를 분명하게 제시하므로 원만한 인간관계를 맺기 위해서는 호칭을 바르게 사용하는 것이 꼭 필요하다.

〈자기에 대한 호칭〉

관계	호칭	상황
본인	저, 제	웃어른이나 여러 사람에게 말할 때
	나	같은 또래나 아랫사람에게 말할 때
	우리, 저희	자기 쪽을 남에게 말할 때

〈부모에 대한 호칭〉

관계	호칭	상황
부모 – 아버지	아버지	자기 아버지를 직접 부를 때와 남에게 말할 때
	아버님	남편의 아버지를 직접 부를 때와 남에게 그 아버지를 말할 때
	애비	할아버지가 손자에게 그 아버지를 말할 때, 또는 아버지가 아들에게 자기를 말할 때
	아빠	말을 배우는 어린이 (초등학교 취학 전)가 아버지를 부를 때
	어르신네	남에게 그 아버지를 말할 때
	가친(家親)	남에게 자기의 아버지를 말할 때
	춘부장(春府丈)	남에게 그 아버지를 말할 때
	현고(顯考)	축문이나 지방에 자기의 죽은 아버지를 쓸 때
	선고(先考), 선친(先親)	자기의 죽은 아버지를 남에게 말할 때
	선대인(先大人), 선고장(先考丈)	남에게 그의 죽은 아버지를 말할 때
부모 – 어머니	어머니	자기의 어머니를 직접 부를 때와 남에게 말할 때
	어머님	남편의 어머니를 직접 부를 때와 남에게 그 어머니를 말할 때
	에미	할아버지가 손자에게 그 어머니를 말할 때, 또는 어머니가 아들에게 자기를 말할 때
	엄마	말을 배우는 어린이 (초등학교 취학 전)가 어머니를 말할 때
	자친(慈親)	남에게 자기의 어머니를 말할 때
	자당(慈堂)	남에게 그 어머니를 말할 때
	현비	축문이나 지방에 자기의 죽은 어머니를 쓸 때
	선비	자기의 죽은 어머니를 남에게 말할 때
	선대부인 (先大夫人), 선모당(先慕堂)	남에게 그의 죽은 어머니를 말할 때

〈조부모에 대한 호칭〉

관계	호칭	상황
조부모 – 할아버지	할아버지	자기의 할아버지를 직접 부를 때와 남에게 말할 때
	할아버님	남편의 할아버지를 직접 부를 때와 남에게 그 할아버지를 말할 때
	할애비	할아버지가 손자에게 자기를 말할 때
	조부(祖父)	남에게 자기의 할아버지를 말할 때
	조부장(祖父丈)	남에게 그 할아버지를 말할 때
	현조고(顯祖考)	축문이나 지방에 자기의 죽은 할아버지를 남에게 말할 때
	조고(祖考), 선조고(先祖考)	자기의 죽은 할아버지를 남에게 말할 때
	왕고장(王考丈)	남에게 그의 죽은 할아버지를 말할 때
조부모 – 할머니	할머니	자기의 할머니를 직접 부를 때와 남에게 말할 때
	할머님	남편의 할머니를 직접 부를 때와 남에게 그 할머니를 말할 때 또는 자기의 할머니에게 편지를 쏠 때
	할미	할머니가 손자에게 자기를 말할 때
	조모(祖母)	남에게 그 할머니를 말할 때
	현조비	축문이나 지방에 자기의 죽은 할머니를 쓸 때
	선조비	자기의 돌아가신 할머니를 남에게 말할 때
	선왕대부인 (先王大夫人)	남에게 그의 죽은 할머니를 말할 때

〈부부에 대한 호칭〉

부부간의 호칭은 사람을 말하는 대인칭(對人稱)보다 거처하는 곳으로 말하는
경우가 더 많다.

관계	호칭	상황
부부 – 남편	여보	직접 부를 때('여기 보세요'의 준말)
	당신	부부간의 대화 중에 남편을 지칭하는 말('자기 스스로'라는 말)
	사랑	시댁에서 남편의 어른에게나 여자 동서간에게 남편을 말할 때 ('사랑방에 거처하는 사람'이라는 뜻)
	서방	친정의 자기의 어른에게 남편을 말할 때
	남편	친척이 아닌 남에게 남편을 말할 때
	주인, 바깥양반, 주인양반	모르는 남에게 남편을 말할 때 상대에 따라 골라 쓴다
	애비	자녀를 둔 경우 어른에게 말할 때 쓰기도 한다.
	주인어른, 바깥어른, 주인양반, 바깥양반, 부군(夫君)	남에게 그의 남편을 말할 때 상대에 따라 골라 쓴다.
	현벽	죽은 남편을 축문이나 지방에 쓸 때
	나, 아내	남편에게 아내가 자기를 말할 때
부부 – 아내	여보	직접 부를 때
	당신	대화중에 아내를 지칭할 때
	제댁	부모나 장인 장모와 같이 높은 어른에게 아내를 말할 때 ('저의 집'이라는 뜻)
	안	같은 서열이나 위계의 연장자나 제수에게 자기의 아내를 말할 때 ('안방에 거처하는 사람'이라는 뜻)
	아내	친척이 아닌 남에게 아내를 말할 때
	내자(內子), 안사람, 안주인	남에게 자기의 아내를 말할 때
	상대가 부르는 호칭	아내나 자기의 아랫사람에게 아내를 말할 때는 그들이 부르는 호칭으로 말한다.(예 : 자녀에게는 '어머니', 동생에게는 '너의 형수')
	에미	자녀를 둔 경우 어른에게 말할 때 쓰기도 한다.
	부인(夫人), 영부인(令夫人)	남에게 그 아내를 말할 때, 부인은 자기의 아내를 직접 부를 때도 쓴다.
	안양반, 안어른	모르는 사람에게 그 아내를 말할 때
	망실(亡室), 고실(故室)	죽은 아내를 축문이나 지방에 쓸 때
	나, 남편	아내에게 남편이 자기를 말할 때

09 의미 있는
관혼상제 및 가정예절

❖ 성년례(成年禮)의 의미

성년의식을 통해 성인으로서의 명분을 주어 책임의식을 갖게 하는 데에 큰 의미가 있다. 또한 현대에 이르러서는 가정의례로서 스무 살이 되는 생일날 가족, 친지, 이웃이 모여 성인 사회로 편입하게 된 것을 축하해 주고, 어른됨의 의미를 일정한 형식과 절차를 통해 일러 주며 그에 따른 의무, 책임의식, 권리를 부여하는 동기로 시작되었다.

관 례	민법 제4조
전통 성년례	**현대 성년례**
계 례	19세 미만

❖ 전통관례와 오늘날의 성년식 비교

	전통관례	현대 성년식
시기	남자는 15~20세, 여자는 15세 정월 또는 혼례 전에 치러짐	법률적으로는 만 20세 5월 셋째 월요일
장소	집안 행사	직장과 학교 등에서 치러지고 있다.
주관자	신분제도에 따라 또는 어른과 남자는 부(父)와 남자 큰손님, 여자는 모(母)와 여자 큰손님 등으로 남녀에 따라 다르게 한정하였다.	부모의 주관 하에 하거나 직장, 학교 등에서 남녀 구분 없이 큰손님을 모시고 폭넓게 치러진다.
복장	남자는 세 번 옷을 갈아입고 모자를 바꾸어 쓰고, 여자는 비녀를 꽂아 준다.	집단 성년식인 경우 대표자만 의관을 갖추게 하고 대부분 현대의 단정한 복장을 하고 참석한다.
자(字)	관례를 행한 후에는 자(字)를 지어 불렀다.	자를 내려주기도 하고 교훈의 글을 내려주기도 한다.
축사 내용	가족 간의 예절, 윤리 중심으로 쓰여졌다.	성년선서, 성년선언, 특강, 수훈의 내용에는 직장인, 사회인, 경제인, 국민, 학생으로서의 권리와 의무를 명시하고 있다.
참여 범위	가족과 친지들이 참여하였다.	가족, 친지 외에 직장이나 학교 관계자가 참여하여 참여자의 범위가 더 넓어졌다.

❖ 성년례 – 관례와 계례

관례, 계례를 통칭하여 관례라고 한다.

관례 **남자에게 갓을 씌우는 의식**

한국과 중국의 전근대사회에서 어린이가 성인이 되었음을 상징하기 위하여 남자에게 상투를 틀어 갓(관건)을 씌우는 의식을 행했는데 초가(初加), 재가(再加), 삼가(三加)라 하여 옷과 관을 세 번 바꾸는 절차가 있다.

계례 **여자의 비녀를 꽂아주는 의식**

글자의 뜻대로 땋은 머리를 쪽을 지어 비녀를 꽂아주는 의식을 말한다.

❖ 세계 각국의 성년례

어느 시대, 어느 민족이든 그 나름의 특색 있는 통과 의례가 있다. 또한 그 의례 속에는 고유한 문화 형식이 녹아 있는데, 세계 각국의 성년례에서도 그 나라의 정형적(定型的)인 문화 전달과 사회화(社會化)의 과정을 알 수 있다. 모든 사회에서 성년식을 행하는 것은 아니지만 사회에 따라서는 매질·할례·문신 등 육체적 고통을 행하고, 얼굴이나 가슴 등에 상처를 내어 부족을 표시하기도 한다.

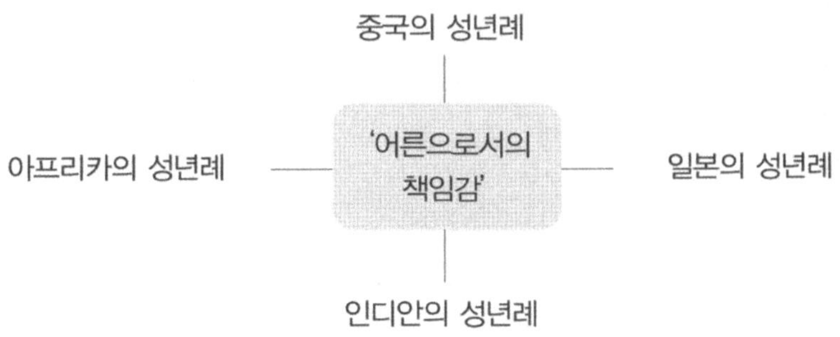

바람직한
직장 예절

≫ 10

1. 일과 직업 선택

1) 일과 직업의식

사람은 누구나 '일'을 하면서 살며, 대부분의 사람들은 하루의 1/3 이상을 직장에서 일을 하면서 보낸다. 일이란 휴식이나 놀이를 제외한 모든 '생산적인 활동'이지만 우리는 이와 같은 모든 일을 '직업'이라고 부르지는 않는다. 직업이란 "경제적인 소득을 목적으로 하는 성인들의 일상적인 활동"을 의미하기 때문이다. 그렇다 할지라도 직업 활동은 경제적인 소득만을 목적으로 하지 않고 생계유지는 물론, 사회적 역할의 분담 및 자아실현까지 목표로 하는 인간의 지속적인 행위 양식이다.

오늘날의 사회는 직업의 세계가 빠른 속도로 변화하고 있으며, 점점 복잡하고 다양해져 가고 있다. 그러므로 각 개인은 저마다 특정의 직업을 선택하고 결정해야 할 때 많은 고민과 갈등을 하게 된다.

그런데 무엇보다 중요한 점은 요즘은 평생 직장 시대가 아닌 평생 직업 시대라는 점이다. 성공하는 직업인이란 어느 분야에서건 전문가다운 능력을 발휘하는 사람이다. 이렇게 특정 직업 분야에서 전문가가 되기 위해서는 바람직한 직업의식이 뒷받침되어야 한다.

직업의식은 직업에 대한 태도와 가치관을 뜻한다. 이것은 사회적 변화에 따라 변하지만 상당 기간 지속되고 쉽게 변하지 않는 안정성을 가지고 있다. 즉 직업이 단지 생계를 유지하기 위한 수단으로 간주될 때와, 직업은 하늘이 내려 준 것으로 생각하는 경우와는 일에 임하는 태도가 전혀 다를 것이다. 또한 직업에 있어서의 참다운 가치를 사회적 지위나 경제적 부가 아니라, 자아의 실현이라고 규정할 때 직업을 택하는 기준이 달라지게 된다.

2) 현명한 직업 선택시 고려 사항

직업을 선택할 때에는 그 선택의 시점부터 경력 개발에 이르기까지 평생 직업을 개발하고 관리한다는 차원에서 장기적으로 직업을 준비하는 과정이 필요하다. 현명한 직업 선택을 위해서는 먼저 나를 알아야 하는데, 나를 알기 위해서는 이를 위해서는 지적 · 정의적 · 신체적 특성을 고려해야 한다.

첫째, 자신의 특성과 관련된 지적 요인으로서 지능, 적성, 학력을 고려해야 한다. 지능이란 문제 사태에 대응하는 일반적인 능력으로서 전문직 · 숙련직 · 기능직 등의 직업 수준을 결정하는 문제에 영향을 주며, 나아가서 능력차가 심한 직장 속에서의 승진과 인간관계 등의 문제에도 결정적인 영향을 미치는 요인이다. 적성은 어떤 직업 또는 직무 수행에 필요한 특수 능력을 말한다. 지능과 적성이 능력의 잠재된 가능성이라고 한다면 학력은 학습을 통해 이 잠재력이 발현된 능력이다.

둘째, 현명한 직업 선택을 하기 위해서는 흥미, 직업관, 인성 등 정의적 요인들도 고려해야 한다. 흥미는 인간 행위의 중요한 동기적 요인 중의 하나이다. 능력이 있다고 반드시 흥미가 있는 것은 아니며, 또한 흥미가 있다고 능력이 있는 것도 아니다. 흥미는 행동의 원동력과 활력소가 되는 동기의 힘을 갖기 때문에 능력과 흥미를 아울러 고려해야 한다. 그리고 직업관이란 개인의 직업에 대한 가치관을 말하며 이는 직업 활동의 만족도와 직결되어 있다. 또한 인성이란 그 사람의 전체적인 됨됨이를 말하는 것으로서 직업 적응과 관계 있으므로, 어떤 경영자는 종업원의 능력보다도 인성적 측면을 더욱 강조하기도 한다.

셋째, 신체적인 조건은 직업 분야에 따라 그 중요성이 달라질 수 있다. 그렇지만 모든 조건이나 자질이 구비되었다 하더라도 신체적인 조건이 구비되어 있지 않으면 그 직업을 선택할 수 없다.

한편으로는 제2의 삶의 터전인 직장을 선택할 때에는 직장의 특성도 함께 고

려하여 신중해야 한다. 선망의 직종이나 대기업체라고 다 좋은 것은 아니다. 직장을 선택할 때는 직장의 성격, 작업 조건, 전망, 보수 및 복지 등을 꼼꼼히 따져 보아야 한다. 또한 장기적인 측면에서 직장을 선택해야 한다. 오늘의 유망 직종과 직장이 내일 허무하게 사양길에 접어든 예가 얼마든지 있다는 것을 염두에 두고 시대적 변화의 흐름을 놓치지 않고 깨어 있어야 한다.

2. 직업 준비 활동

직업을 갖기 위한 취업 활동으로서 가장 먼저 해야 하는 것은 취업 시험에 응시하기 위한 서류 준비이다. 이때는 자신을 알리는 이력서와 자기 소개서, 그리고 이력과 경력을 증명할 수 있는 서류가 필요하다.

Tip

이런 이력서는 NO!!

- 맞춤법과 띄어쓰기가 엉망인 이력서
- 기업의 특성을 고려하지 않은 이력서
- 희망직종과 연락처가 빠져있는 이력서
- 수정한 흔적이 여기저기 남아 있는 이력서
- 지나치게 화려하게 꾸민 이력서

1) 이력서 작성 원칙

이력서는 면접을 보기 전 인사담당자에게 자신을 최초로 알리는 광고이자 첫인상이라 할 수 있다. 따라서 이력서가 잘못되면 아무리 능력이 뛰어나다 하더라도 면접의 기회조차 잡을 수 없으므로 신중하고 정성스럽게 작성해야 한다. 특히 다양성이 요구되는 오늘날과 같은 시점에서 자신을 돋보이게 하는 이력서는 필수 준비 사항이다.

- **이력은 빠짐없이 기록하고 간결하게 쓴다.**

- **한글로 작성하되 보편적인 서체로 쓴다.**

- 거짓 없이 진실되게 쓰고, 지나치게 수정한 이미지 사진은 피한다.

- 모든 항목을 빠짐없이 기재했는지 확인한다.

- 학력 및 경력사항을 정확히 기재한다.

- 오프라인 접수를 할 경우에는 구김이나 흠이 없도록 깨끗이 제출한다.

- 온라인 이력서 접수 시에는 회사에서 요구하는 양식을 지킨다.

2) 자기소개서 작성요령

합격여부의 결정요건이 될 수 있는 중요한 서류가 바로 자기소개서이다. 왜냐하면 똑같은 학력과 경력을 갖춘 사람일지라도 그 사람의 가정환경, 성장과정, 성격, 가치관 등이 서로 다르므로 자기소개서를 통해 지원자들의 대인관계나 조직에 대한 적응력, 성실성, 창의성 등을 가늠할 수 있기 때문이다. 이러한 점을 감안하여 자기 소개서를 작성할 때에는 다음과 같은 내용을 포함시켜 작성한다.

① 성장과정

가급적 남들이 관심을 갖지 않던 새로운 분야에 대한 언급이 필요하다. 가훈이나 고학(아르바이트 등) 등을 통해 역경 등을 딛고 일어선 의지 등을 기술하면 좋다.

② 성격 소개

자신의 성격을 기술할 때에는 장점을 최대한 부각시키고 동시에 단점에 대해서도 진솔하게 기술하고, 그것을 극복하기 위해 어떤 노력을 하고 있는지를 진술하여 장점화 한다. 성격 소개에 있어서는 적극적인 사고, 성실성, 근면성, 원만한 품성, 미래에 대한 도전의지, 패기 있는 성격 등을 나타날 수 있도록 유의해야 한다.

③ 지원동기

자신의 적성과 비전을 제시하면서 취업하고자 하는 기업의 업종, 경영 이념, 창업 정신, 성격 등에 맞게 지원 동기를 기술한다면 좋을 것이다.

④ 희망 업무 및 포부

희망 업무는 전공, 적성을 살리기 위해서나 또는 평소 그 업종에 대한 관심과 연구가 있었음을 강조하는 것이 좋다. 아울러 구체적으로 자기가 선택한 업종에 대한 목표 성취나 개발을 위해 어떠한 계획을 가지고 있다는 것을 언급하는 것이 바람직하다.

⑤ 특기 사항

전공의 특성 외에도 부전공, 외국어 구사 능력, 번역 등의 실력을 과감하게 밝힐 필요가 있다. 그 밖의 컴퓨터 사용 능력, 운전, 운동 여부와 각종 자격증, 면허증 등의 소지를 진술하면 유리하다.

3) 면접시험시 지켜야 할 원칙

면접 시험은 이제 더 이상 통과 의례가 아니다. 취업의 당락에 결정적인 영향을 미치는 마지막 관문이다. 따라서 갈수록 까다롭고 힘들어지고 있다. 그렇다고 미리 겁먹을 필요는 없다. 자신을 있는 그대로 충실히 보여주면 된다. 요즘은 평범하고 밋밋한 인상을 남기기보다 강력한 인상을 줄 수 있는 다소 튀는 듯한 면접 자세가 높은 점수를 받기도 한다. 무엇보다도 면접은 첫인상이 중요하다. 처음 본 면접관에게 믿음을 줄 수 있어야 한다. 그리고 단정한 옷차림과 바른 말씨는 기본이다.

① 젊은이답게 행동하라.

문을 열거나 의자에 앉을 때 바르고 절도 있게 움직여야 한다. 굼뜬 행동은 면접관을 불쾌하게 할 뿐이다.

② 침착하라.

긴장은 금물이다. 여유를 가지고 차분히 행동하라. 두리번거리거나 안절부절 못하는 태도는 정서 불안으로 보인다.

③ 예의 바르게 행동하라.

고개만 끄덕이는 인사는 곤란하다. 시선은 면접 위원의 가슴에 두고 두 손은 무릎 위에 얹는다. 다리는 꼬거나 벌리지 말고 가지런히 해야 한다. 몸을 의자에 너무 기대거나 손을 팔걸이에 얹는 것은 좋지 않다.

④ 단순 명료하게 대답하라.

말꼬리를 흐리지 말라. 접속어 사용은 되도록 줄이라. 특히 "~입니다만", "결국~"과 같은 표현은 삼가는 것이 좋다.

⑤ 결론부터 말하라.

짧게 핵심부터 서술하라. 너무 긴 이야기는 간결하게 정리하는 능력이 없다는 평가를 받을 뿐이다. 같은 말을 되풀이하는 것은 피해야 한다. 하나의 결론에 다양한 근거를 대면 효과적이다.

⑥ 솔직하라.

모르는 질문에 대답하느라 애쓰지 말라. 차분히 10초간 생각한 뒤 기억이 나지 않으면 '모르겠다'고 공손히 대답하라. '좀더 공부하겠다'고 말하는 것도 괜찮다.

⑦ 기회가 주어지면 적극적으로 물으라.

면접 마지막에 "질문은 없습니까?"라고 묻기 마련이다. 이 기회를 살리라. 면접 전에 질문을 준비하라. 기회가 없다고 생각하면 먼저 손을 들어 묻는 것도 패기 있게 보일 수 있다. 이밖에도 일관성 없는 이야기, 주제 파악을 못하는 행동, 틀에 박힌 답변은 금기사항이다.

4) 상황별 면접 매너

① 단독면접

- 면접관 한 명이 지원자 한 명과 면접을 하는 것을 말한다.
- 면접관의 주관적 의사가 많이 작용하므로, 면접관에게 최대한 호감있게 보이고 성실하게 답변한다. 자신의 능력과 자질을 최대한 표현하도록 한다.

② 개별면접

- 여러 명의 면접관이 한 명의 지원자를 면접하는 것을 말한다.
- 한 명의 면접관이 질문을 하지만 여러 명의 면접관이 듣고 평가하므로 여러 명의 면접관을 주시하며 대답한다. 면접관의 질문에 어떤 경우는 성의 있게, 어떤 경우는 성의없게 답변하지 않도록 주의한다.

③ 집단면접

- 여러 명의 면접관이 여러 명의 지원자를 면접하는 것을 말한다.
- 표정이나 자세 등이 다른 지원자들과 비교가 되므로 더 바르고 정중하도록 신경을 쓴다.
- 다른 사람이 대답할 때 전혀 듣지 않고 자신의 답변만을 준비하는 것은 좋지 않으므로 다른 사람이 말할 때는 성의껏 듣는다.
- 다른 지원자와 지나치게 경쟁하는 모습을 보이지 않는다.

④ 집단토론면접

- 면접관이 주제를 제시하면 다수의 지원자들이 토론을 하는 방식을 말한다.
- 면접관들은 지원자들의 토론 과정을 보면서 지원자들의 이해력, 표현력, 발표력, 협동성, 적극성 등을 평가하게 된다.
- 타인이 의견을 이야기할 때 끝까지 듣고 존중해 주는 모습을 보인다.
- 자신의 우수성을 지나치게 드러내려고 하는 것은 오히려 역효과가 난다.
- 주제에 적합한 내용만을 언급하되 결론부터 간결하게 말한다.
- 필기도구를 미리 준비하여 메모해 가면서 토론에 임한다.

면접에서 일반적으로 많이 나왔던 질문은?

- 우리 회사에 지원하게 된 동기는?
- 자신을 간략히 소개해 보세요.
- 우리 회사의 사이트를 들어가 본 적이 있는가?
- 상사가 불합리한 처사를 하거나 일을 시킨다면 어떻게 하시겠습니까?
- 당신이 회사를 위해서 무엇을 할 수 있나요?
- 주량이 얼마나 되나?
- 자신의 장점과 단점은?
- 여기까지 오는데 얼마나 걸렸나요?
- 꿈이 무엇입니까?
- 우리 회사가 당신을 고용해야만 하는 이유는?
- 본인이 생각하는 본인에게 알맞은 연봉은 얼마라고 생각하는가?
- 가장 존경하는 인물은 누구인가?
- 우리 회사에 대해 얼마나 알고 있는가?
- 지금 당장 당신에게 2억이 주어진다면 무엇을 하시겠습니까?
- 지금 당신이 마음에 안 들어서 당장 떨어뜨린다고 한다면 어떻게 할 것인가?
- 여성 흡연에 대해서 어떻게 생각하시나요?
- 입사 후 결혼과 임신, 육아가 직장생활에 얼마나 영향을 미칠 것이라고 생각하는지, 또 어떻게 대처할 것인지요?
- 군 복무는 어디서 어떻게 하셨지요?
- 상사와 의견이 다를 경우에 어떻게 대처하겠습니까?
- 자기소개를 영어로 해보세요.
- 10년 후의 자기 모습에 대해서 설명해 보세요.

5) 면접 옷차림

① 남자

• 헤어스타일

약간 짧은 듯하면서 자연스러운 헤어스타일이 바람직하다. 젤이나 헤어 스프레이 등을 이용하여 단정하게 마무리한다.

• 양복

상하 한 벌로 입는 것이 바람직하고 검정색 또는 회색 계통이 무난하다. 단색의 단조로움을 피하고 싶을 경우에는 가는 줄무늬나 체크 무늬도 괜찮다. 아울러 업종이나 기업에 따라 나름대로의 성향이 있으므로 그에 걸맞게 입는 센스가 필요하다.

• 셔츠

흰색이 무난하지만 푸른 색이나 베이지 색 등 산뜻한 느낌을 주는 것도 좋다. 다만 양복보다 밝은 색상을 선택하도록 한다. 그리고 와이셔츠의 칼라, 양복의 깃, 넥타이가 만나는 부분이 산뜻하고 단정한 느낌을 주어야 한다.

• 넥타이

넥타이는 양복 및 셔츠의 색상과 조화를 이뤄야 하며, 넥타이를 맬 때는 선자세에서 벨트를 살짝 가리는 정도의 길이로 하는 것이 좋다.

• 구두와 양말

검정색 구두가 단정하고 어떤 색의 양복과도 잘 어울린다. 그러나 양복의 색상이 갈색 계열인 경우에는 갈색 구두가 보다 잘 어울린다. 양말은 양복과 구두의 중간색이 적당하며, 흰색 양말은 절대 피해야 한다.

② 여자

• 헤어스타일

커트나 단발 스타일이 활동적인 직업 여성의 이미지를 준다. 긴 머리의 경우에는 뒤로 묶는 것이 깔끔한 인상을 준다. 앞머리는 눈을 가리지 않도록 주의하고 짙은 염색이나 강한 웨이브는 삼간다.

• 화장

자신의 분위기에 맞게 자연스럽고 밝은 이미지를 표현하는 것이 중요하다. 자신의 피부보다는 약간 밝은 톤으로 표현하고 파우더로 눌러 번들거림이 없도록 한다. 눈썹은 자연스러운 곡선미를 살려 부드러운 느낌을 주도록 하고, 립스틱 색상은 너무 진하거나 어두운 색은 피한다. 색조 화장을 할 경우 브라운 톤은 이지적인 면을, 핑크 톤은 화사함을 표현하는데 효과적이지만 진한 톤의 블러셔를 이용한 입체 화장은 피해야 한다.

• 의상

단정한 스커트 투피스 정장이 좋으며, 슬랙스 수트 정장도 활동적인 직장 여성 이미지에 어울린다. 칼라는 차분한 베이지나 회색이 무난하고 브라운 톤의 매치도 좋다.

• 핸드백, 구두, 스타킹

모두 같은 계열의 토탈 코디로 연출하는 것이 좋다. 구두는 심플한 디자인을 선택하되 굽이 너무 높은 것은 피한다.

3. 직장인의 올바른 근무 예절

1) 직장생활과 예절의 필요성

가정이 일차적이고 원천적인 정신의 안식처라면 직장 생활은 우리의 가정 생활을 유지 존속시켜 줄 경제적인 터전을 마련해 줄 뿐만 아니라 자기실현의 장이다. 현대사회의 직업인들은 대부분 직장 조직의 구성원으로 직업 활동을 하고 있다. 직장인들은 직장내에서의 동료와 상사 및 부하들과의 노동 분업에 참여하고 있는 것이다.

성장 배경이 다른 사람들이 모인 직장에서의 예절은 개인만의 이익이 아닌 공동체의 이익에 영향을 미치게 되므로 각별히 직장인으로서의 마음가짐과 예절에 신경을 써야 한다. 이는 개개인의 예절은 바로 회사의 품격과 이익에 직결되기 때문이다. 직장은 생활의 터전이며 활동의 무대인 만큼 우리들의 예절 바른 행동 하나하나가 밝고 명랑한 직장 분위기를 만드는 기초가 된다.

그리고 직장 생활을 잘하기 위해 필요한 기본적인 세 가지 예절은 '타인에게 폐를 끼치지 않는 마음', '호감을 주도록 노력하는 마음', '타인을 존경하는 마음가짐' 이다. 한마디로 요약하면 나 자신만을 위한 개인주의에서 벗어나 타인을 따뜻이 배려하는공동체 정신을 가져야 하는 것이다.

또한 직장인은 투철한 직분 의식을 가져야 한다. 직업의 종류는 2만여 종이 넘고 각자의 직장에서는 자기가 맡아 해야 할 일이 있다. 그것이 비록 부분적이고 단편적인 것일지라도 조직 전체의 운영을 위해 자기가 마땅히 하여야 할 본분을 완벽하고 멋지게 해내겠다는 투철한 사명감을 가져야 한다.

원만한 인간 관계와 투철한 직분 의식을 가지고 직장 생활을 해나갈 때 그 사람은 차츰 상사나 동료들로부터 신뢰받고 인정받게 되어 성공적인 직장 생활을 할 수 있다.

2) 근무 예절

직장에서 중요한 점은 "그 사람이라면 이 일을 맡길 수 있다"고 주위로부터 신뢰를 얻는 일이다. 직장에서 신뢰를 받을 수 있는 가장 쉽고도 간단한 방법은 근무 자세를 바르게 하는 것이다.

• 출근과 퇴근

① 적어도 근무 시작 15분 전까지는 출근하여 여유를 가지고 근무에 필요한 준비를 한다.

② 주위 사람들에게 자기가 먼저 밝고 친절한 인사를 먼저 한다. 서로간의 정겨운 인사는 명랑한 직장 분위기를 만든다. 만일 일을 시작하기 바로 직전에 출근했다면 주위의 눈치를 살피게 되어 인사도 제대로 못하게 된다.

③ 근무 복장이 따로 있으면 바꾸어 입고 주변 정리 등 근무 준비를 차분히 한다.

④ 근무 시간이 끝난 뒤에 정리 정돈을 한다. 근무 시간이 끝나기 전부터 퇴근 준비를 서두르는 것은 바람직하지 않다.

⑤ 오늘 할 일을 점검하고, 내일 할 일을 메모해 둔다.

⑥ 상사에게 필요한 보고를 하고 퇴근한다. 상사나 동료가 바쁠 때에는 "먼저 퇴근하게 되어 죄송합니다", "부득이한 약속이 있어 먼저 퇴근합니다" 등의 인사말을 하는 것이 예의이다.

• 지각과 조퇴, 결근

직장 생활에서 아침 시간은 매우 중요하다. 대부분의 회사에서는 아침 조회나 회의 등을 통해 상사로부터 지시나 명령을 받고 부서간의 업무 협의를 한다. 그러므로 정시에 출근하는 자세는 직장인이 갖춰야 하는 매우 중요한 기본적인 자세가 된다. 그러나 신병이나 그 밖의 부득이한 이유로 지각이나 근무 시간 중 조퇴해야 할 경우가 있는데, 이때에는 반드시 절차와 허락을 받도록 한다.

① 때때로 예상하지 못한 사정으로 출근 시간에 늦어질 수 있다. 사정이 어떻든 간에 지각할 것 같은 때에는 반드시 연락을 취해야 한다. 지각을 알리는 전화를 할

때에는 먼저 사과와 함께 사유를 간단히 말하고 출근 예정 시간을 보고한다.

② 지각시 걸려 올 거래처 전화나 손님 내방이 있을 경우에는 동료에게 협조를 요청하여 사전 조치를 취한다.

③ 지각했을 때에는 상사에게는 물론 동료에게도 "늦어서 죄송합니다"라고 인사를 한 뒤 자기 자리에 가 앉도록 한다.

④ 조퇴를 할 경우에는 업무 마무리에 최선을 다하며, 하던 일은 상사의 지시를 받아 처리를 하고 간다.

• 이석과 외출

근무 중 자리를 뜰 때는 반드시 상사나 옆자리에 있는 사원에게 말해야 한다. 또한 이석(移席)시와 외출시에는 행선지와 용건 등을 분명히 밝혀 두도록 한다.

① 목적지나 행선지, 용건, 소요 시간이나 귀사 시간을 반드시 상사에게 알린다.

② 적어도 30분 이상 자리를 비울 때는 책상 위를 말끔히 정리해야 한다.

③ 외출한 곳에서 시간이 지연되면 전화로 연락한다. 방문한 곳에서 용무가 길어지거나 만날 사람이 부재중이어서 시간이 지체되는 경우가 있다. 이런 경우에는 그 사실을 회사에 연락하여 궁금해하지 않도록 한다.

④ 일을 끝내고 집으로 직접 귀가할 때도 반드시 회사에 전화를 건다. 이렇게 해야만 회사로부터 긴급 지시를 받을 수 있으며, 그날의 활동 상황도 보고할 수 있다.

• 출장

회사의 직무 수행을 위해 출장을 갈 때는 언제나 회사를 대표하여 간다는 책임감을 갖고 회사를 대표하는 사람으로서 바른 태도를 지녀야 할 것이다.

① 출장을 갈 때는 목적을 정확히 파악하고 사전에 치밀한 출장 계획을 세운다.

② 출장 지시를 받았을 때는 출반 전에 반드시 언제부터 언제까지 며칠 동안 출장을 가게 되었다는 사실을 상사나 동료에게 알리는 것이 예의이다.

③ 목적지에서의 일정표를 작성하고, 업무 수행에 필요한 서류나 지식을 준비한다. 일정표를 짤 때는 상사나 선배, 동료의 의견이나 도움을 청하는 것이 예절 바른 마음가짐이다.

④ 목적지에서 체류할 경우 도착하는 즉시 숙소를 정하고 회사에 통보한다.

⑤ 차표나 비행기표 등은 가급적이면 왕복표를 미리 구입하는 것이 훨씬 경제적이며 안전하다. 만약 도중에 계획이 변경된 경우에는 지체없이 회사에 연락해야 한다.

⑥ 출장에서 돌아오면 우선 상사에게 구두나 전화로 보고하고 차후에 공식 보고서를 제출해야 한다.

Tip

멋있는 직장인이 되는 법 10가지

1. "할 수 있습니다."라고 말하는 긍정적인 사람
2. "제가 하겠습니다."라고 말하는 능동적인 사람
3. "무엇이든지 도와드리겠습니다."라고 말하는 적극적인 사람
4. "기꺼이 해드리겠습니다."라고 말하는 헌신적인 사람
5. "잘못된 것은 즉시 고치겠습니다."라고 말하는 겸허한 사람
6. "참 좋은 말씀입니다."라고 말하는 수용적인 사람
7. "대단히 고맙습니다."라고 말하는 감사할 줄 아는 사람
8. "이렇게 하면 어떨까요."라고 말하는 협조적인 사람
9. "도울 일 없습니까?"라고 물을 수 있는 여유있는 사람
10. "이 순간에 내가 할 일이 무엇일까?"라고 스스로 물을 수 있는 책임있는 사람

4. 호감을 주는 직장 내 인간 관계 예절

직장 내에서는 성장 배경과 역할이 다른 동료, 후배와 인간 관계를 맺어야 한다. 모든 대인 관계에서 훌륭한 관계를 형성하기 위해서는 먼저 자신의 자기 관리가 선행되어야 하며, 자기 관리를 통해 좋은 태도(good manner), 호감, 편안함, 원만한 의사소통, 신뢰감, 남의 입장에서 생각해 주는 마음 등을 갖는 것이 필요하다.

호감을 받는 사람들의 공통 요소로는 성격이 밝고, 지시나 화답이 명확하고, 판단이 적절하며, 믿음이 가고, 상담에 잘 응해 주며, 업무 수행 능력이 뛰어나다는 점들이 있다. 반면에 호감을 받지 못하는 사람들은 인간적으로 어둡고, 자만심이 강하며, 상대방을 이해하지 않고, 믿을 수가 없으며, 업무 추진력이 없다. 이러한 점에 유의하여 직장 내에서 호감을 주는 사람으로 자기 관리를 잘해야 할 것이다.

1) 상사를 대할 때

상사는 여러 가지 면에서 선배이므로 배우는 자세로 존경심을 갖고 대하도록 한다. 상사에게는 자진하여 협력하고, 상사의 성격에 맞추어 대한다.

상사의 충고는 감사하는 마음으로 받아들이며, 상사와 대화하는 기회를 많이 갖고 친밀감을 갖도록 한다. 상사에게는 적당한 불만을 호소하거나 고민을 상담하도록 하며, 같은 인간으로서 상사를 이해하도록 노력해야 한다.

2) 선배 및 동료를 대할 때

선배에게는 그의 풍부한 경험을 인정하고 선배로부터 경험과 지혜를 배운다는 자세를 취한다. 선배의 의견을 존중하며 선배에게 무엇이든 묻고, 믿고, 의지하고 있다는 태도를 표시하고 지나치게 불평을 하지 않는다. 또한 여러 선배에게는 평등하게 대한다. 특정의 선배만을 지나치게 친밀하게 대하고 다른 선배를 상대하지 않으면 직장 내에서 적을 만들게 된다.

동료와는 상호간에 협조하도록 하며 신의를 지키도록 한다. 동료의 인격을 존중하고 프라이버시를 침해하지 않도록 하며, 필요없는 참견을 하지 않도록 하고, 자기의 의견만 내세우지 않도록 하며, 파벌을 만들지 않도록 한다.

친하고 허물없다고 동료에게 심술을 부리지 않도록 하고, 무슨 일이든지 전부 의논하여 일을 처리한다. 그리고 친한 사이라도 예의는 잊지 않도록 하며, 교제는 되도록 넓게 가지도록 한다.

3) 아랫사람을 대할 때

① 직책이 있는 아랫사람은 직책명으로 부르고 직책이 없는 아랫사람은 ○○씨라고 부르며, 사람의 연령에 따라 '하시오', '하오'를 적절히 쓴다. 아랫사람이라도 자기보다 연장자는 나이에 맞는 대접을 한다.

② 아랫사람의 업무와 인품을 이해하며 일방적으로 지시하지 않고 공평하게 대한다.

③ 윗사람이라도 아랫사람에게 공적인 관계에서는 존대말을 사용하도록 한다.

④ 아랫사람이라도 자기가 아는 사람이면 인사하기를 기다리지 말고 먼저 인사하며, 아랫사람이 인사하면 바쁘더라도 친절·명쾌

하게 답례한다.

⑤ 아랫사람이 지나치게 불편해하거나 경직되어 있으면 편한 자세와 편안한 마음을 갖도록 권한다.

⑥ 윗사람으로서 잘못의 책임을 아랫사람에게 미루지 말고 처리하며, 책임은 자신이 지며 공훈과 칭찬은 아랫사람에게 돌린다.

⑦ 자신의 공적(公的) 태도를 분명히 하고 공사(公私)를 구분한다.

⑧ 아랫사람이 실수를 하면 그 원인을 분명히 밝히되 차후에는 동일한 일이 발생하지 않도록 위로하고 격려하며, 어려울 때는 적극적으로 돕는다.

Tip

난 이런 아랫사람이 좋더라~ 베스트 10!

1. 상사의 단점까지 커버해 주는 부하
2. 불평 불만을 속시원히 털어놓는 부하
3. 말보다 행동을 우선시하는 부하
4. 실수를 인정하고 상사에게 조언을 구하는 부하
5. 상사의 장단에 맞춰줄 줄 아는 부하
6. 일을 스스로 찾아 하는 적극적인 부하
7. 정시에 출근하는 부하
8. 여유와 유머가 있는 부하
9. 책임을 피하지 않는 부하
10. 자기 분수를 지키는 부하

5. 상황별 직장 예절

1) 대화 예절

직장인들간에 의사 전달이 얼마나 빨리 그리고 정확히 전달되느냐에 따라 그 직장의 업무 처리가 달라진다. 또 의사 전달을 어떻게 하느냐에 따라 그의 인격이 드러날 수 있으므로 모든 직장인은 자신의 인격을 유지하고 원만한 업무 처리에 도움이 되도록 대화 예절을 지켜야 한다.

① 말은 침착하고 조용히 간결하게 한다.

② 말하는 자세를 바르게 하고, 적당한 유머를 활용한다.

③ 상대방의 눈을 바로 보고 말한다.

④ 혼자 아는 척해서는 안 된다.

⑤ 다양한 화채와 풍부한 화술을 써서 말을 하되 거짓이 되지 않게 하고 남의 비밀이 되는 것을 드러내는 것은 삼가야 한다.

⑥ 남의 말을 가로채서는 안 되고, 싫어하는 것은 묻지 않는다.

⑦ 외국말이나 어려운 말은 삼간다.

2) 회의 예절

직장에서의 회의는 업무의 방향을 설정하고, 이를 원활하게 수행하며, 그 과정을 점검하는 데 의의가 있다. 모두가 각자의 부서에서 바쁘게 일하는 귀중한 시간을 내어 회의를 하는 것이기 때문에 모임을 마련하는 입장에서는 사전에 충분한 배려와 준비가 필요하다.

① 목적을 정한다. 회의나 미팅의 목적을 뚜렷하게 하고, 모임에 필요한 시간과 장소를 정한다.

② 참석자를 정한다. 정례적인 회의에는 참석자가 정해져 있다. 그러나 임시 회의는 목적을 정하는 단계부터 유의하지 않으면 안 된다.

회의를 개최해야 할 필요성, 의제, 참가 대상자 선정 등이 이때 확고히 결정되어야 한다. 그 다음에는 언제, 어떠한 형식으로 통지하는가에 대해 신경을 써야 한다.

③ 의사 예정표를 만들어 참석자에게 알린다.

– 의사 일정을 알린다.(일시, 회의 장소, 소요 시간 등)

– 참석자들이 할 일을 알린다.(정보 발표, 의견 제안 등)

– 참석자 명단을 첨부하여 배포한다.

– 회의실을 점검한다.

④ 시나리오를 작성한다. 회의를 순조롭고 절도 있게 진행시키기 위해 사회자의 시나리오가 필요하다. 시나리오가 준비되어 있지 않으면, 뜻하지 않은 실수를 초래하여 회의의 진행을 엉뚱한 방향으로 이끌어 가기 쉬우며 흐름을 통제하지 못해 분위기가 산만해지기 쉽다.

⑤ 회의록을 작성한다. 회의록에는 회의명, 날짜, 장소, 참석자명, 사회자명, 의제, 토론된 사항, 제안된 사항, 결정 사항 등이 기재된다. 경우에 따라서는 사전에 참석자 한 명이 작성자로 임명되기도 한다. 필요한 경우에는 회의 내용을 정확히 보존하는 뜻에서 녹음기를 이용할 수도 있다.

3) 전화 예절

• 직장에서 전화를 받을 때

① 수화기를 든다. 벨이 울리면 곧 왼손으로 받으며(오른손잡이 일 경우) 메모지와 연필을 준비한다.

② 교환을 통해 받았을 때에는 자신의 소속 부서와 이름을 밝힌다.

③ 직통 전화로 받은 경우에는 회사 이름을 밝힌다.

④ 상대가 이름을 밝히지 않을 땐 상대를 확인한다.

⑤ 신원 확인 후에 적절히 인사를 한다.

⑥ 용건을 물어 요점을 메모한다.

▶직장에서의 전화받는 예절

⑦ 전화를 한 목적과 이유, 약속한 시간과 장소 등을 재차 확인하여 오해의 여지를 없앤다.

⑧ 용무가 끝나면 용건과 어울릴 만한 내용으로 끝인사를 한다.

• 다른 직장에 전화를 걸 때

① 전화 번호를 확인하며 정확히 번호를 누른다.

② 상대가 전화를 받으면 명확하게 자신을 밝힌다.

③ 상대가 소속 부서나 이름을 밝히지 않으면 그쪽의 회사 이름이나 상대의 이름을 확인한다.

④ 자신이 통화하고자 하는 사람의 부서와 이름을 밝히고 교환을 부탁한다.

⑤ 통화 상대가 나오면 용건을 말하기 전에 가벼운 인사를 하고 순서대로 용건을 밝힌다.

⑥ 다시 한 번 자신의 용건을 확인하고 끝인사를 한다.

⑦ 인사를 끝낸 후 약간의 사이를 두었다가 조용히 수화기를 내려놓는다.

⑧ 연장자나 상급자와 통화한 경우 먼저 끊은 것을 확인한 후 수화기를 내려놓는다.

4) 지시와 보고

• 지시받을 때의 요령

① 상급자의 호출이 있으면 필기도구를 준비하여 상급자에게 가서 지시를 경청하고 요점을 기록한다.

② 말을 가로막지 말고 끝까지 지시 내용을 잘 듣는다.

③ 지시 받은 일의 목적과 상급자의 생각, 방침이나 완급도 확실히 파악한다.

④ 육하원칙에 의하여 정확히 기록하고 의문 나는 점은 다시 질문하며 정확히 확인한다.

⑤ 다른 상급자로부터 지시받은 경우에 자기의 직속 상급자에게 내용을 보고한다.

⑥ 지시 내용 중 의견이 있을 때는 자기 입장만 내세우지 말고 겸허한 마음으로 솔직하게 근거가 되는 자료나 사실에 토대를 두어 의견을 말하고, 그 다음에 다시 상급자의 지시를 받는다.

Tip

이것만 지키면 반은 성공!
직장에서의 기본 근무 태도

1. 확고한 책임감과 자신감으로 일처리를 한다.
2. 업무에 대한 진행 과정은 수시로 보고한다.
3. 지시받은 업무는 위에서 묻기 전에 보고한다.
4. 상사의 지시 사항은 진지하게 듣고 정확하게 파악한다.
5. 메모지 활용을 생활화 한다.
6. 서류를 보고하거나 결재를 받을 때는 반드시 결재판에 넣어서 올린다.
6. 업무와 관련하여 작성된 종이를 버릴 때는 찢어서 버린다.
8. 거래처 방문시 등에 필요한 서류는 빠뜨리지 말도록 주의한다.
9. 질문이나 보고할 때 등에는 상대방의 상황이나 기분을 한번 생각해 본다.
10. 복잡한 내용의 품의서나 보고서 등에는 요점을 적은 메모나 부전지를 붙인다.
11. 문서 작성 중에 자리를 떠날 때는 반드시 덮어 두거나, 결제판에 넣어서 다른 사람이 보지 않도록 한다.
12. 혼자 적당히 판단하여 일을 처리하지 않는다.
13. 실수는 한 번으로 그치도록 노력하며, 변명하는 습관을 들이지 말고, 솔직히 잘못을 시인하고 고치도록 한다.
14. 업무와 관련하여 실수, 사고 등이 발생하면 미루지 말고 즉시 보고한다.
15. 결과 보고는 정확하게 한다. 미진한 점을 감추려 하지 않는다.

⑦ 지시받은 후에는 반드시 실행하도록 한다. 이를 위해서는 무엇을 지시받았는가 빨리 핵심을 파악한다.

⑧ 지시받은 것은 시기를 놓치지 말고 실행하여 실행된 결과를 검토하고 확인한다. 실행 결과는 충실히 보고하도록 한다.

• 보고할 때의 요령

① 보고 내용과 자신의 의견과는 확실히 구분한다.

② 일이 끝나는 대로 즉시 보고한다. 지시받은 일이 끝났을 때에는 그 결과를 보고하여야 한다. 만약 일의 진행 과정이 복잡하여 시간이 걸릴 때에는 중간 보고를 하여 진행 상황을 알린다.

③ 결론을 먼저 말하고 과정은 나중에 설명한다. 지시한 사람이 제일 궁금해하는 것은 지시된 일의 결과이다. 따라서 언제나 결과를 먼저 보고해야 한다.

④ 보고 순서는 결론, 내용, 경과 그리고 소견 순으로 사실에 입각한 객관적인 보고를 한다.

⑤ 보고는 지시한 사람에게 직접 한다. 지시를 받고 한 일은 반드시 지시한 사람에게 직접 보고하는 것이 원칙이다. 손님으로부터 또는 전화에 의해 지시를 받았을 때에는 지명된 사람에게 확실하게 정확한 용건을 전해야 한다. 지시받은 일이 없더라도 직장 안에서 일어난 일에 대하여는 알릴 필요가 있는 사람에게 알리는 것이 재치 있는 직원의 예의라 할 수 있다.

5) 안내 예절

① 방문객은 회사 전체의 손님이다. 방문객이 보이면 하던 일을 중단하고 즉시 일어서서 응대한다.

② 누구보다 먼저 미소로서 친절하게 방문객을 맞이한다는 마음이 항상 갖추어져 있어야 한다.

③ 방문객의 옷차림이나 말투 등으로 무시하거나 차별해서는 안 된다. 방문객

누구에게나 빠르게 (speed), 미소로서(smile), 정중하게(sincerity)의 3S 원칙에
따라 응대한다.

④ 방문객의 회사명, 이름, 용건은 분명히 묻고 확인한다. 한참 후 다시 묻는
것은 큰 결례이다.

⑤ 방문객을 맞이하면서 머리에 손을 자주 올린다거나 몸을 꼬거나 다리를 떠
는 등의 이상한 습관적 행동은 불쾌감과 불안정감을 주니 금물이다.

⑥ 바쁜 일로 방문객을 기다리게 할 경우에는 사정을 말하고 양해를 구한다.
사보나 신문, 잡지, 책 등을 권하는 것도 지혜로운 방편이 된다.

⑦ 방문객이 찾는 사람이 부재중일 경우, 사전 약속이 되어 있고 찾는 사람이
곧 돌아올 예정일 때는 응접실로 안내하여 기다리게 한다.

⑧ 고객에게는 사무처리의 예상 시간을 예고하고 만일 시간이 많이 걸리면 양
해를 구한다.

⑨ 고객에게 의뢰받은 용건은 용건이 처리되었음을 보고하고 결과를 설명한다.

⑩ 용건이 끝나면 "이용해 주셔서 감사합니다", "안녕히 가십시오" 라고 감사
의 표시를 전한다.

6) 술자리 예절

① 술자리도 업무의 연장이지만 일로 인해 피곤해진 머리나 마음의 긴장을 풀
고 동료간에 화합하는 시간이 되도록 한다.

② 술좌석에서도 업무에서와 같이 남녀 특유의 성향, 심리적인 면을 염두에 두
고 예의 바르게 응대를 하며, 이성(異性)을 낮추어 본다거나 업신여기는 언동과
태도는 삼간다.

③ 술이 과해지면 이성(理性)을 잃고 평소에 갖고 있던 좋지 않은 감정을 드러
내어 싸움이 되기도 하므로 술이 약한 사람은 자제가 필요하다.

④ 남녀간의 자존심을 상하게 하는 언행은 삼가며, 야비한 행동, 듣기 싫은 말,

지나친 농담은 하지 않는다.

⑤ 술자리에서의 허세나 역정은 자신의 인격을 드러나게 하므로 유의하며, 이성간에 의식이 지나치면 부자연스러워지므로 밖으로 드러내지 않는다.

⑥ 지나친 음주는 다음날 근무에 지장을 주며, 술 냄새를 풍기면서 근무하는 것은 옆 사람에게 피해를 주므로 본인 스스로 자제하도록 한다.

⑦ 술로 인해 이성을 잃고 실수를 하였을 때에는 실수를 사과하며 나중에 같은 일이 발생하지 않도록 한다.

7) 흡연 예절

① 가연성 물질이 있는 곳에서는 흡연하지 말아야 하며 근무 중 흡연은 삼가고 휴식 시간에 흡연실에서 피우도록 한다.

② 흡연은 흡연실(흡연실이 있는 직장)을 이용하고, 담뱃재와 꽁초는 반드시 재떨이에 버리도록 하며 재를 차창 밖이나 바닥 등 아무 곳에나 함부로 떨어뜨리지 않는다.

③ 윗사람 앞에서 담배를 피우며 대화하는 것은 금물이다. 이는 윗사람에 대한 예의가 아니다.

④ 윗사람은 아랫사람에게 담배 심부름을 시키지 않는다.

⑤ 재떨이는 자주 비워 꽁초가 쌓이지 않게 하며, 담배를 피울 때에는 비흡연자에게도 피해를 주므로 냄새가 나지 않게 창문을 열어 환기시킨다.

⑥ 상대방에게 양해를 구한 뒤 흡연하며 담배 연기는 상대방에게 불지 않는다.

⑦ 담배를 입에 물고 있거나 재떨이에 그냥 놓아 둔 채 대화하거나 일을 설명하는 것은 좋지 않다.

⑧ 흡연실에서 잠깐 눈을 감고 명상하는 것은 피로 회복에 좋은 방법이지만 책상 위에 다리를 올려놓거나 보기 흉한 자세는 취하지 않는다.

서비스의 달인 되기!
고객을 대하는 예절

수요자 중심으로 기업 환경이 변화하면서 고객에 대한 서비스는 기업 경쟁력의 핵심이 되고 있다. 고객을 대하는 예절 중 예의 바르게 고객의 불평·불만을 처리하는 방법에 대해 살펴보자.

① 고객의 감정을 발산할 수 있게 해준다.
먼저 침묵을 지키면서 끝까지 들어 주되 고객의 불평·불만의 전후 사정 등 전반적인 사항을 이해할 수 있도록 적극적인 경청의 자세를 취한다.

② 고객에 대한 부정적인 생각이 끼어들지 않도록 해야 한다.
감정적 표현 및 노출을 피하고 일보 후퇴한다. 더불어 고객과 싸우기보다는 생각을 바꾼다.

③ 고객에게 동감을 표시한다.
"죄송합니다"라고 말하는 것은 당사자가 잘못을 저질렀다는 것을 의미하지는 않는다. 고객이 좋지 않은 경험을 하게 된 점에 대해 진심으로 사과한다는 뜻을 전달하는 것이다.

④ 능동적으로 문제 해결을 시작한다.

⑤ 고객이 동의할 수 있는 해결책을 제시한다.
그 일이 자기 권한 내의 일이면 곧 해결해 주는 것이 원칙이다. 그러나 권한 밖의 일인 경우, 전후 사정을 고객에게 설명하고, 빠른 시일 내에 적절한 조치를 취할 것을 약속한다.

⑥ 불만을 처리한 후에는 반드시 후속 조치를 취한다.
전화나 편지 등으로 연락을 해서 해결책이 이행되었는지를 점검하고 원인이 내부 서비스 제공에 있는 경우는 분석하여 재발생을 방지한다.

바람직한 직장 예절

❖ 직장, 이렇게 생각하라

▷ 직장을 절대로 '잠시 쉬었다 가는 곳'으로 생각하지 말라.

▷ 직장은 가장 왕성하게 활동할 시절에 '돈을 받아가면서 무엇인가 배우는 수련의 장'이다.

▷ 하루 생활의 3분의 1을 보내는 '삶의 터전'이다.

▷ 언제나 노력의 대가는 헛되지 않다.

❖ 직장 내 올바른 복장 - 남자

용모나 옷차림은 개성을 표현한다는 점에서 개인의 취향 및 기호에 따라 다른 복장을 연출할 수 있다. 그러나 직장 생활에서는 주위나 상대를 고려해 신경을 써야 보다 성공적인 직장 생활을 할 수 있다.

양복 - 유행에 민감하고 야한 디자인은 피한다.

- 검정색이나 짙은 곤색을 기본으로 하고 화려한 원색은 피한다.

- 바지는 줄이 잘 서 있어야 한다.

- 바지의 길이는 구두 위에 가볍게 닿을 정도로 한다.

넥타이 - 양복과 잘 어울리는 것으로 한다.

- 때, 얼룩, 구겨짐이 없도록 한다.

- 혁대에 닿게 맞춰서 적당한 길이로 바르게 맨다.

구두 - 흑색이나 짙은 갈색이 좋다.

- 캐주얼화는 피한다.

- 매일 닦아 윤기가 나도록 한다.

와이셔츠 - 백색이 원칙이다.

- 손목은 양복 소매로부터 1cm 정도 보이게 한다.

- 손목은 깨끗이 유지한다.

혁대 - 흑색이나 짙은 갈색이 원칙이다.

- 요란한 무늬가 있는 것은 피한다.

❖ 직장 내 올바른 복장 – 여자

근무복   – 항상 청결히 하며 단정하게 입는다. 소매는 깨끗이 유지한다.
        – 소매를 걷어 붙이는 것을 피한다.

구두   – 흑색이나 갈색이 좋다.
        – 슬리퍼, 운동화, 캐주얼화는 피한다.
        – 굽이 낮고 활동하기 편한 것으로 한다.

블라우스 – 속이 들여다 보이지 않게 한다.
        – 속옷이 밖으로 나오지 않게 한다

스타킹 – 피부색에 가까운 것으로 한다.
        – 원색이나 무늬 있는 것, 진한 검정색은 피한다.

양말   – 착용하지 않는 것이 원칙이다.

❖ 직장 내 피해야 할 몸가짐

남자의 경우	여자의 경우
· 충혈된 눈 · 잠잔 흔적이 남은 머리 · 덥수룩한 수염 · 길게 자란 코털 · 지저분한 손톱 · 비뚤어진 넥타이	· 요란한 머리 모양 · 야하고 화려한 화장 · 눈을 가리는 긴 머리 · 진한 검정 또는 무늬 있는 스타킹 · 긴 손톱, 빨간 매니큐어 · 화려한 액세서리

일반 사회생활 및 글로벌 시대의 예절

≫ 11

1 초대와 방문 예절

'인간은 사회적인 동물이다.' 는 말이 있듯이 인간은 사회를 떠나서 살 수 없고, 다른 사람과 어울려 살면서 원만한 대인관계를 통해 사회생활을 유지해야 한다. 이때 필요한 것이 사회생활 예절이라 할 수 있는데, 사회생활 예절은 사람과 사람이 만나고 헤어지고 모이는 데 필요한 예절에 관한 것이다. 사회생활 예절은 지금까지 언급한 모든 예절의 총합이요 결정체라 할 수 있다. 사회생활 예절은 개인생활 예절과 가정생활 예절, 그리고 직장 생활 예절의 연장선상에 놓여 있다.

사회생활은 사람과 사람 사이의 만남을 기본으로 하고 있다. 사실 우리는 사회생활을 하면서 우리는 남을 초대하기도 하고 방문하기도 하면서 서로의 유대를 돈독히 한다. 즐거운 일이 있으면 동네 잔치를 베풀어 이웃과 함께 기쁨을 나누는 것이 우리 민족 전래의 아름다운 풍속이기도 하다. 어찌 보면 무미건조하다 할 사회생활에서 이러한 만남이야말로 우리의 삶을 윤택하게 해주는 윤활유라 할 수 있다.

1) 초대하는 예절

① 손님을 초대할 때는 그 목적이 분명해야 한다.

② 초대를 하려면 상대방에게 불편이 없도록 충분한 시간 여유를 두고 미리 통지한다. 서신을 통해 초대한 경우에는 서신을 받았는지 확인 전화를 한다.

③ 초대 대상을 정할 때는 합석하기가 거북한 사람을 동시에 같은 장소에 초대하지 않는다. 가능하면 초대를 할 때 초대 범위를 구두로 통지하거나 초대장에 명시하는 것이 좋다.

④ 초대받는 사람이 유의해야 할 사항이 있으면 초대시에 미리 통지한다.

⑤ 초대 장소에 대한 위치와 약도, 교통편과 주차 시설 등을 자세하게 안내한다.

⑥ 주인측은 손님에게 불편이 없도록 세심한 배려를 한다. 만일 준비 관계로 필요하다면 참석 여부를 묻는 것도 좋다.

⑦ 주인측은 손님을 맞이함에 있어서 좌석 배치 등에 실례가 되지 않도록 위계 질서에 유의한다.

⑧ 주인측은 초대한 모든 손님을 따뜻이 맞이하고 예의를 정중히 갖추어야 한다.

⑨ 불가피하게 초대를 취소할 경우에는 최소한 약속 시간 하루 전에 이유를 설명하고 정중히 사과한다.

2) 초대에 응하는 예절

① 초대를 받으면 분명하게 의사 표현을 하여 참석 여부를 연락해 준다.

② 상대방을 잘 모를 경우에는 즉각적인 응답을 피하고 제반 사항을 파악한 후 회답한다.

③ 서신을 통한 초대에는 답장을 보내도록 하며 전화로라도 연락한다.

④ 거절은 정중하고 완곡하게 하며 초대에 대한 감사의 뜻을 반드시 표한다.

⑤ 옷차림과 몸차림을 초대의 목적에 알맞게 준비한다.

⑥ 초대 시간에 늦지 않도록 교통편 등을 미리 점검한다. 적어도 5분 전에 도착한다.

⑦ 초대의 목적이 사례나 부조를 해야 할 일이면 형편에 맞게 준비한다.

⑧ 초대받지 않은 사람을 임의로 동행하지 않는다. 초대받지 않은 사람과 동행할 경우에는 사전에 허락을 받는다. 동성끼리의 모임에는 이성을 동반하지 않는 것이 좋다.

⑨ 초대 장소에서 초대 목적 이외의 화제나 일로 분위기를 흐리거나 어지럽게

하지 않는다.

⑩ 초대 장소에 지나치게 늦게까지 머물지 말고 목적한 행사가 끝나면 자리를 떠난다.

3) 방문 예절

타인을 방문할 때의 예절은 조금만 신경 쓰면 자신은 물론 상대방에게 좋은 기분을 갖게 해줄 수 있다. 방문할 때는 목적과 용건을 분명히 하고 상대방의 형편을 알아본 뒤 방문하는 것이 예의이다. 만약 급한 용무 때문에 사전에 양해를 얻지 못하고 방문해야 할 때라도 이른 아침 시간이나 늦은 저녁 시간은 피해야 한다.

① 방문할 때는 적어도 2~3일 전에 미리 연락해 양해를 구한다.

② 옷차림을 단정히 한다. 외투는 입구에서 벗고 복장을 단정히 한 뒤 들어선다.

③ 사전에 약속한 시간은 반드시 지킨다. 교통 체증 등 여러 가지로 방문 시간이 지체될 수 있는 점을 고려하여 10~15분 전에는 방문지에 도달할 수 있도록 시간 여유를 갖는 것이 좋다. 현관에는 2~3분 전에 들어가도록 한다.

④ 늦어질 경우에는 미리 연락하되, 약속 시간 30분 이전에 도착 가능시간을 함께 통보한다.

⑤ 초인종을 조용히 누른다. 대답이 없더라도 간격을 두고 천천히 누른다. 또 자동차의 경적을 울리지 않는다. 현관에서 장황하게 인사하거나 방문 목적을 나열하는 것은 좋지 않다. 현관에서는 간단히 인사하고 들어가서 용건을 말한다.

⑥ 방문시에는 아이들을 동행하여 소란을 피우거나 낯선 사람과 동행하여 주인을 당황하게 해서는 안 된다.

⑦ 실내에 들어갈 때는 방한용 겉옷 등을 벗는다.

⑧ 대화는 용건 중심으로 요령 있게 말하고, 장시간 머물지 않는 것이 좋다.

⑨ 방문시 음료나 과일 등 작은 선물을 준비하는 것이 좋고, 인사말을 잊지 않는다.

2. 선물 및 경조사 예절

사회생활을 하다 보면 여러가지 세상사들 가운데서 기쁨과 슬픔을 함께 나누고 싶은 일을 만나게 된다. 기쁨을 나누면 두 배가 되고 슬픔을 나누면 반으로 줄어든다고 한다. 우리는 이웃의 아픔을 함께 나누고 기쁨을 같이 축하하는 한민족 특유의 상부상조 정신을 지니고 있다. 그래서 기쁜 일과 슬픈 일을 만날 때마다 적절한 선물과 부조를 함으로써 서로간의 친밀감을 더욱 돈독히 하는 인사를 하고 있다.

1) 선물을 건넬 때

- 선물은 자신의 예산에 맞는 적절한 것으로 하되 주는 사람의 정성과 마음이 전달될 수 있도록 해야 한다.
- 선물은 목적, 받는 사람의 환경, 취향, 친분 관계, 실용 가치 등을 고려하여 고른다.
- 너무 가격이 비싸거나 사치스러운 것, 종교적인 것은 부담스러울 수 있으므로 주의한다.
- 의미 있는 행사나 기념일의 시기를 맞추지 못하는 선물은 의미가 축소될 수 있으므로 미리 준비하여 적절한 시기에 건네는 것이 좋다.
- 선물을 직접 전하지 못할 경우에는 편지나 명함 등을 같이 넣어 보낸다.
- 선물의 내용물뿐 아니라 겉포장에도 신경을 써서 건네면 선물이 더욱 돋보이게 되고 상대에게 기쁨을 줄 수 있다.
- 선물을 건넬 때 가격표를 달아 건네는 것은 상대에게 부담을 주는 대단한 실례이다.
- 선물과 함께 상점의 이름과 전화번호 등이 적힌 교환권을 첨부하면 부득이하게 바꾸어야 할 경우 상대가 편리하게 이용할 수 있다.

- 선물은 방문하자마자 간단한 인사와 함께 바로 건네는 것이 좋으며, 이야기 중간에 갑자기 꺼내거나 돌아올 때 살짝 놓고 오는 것은 좋지 않다.
- 선물을 전달할 때에는 "변변치 않지만…", "별거 아니지만…" 등의 말을 하는 것보다 "잘 어울리실 것 같아서 골랐습니다." 등의 말을 하는 것이 자신감 있고 긍정적으로 보일 수 있다.

2) 선물을 받을 때

- 선물을 받았을 때는 그 자리에서 즉시 풀어보고 기쁨과 감사의 표현을 하는 것이 좋다.
- 선물을 풀어볼 때, 포장지를 함부로 뜯거나 하면 정성스럽게 포장한 사람의 마음을 상하게 할 수 있으므로 조심스럽게 풀어보는 것이 매너이며, 그 자리에서 포장지를 구겨 버리지 않는다.
- 선물을 받은 자리에서 직접 풀어보지 못할 경우에는 집안의 소중한 물건이 놓이는 곳이나 높은 위치에 두어 선물을 귀하게 여긴다는 느낌이 전해지도록 한다.
- 음식을 선물로 받았을 때에는 선물한 사람에게 접대하면서 같이 먹는 것도 좋고, 맛있다는 칭찬을 해야 한다.
- 선물이 자신의 취향에 맞지 않거나 필요 없는 물건이라 하더라도 상대방에게는 드러나지 않도록 기쁘게 받는 것이 상대를 배려하는 것이다.
- 우편으로 선물을 받았을 때는 선물한 사람이 궁금해 하지 않도록 즉시 잘 받았다는 전화나 메일 등을 보낸다.

3) 예의에 어긋나지 않은 경조사 예절

① 결혼식, 생일, 회갑, 고희

– 결혼식이나 생일잔치에 참여할 때에 옷차림은 품위 있고 단정한 정장 차림

이 좋다.

- 여성의 경우는 화사하고 밝은 색상의 옷을 선별하여 입는 것이 좋고, 남성의 경우는 화려한 넥타이를 매는 것이 즐거운 분위기를 더 살려줄 수 있다.
- 화장, 헤어스타일, 액세서리 등에도 최대한 신경을 써서 아름답게 꾸미고 가는 것이 초대한 집안에 대한 매너이다.
- 행사에 진지하게 참석하고 축하해 주기보다 식사에 치우치는 것은 잘못된 행동이다.
- 행사장에 도착하면 집안의 어른들께 먼저 인사를 드리는 것이 매너이다.
- 행사장에서는 축하의 인사와 함께 축의금이나 선물 등을 먼저 전달한 후 행사에 동참하도록 한다.
- 사진이나 비디오 촬영 등을 할 경우에는 밝고 즐거운 표정으로 적극적으로 임한다.
- 가까운 사이라면 행사 준비나 식사 접대 등을 도와주는 것도 좋다.

② 장례식

- 옷차림은 정장 차림이 원칙이며 검정색, 회색 등의 무채색을 기본으로 한다.
- 머리모양을 요란하지 않게 해야 하며 화장, 매니큐어, 액세서리 등은 거의 하지 않는 것이 좋다.
- 행사를 주최하는 집안의 종교에 맞추어 예식에 동참해 주는 것이 좋다.
- 유족들에게 돌아가신 연유 등을 캐묻지 않는다.
- 인사말은 "얼마나 상심이 크십니까?, 무어라 위로의 말씀을 드려야 할지 모르겠습니다." 정도의 간단한 인사말을 한다.
- 영전에 조문을 먼저 하고 상주에게 위로의 말을 건넨 후 조의금을 전달하는 것이 좋다.
- 가까운 사이인 경우 문상으로 끝내지 말고, 함께 밤샘을 해주거나 행사를 도와 일을 해주는 것은 유족들에게 큰 위로가 될 수 있다.

③ 개인, 기념일, 전시회, 출판기념

- 초대 시간에 맞춰서 참석하도록 한다.
- 옷차림은 그 행사와 기념식에 알맞게 코디하도록 한다.
- 선물로는 꽃바구니나 화환, 화분, 후원금이나 기부금 등을 준비하면 좋다.
- 초대 측에 축하의 인사말을 전한다.
- 초대 측에서는 답례를 표시하고 간단한 다과나 리셉션 자리를 마련한다.

④ 경조사 봉투 쓰는 방법

- 봉투는 흰색 겹봉투를 사용한다.
- 축하나 위로의 문구, 금액과 전달하는 사람의 이름, 날짜 등을 적은 속지에
  돈을 싼 후 봉투에 넣는다.
- 글씨는 검정색의 약간 굵은 펜으로 쓰는 것이 좋다.
- 돈은 가급적 깨끗한 것으로 미리 준비한다. 단, 상가에 부의를 전할 때는 반
  드시 깨끗한 돈을 일부로 준비할 필요는 없다.
- 봉투의 앞면에는 축하나 위로의 문구, 뒷면에는 이름을 적어 건넨다.
- 부조금을 넣은 봉투는 봉하지 않는다.

경조문 및 연령에 대한 칭호

1. 일상생활의 경조문

경조사	경조문
출산(出産)	축 순산(祝順産), 축 탄생(祝誕生)
결혼식(結婚式)	축 결혼(祝結婚), 축 화혼(祝華婚), 축 성혼(祝聖婚), 축 성전(祝盛典), 축 화촉성전(祝華燭聖典), 축 화촉자전(祝華燭之典)
결혼기념일(結婚記念日)	• 1주년 : 지혼식(紙婚式)) • 2주년 : 고혼식(藁婚式) • 3주년 : 과혼식(菓婚式) • 4주년 : 혁혼식(革婚式) • 5주년 : 목혼식(木婚式) • 7주년 : 화혼식(花婚式) • 10주년 : 석혼식(錫婚式) • 12주년 : 마혼식(麻婚式) • 15주년 : 동혼식(銅婚式) • 20주년 : 도혼식(陶婚式) • 25주년 : 은혼식(銀婚式) • 30주년 : 진주혼식(眞珠婚式) • 35주년 : 산호혼식(珊湖婚式) • 40주년 : 녹옥혼식(綠玉婚式) • 45주년 : 홍옥혼식(紅玉婚式) • 50주년 : 금혼식(金婚式) • 55주년 : 금강석혼식(金剛石婚式) • 60주년 : 회혼식(回婚式) • 75주년 : 금강혼식(金剛婚式) • **회혼례(回婚禮)** – 결혼 60주기를 맞은 부부가 자손들 앞에서 혼례복을 입고 60년 전과 같은 혼례식을 올리면서 60년의 해로를 기념하는 의례식이다.
회갑연(回甲宴)	축 수연(祝壽宴), 축 회갑(祝回甲), 축 환갑(祝環甲), 축 주갑(祝周甲), 축 화갑(祝華甲), 축 희연(祝禧筵), 수의(壽儀)
상가(喪家)	조의(弔意), 부의(賻儀), 근조(謹弔), 전의(奠儀), 애도(哀悼), 애통(哀痛), 추모(追慕), 추도(追悼), 근도(謹悼), 명복(冥福), 향촉대(香燭代)
기제사(忌祭祀), 추도일(追悼日), 위령제(慰靈祭)	추도(追悼), 추모(追慕), 경모(敬慕), 애모(哀慕), 근도(謹悼)
승진(昇進), 취임(就任), 영전(榮轉)	축 승진(祝昇進), 축 영전(祝榮轉), 축 영진(祝榮進), 축 취임(祝就任), 축 연임(祝連任)
개업(開業), 이전(移轉), 창립(創立), 기념(紀念)	축 발전(祝發展), 축 개업(祝開業), 축번 영(祝繁榮), 축 성업(祝盛業), 축 개점(祝開店), 축 이전(祝移轉), 축 창립00주년(祝創立00周年)
사례(謝禮)	박사(薄謝), 약례(略禮), 박례(薄禮)
새해 신년(新年) 인사	신희(新禧), 근하신년(謹賀新年), 공하신년(恭賀新年)

2. 나이별 한자 칭호

연령	설명
2~3세	• **해제(孩提)** – 웃을 줄 알고 손으로 끌고 다닐 수 있는 어린아이
10세 전후	• **충년(沖年)** – 10세 전후 어린이
15세	• **지학(地學), 성동(成童)** – 학문에 뜻을 두는 아이
20세	• **약관(弱冠)** – 남자 20세를 뜻함
20세	• **방년(芳年)** – 여자 20세를 뜻함
30세	• **입년(立年), 입지(立志), 이립(而立)** – 모든 기초를 세우는 나이
32세	• **이모년(二毛年)**
40세	• **불혹(不惑)** – 사물의 이치를 터득하고 세상에 흔들리지 않을 나이
41세	• **망오(望五)** – 쉰을 바라본다는 뜻
50세	• **지천명(知天命)** – 천명을 아는 나이
51세 부터 60세 이하	• **망육(望六)** – 예순을 바라본다는 뜻
60세	• **이순(耳順)** – 인생에 경륜이 쌓이고 사려와 판단이 성숙하여 남의 말을 받아 들이는 나이
61세	• **환갑(還甲)** – 갑자가 돌아왔다고 해서 회갑이라고 하며, 화갑이라고도 한다.
70세	• **칠순(七旬)** – 고희, 희수는 쓰지 않는다. 뜻대로 행하여도 도리에 어긋나지 않는 나이.
77세	• **희수(喜壽)** – 희자를 칠이 세 번 겹쳤다고 해석하여 77세로 쓴다.
80세	• **팔순(八旬), 산수(傘壽)** – 산(傘)자를 팔(八)과 십(十)의 파자로 해석해 80세라는 뜻
88세	• **미수(米壽)** – 미(米)를 팔(八)과 팔(八)의 파자로 해석하여 88세라는 뜻.
90세	• **졸수(卒壽)** – 졸(卒)자를 구(九)와 십(十)으로 파자하여 90세로 본다.
91세	• **망백(望百)** – 91세가 되면 백살까지 살 것을 바라본다 하여 망백이라 한다.
99세	• **백수(白壽)** – 일백 백(百)자에서 일(一)자를 빼면 흰백(白)자가 된다 하여 99세로 본다.
100세	• **백수(百壽), 기년(期年)** – 최상의 수명이라는 뜻. 좌전(左傳)에는 120세를 상수로 본다.

** 60세 이후의 생일잔치는 모두 수연(壽筵)이라고 하며, 더욱 건강하시고 오래 사시기를 기원한다는 의미이다.

3. 위계와 착석 예절

1) 위계 질서의 원칙

많은 사람이 어울려 사는 사회생활에서는 어떤 형태로든지 높고 낮음, 먼저와 나중, 많고 적음, 강하고 약한 것 등의 차례가 있게 마련이고 그 차례를 위계라고 한다. 이와 같이 위계가 있으면 그 차례에 맞추어 앉거나 서는 위치가 정해져야 한다.

위계는 생활하는 영역에 따라 여러 가지 형태로 나뉜다. 그러면서도 엄격한 원칙이 적용되는데 먼저 맹자(孟子)가 제시한 위계를 정하는 세 가지의 원칙을 살피면서 현대 생활에서의 적용 방법을 생각하기로 한다.

첫째, "조정에서는 벼슬의 높낮이를 위계의 최우선으로 한다" 고 했는데, 여기에서 말하는 조정이란 현대생활에서의 조직 사회를 말하는 것이고 벼슬이란 상하 직급이라 할 것이다.

둘째, "일반 사회 생활에서는 나이가 많고 적음을 위계의 최우선으로 한다"고 하였는데, 이것은 세대와 직급이 없는 일반 사회에서는 연령의 많고 적음으로 상하를 정한다는 말이다.

셋째, "세상을 이롭게 하고 백성을 위하는 데는 배움과 덕망이 높고 낮음을 최우선으로 한다"고 했는데, 이것은 현대 사회에서도 직급이나 나이에 관계없이 덕망이 있는 사람이 존경을 받는 것과 같다.

사회생활에도 위계가 있다. **첫 번째는 나이가 많은 웃어른과 나이가 적은 아랫사람이고, 두 번째는 지위가 높은 상급자와 지위가 낮은 하급자, 그리고 나이가 같은 친구와 지위가 같은 동료가 있다.**

『논어』에서는 다음과 같이 나이로 위계의 기준을 삼고 있다. "자기보다 16년 이상 나이가 많으면 아버지를 섬기듯 모신다. 자기보다 11년 이상 나이가 많으면 형님을 섬기듯 모신다. 자기보다 6년 이상

10년까지는 나이가 많은 쪽이 친구로 지내자고 허락할 때만 친구 사이로 지낼 수 있고, 5년 이내에 드는 사이는 서로 친구처럼 지낼 수 있다.”

2) 착석 예절

• 사무실

　– 일반적으로 입구에서 먼 쪽 또는 정면이, 좌측보다는 우측이 상석이다.

　– 안내자로부터 지시된 좌석에 앉는다. 소파의 경우 말석에 앉는 것이 겸손한 인상을 준다.

　– 코트는 접어서 소파의 팔걸이에 놓는다.

　– 가방은 소파의 측면이나 발 밑에 놓는다.

　– 상대편이 올 때에는 의자로부터 일어나 인사를 하고 좌석을 권유받은 후에 앉도록 한다.

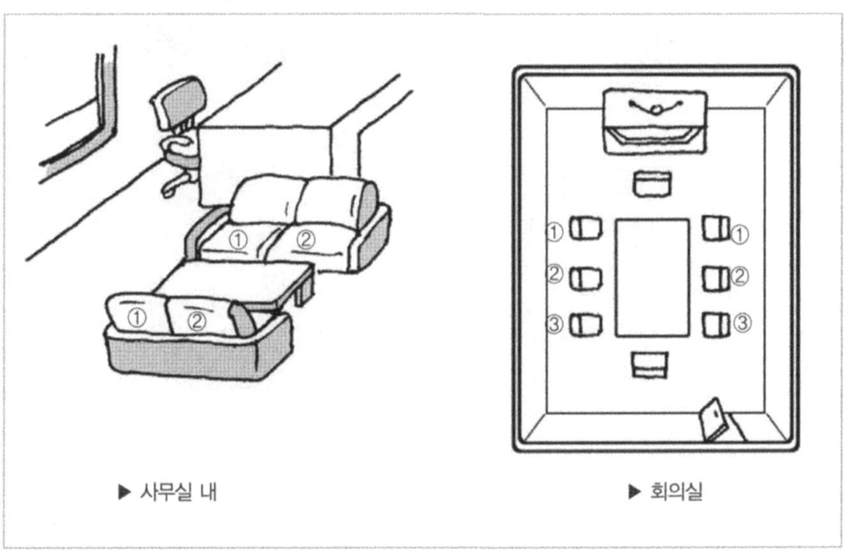

• 승용차

상황	위계 질서
운전기사가 있을 때	① 이 최상석이며 그 다음은 ② ③ ④ 의 순이다. ① 운전기사의 대각선 뒷자석이 최상석 ② 운전사 뒷자석 ③ 뒷자석의 가운데 자리 ④ 운전사의 옆좌석(경우에 따라 ③ 과 ④ 는 바뀔 수 있다.)
자가 운전인 경우	① 운전석 옆자리가 상석 ② 운전자의 부인과 동승할 경우 운전석 옆자리는 부인석이다. 뒷좌석 가운데는 여성을 태우지 않도록(여성은 엉덩이를 좌석 시트에 먼저 댄 다음 양다리를 붙여 승차)한다.

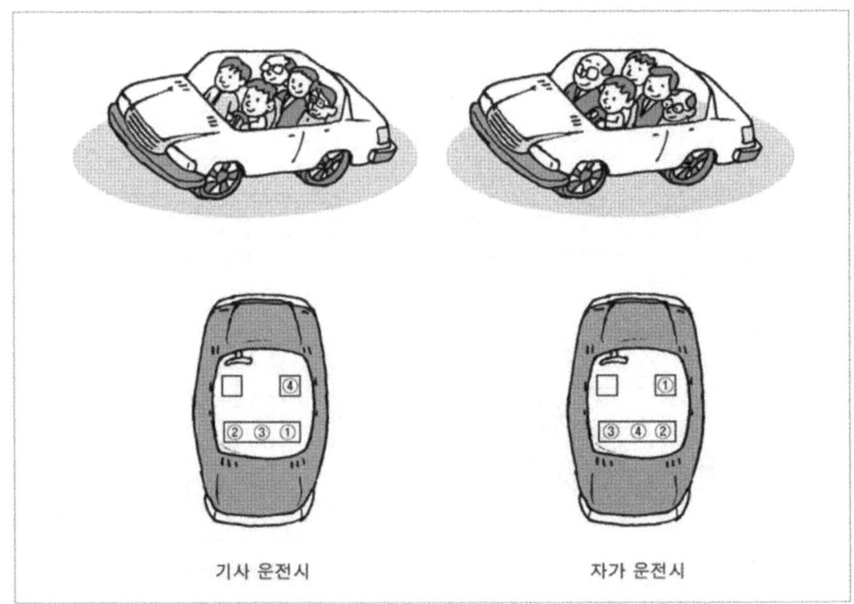

• 비행기

① 비행기는 창가의 자리가 최상석이다.

② 3인용 좌석은 통로 쪽이 두 번째, 가운데가 세 번째이다.

③ 단체 탑승 시 인솔 책임자는 나중에 오르고 제일 먼저 내린다.

• 열차

① 진행 방향의 창 쪽이 최상석, 그 맞은편이 두 번째, 최상석의 옆 좌석이 세 번째, 세 번째 맞은편이 네 번째이다.

② 2층 침대칸인 경우 아래층이 상석이다.

4. 공중생활 및 이웃과의 예절

1) 공중생활 예절

• 차례 지키기 – 먼저와 다음, 앞과 뒤의 순서가 필요한 생활에서는 반드시 그 차례를 지키도록 한다. 먼저, 젊은이와 아랫사람보다 노인과 윗사람을 편안하게 모시도록 한다. 이것은 전통 윤리의 장유유서(長幼有序) 정신이다. 약한 사람을, 특히 어린이를 보살피되 모든 어린이를 자기의 자녀 보듯이 사랑으로 감싸고 아낀다. 어른 때문에 어린이들이 불편하고 힘겨워하게 해서는 안된다.

• 길이나 계단을 다닐 때 – 우측통행을 한다. 자동차를 운전하는 사람은 양보심을 가지고 운전하면 교통 체증도 완화되고 사고 위험도 줄어든다. 먼저 가려 하고 앞서려고 하면 할수록 혼란만 더욱 가중될 뿐 결과적으로 더 더디다는 것을 인식해야 한다. 바른 질서 생활은 상대에게 양보하는 데서 시작된다.

• 유원지 등 공공장소 – 여러 사람이 함께 휴식하며 즐기는 장소이

므로 정숙하게 이용하도록 한다. 여럿이 함께 이용하는 장소에서는 다른 사람을 배려하여 최소한의 공간을 사용해야 한다. 버스나 지하철에서 다리를 포개어 앉거나, 통로를 막아서거나, 좌석 위에 눕거나 책상다리로 앉아 남에게 불편을 주어서는 안 된다. 공중 생활은 상대적으로 나와 다른 사람의 유익을 동시에 고려해야 한다.

2) 이웃과의 생활 예절

- 사생활은 서로 존중해 준다. 친숙하게 지내더라도 이웃 사람의 생활에 깊이 관여하지는 않도록 한다.

- 이웃의 경조사에 관심을 갖고 기쁨과 걱정을 함께 나누며 어려운 일은 서로 돕는다. 예를 들어 이웃이 집을 비웠을 때에 무슨 일이 생기면 자기의 일같이 보살피고 도우며, 화재나 수재 등의 우려가 있는지 항상 주변을 살피고, 재난을 당했을 경우 서로 도와 빠른 시일 내에 극복할 수 있도록 한다.

- 잔치나 손님 접대 등 자기 집의 일로 이웃에 불편을 끼칠 우려가 있을 경우, 집을 수리하거나 새로 건축해서 먼지, 소음 등으로 피해를 끼치게 될 경우에는 미리 양해를 구하는 것이 좋다.

- 이웃에게는 폐를 끼치지 말아야 한다. 어린 아이가 있는 경우 집안에서 뛰지 않도록 조심하며 TV, 오디오, 악기 등 큰 소리로 이웃에게 불편을 주지 않도록 한다. 애완 동물로 인해 폐를 끼치지 않도록 하고, 자기 집 앞 통로나 골목에 자동차나 기타 물건으로 이웃에게 불편을 끼치지 않는다.

- 자신이 살고 있는 집 주변은 항상 깨끗이 청소해 주변 사람을 불쾌하게 하지 않는다. 냄새가 심한 물건이나 음식 찌꺼기, 위험한 물건이나 약품 등은 반드시 지정된 장소에 재빨리 치워 이웃에게 불쾌감이나 피해가 없도록 한다.

7. 신뢰의 출발,
시간 지키기

'시간은 금이다' 라는 말이 있다. 시간이 얼마나 귀중한 가치라고 생각했으면 가장 귀하고 변치 않는다는 금에 비유했을까 한 번 생각해 볼 필요가 있다. 프랑스 속담에는 '사람은 자기를 기다리게 하는 자의 결점을 계산한다.' 는 말도 있다. 이 두 가지를 모두 생각해 보면 시간 약속이 자신의 결점을 보이게도 하고 돈으로 환산할 수 없을 만큼의 가치를 가지고 있음을 알 수 있다.

1년에 한 번 뿐인 중요한 시험에서 낙방해 본 사람, 1분 차이로 비행기 탑승 시간을 놓쳐본 사람, 0.1초의 차이로 육상경기에서 1등을 놓쳐본 사람들을 생각해 보면 시간의 소중함을 쉽게 짐작할 수 있다.

특히 시간 약속은 사람과의 신뢰를 쌓는 출발점이라는 면에서 중요하다. 약속시간을 제대로 지키지 않는 사람은 불신을 쌓게 되어 말에 설득력이 없어지고, 업무 처리도 제대로 못할 것 같은 느낌을 주게 되는 등 다른 사람에게 부정적인 이미지를 심어주게 된다. 또한 시간 약속을 지키지 않는 것은 자신 스스로의 습관형성에도 영향을 주는데, 한두 번 약속시간을 제대로 지키지 않게 되면 시간 지키기에 대한 감각이 무디어져서 약속시간을 어기는 것이 습관화되고 그로 인해 신뢰가 무너지며 일에 있어서나 대인관계에 있어서나 성공을 기대하기 어렵게 된다.

시간을 관리하고, 신뢰를 쌓으며, 매너 있는 사람으로 평가받기를 원한다면, 우선 다음과 같이 시간 관리에 유의해야 한다.

- 자신과의 약속부터 실천하려고 노력한다.
- 약속을 했으면 반드시 메모하도록 한다.
- 오래전에 정한 약속이라면 하루 전에 다시 한 번 전화를 걸어

약속 확인을 하는 것이 좋다.

- 예상치 못한 상황이 생길 수 있으므로 약속 시간보다 항상 일찍 출발하여 여유 시간을 갖도록 한다.
- 약속을 정할 때 어느 정도의 시간적 여유가 있는지 상대에게 미리 알려주는 것이 매너이다.
- 부득이하게 약속을 지키지 못할 경우에는 양해를 구하되 가능한 한 일찍 알려서, 상대로 하여금 다른 스케줄을 잡을 수 있도록 한다.
- 약속 시간에 맞추어 도착하지 못할 때에는 정해진 시간보다 20~30분 전에는 알려주어 상대가 자투리 시간을 활용할 수 있도록 한다.
- 약속 시간이 지난 후 늦을 것 같다는 사과 전화를 한다. 상대가 기다리다가 지쳐서 전화를 걸게 하는 것은 대단한 실례이다.
- 약속 시간보다 늦을 경우 실제 도착 시간보다 약간 여유 있게 계산하여 도착 예정시간을 알려준다. 그래야 상대방이 예상한 것보다 일찍 도착했음에 기분 좋아할 수 있기 때문이다.
- 특별한 회의나 브리핑 등으로 서류나 자료를 준비해야 할 경우는 적어도 30분 전쯤에는 도착하여 기자재나 조명, 마이크 등의 작동 상태를 체크하는 것이 좋다.

6. 공연 관람 매너

1) 영화 관람 매너

- 휴대폰은 *끄거나* 진동으로 해 놓는다.
- 영화에 집중하는데 방해되지 않도록 큰 소리로 잡담하는 것은 삼간다.
- 영화 시작 전에 미리 자리를 확인하고 앉도록 하되, 사정상 늦게 들어와 자리를 찾을 때는 스크린을 가리지 않도록 조심스럽게 움직인다.
- 영화관에서 지켜야 할 질서를 지키며, 허락된 음식물인 과자나 음료 등을 먹을 때는 부스럭거리는 소리가 나지 않도록 조용히 먹는다.

2) 연극 · 뮤지컬 · 오페라 · 음악회 관람 매너

- 옆 사람과 몇 마디 정도의 이야기를 조용히 나누는 것은 괜찮으나 계속 잡담하는 것은 옳지 않다.
- 휴대폰을 진동으로 해놓았더라도 전화를 받는 것은 삼가한다.
- 공연 중간에 들락날락하는 것은 주위 사람에게 방해가 되므로 화장실 문제는 미리 해결하고 공연장에 들어오도록 한다.
- 오페라의 경우 미리 작품의 줄거리를 읽고 가면 내용을 이해하는데 큰 도움이 되어 더 즐겁게 감상할 수 있다.
- 옆 사람을 생각해서 진한 향수는 금물이다.
- 공연이 끝난 후 바로 일어나지 말고 공연 참가자들에게 박수로 격려하는 것이 매너다.
- 자리가 비어 있다고 좌석을 옮기는 것은 금물이다.
- 자세히 보려고 앞좌석에 기대어 보면 뒷사람이 잘 안보일 수 있으므로 삼간다.

- 막과 막 사이에 쉬는 시간이 있는 경우 나가서 음료수를 먹거나 담배 등을 피우며 잡담을 하다 늦게 들어오는 것은 금물이다.
- 오페라나 음악회의 경우 반드시 정장을 입어야 한다.
- 껌을 씹지 말아야 하고 음료수나 먹을 것을 가지고 가지 않는다.
- 공연 시작 후에 자리를 찾을 때는 뒤쪽 빈자리에 앉아 있거나 서 있다가 한 곡이 끝난 후 자리를 찾는다.
- 공연 시작 후에 자리에 앉아야 할 때는 미리 외투 등의 겉옷을 벗고 들어가야 한다. 좌석에서 외투를 벗으면 주변 사람들의 시야를 가려 감상하는데 방해가 되기 때문이다.
- 남녀가 함께 갔을 경우 남성이 앞장서서 여성을 지정 좌석이 속한 열까지 에스코트 하는 것이 예의이다. 지정좌석이 속한 열에서는 여성에게 좌석을 알

Tip

세련된 박수 매너

- 오페라, 연극, 발레의 경우 일반적으로 막이 내린 후에 박수를 친다.
  - 오페라 : 아리아나 이중창이 끝나면 박수를 치며 '브라보' 등을 외쳐도 좋다.
  - 발레 : 독무(solo)가 끝났을 때 박수를 친다.
- 음악회의 경우 음악이 완전히 끝날 때까지 박수를 치지 않는 것이 원칙이다. 악장과 악장 사이에는 박수를 쳐서는 안 된다.
  - 교향곡, 협주곡 : 3-4악장의 경우 모든 악장이 끝난 후 친다.
  - 성악곡 : 한 묶음이 끝난 후에 친다(일반적으로 3-4곡).
  - 기악곡 : 마지막 악장 후에 친다. 소품인 경우 한 곡이 끝날 때마다 친다.
- 판소리, 마당놀이의 경우 흥이 날 때 아무 때나 쳐도 좋다.

려주며 먼저 앉도록 해야 한다.

- 자신의 좌석이 안쪽이어서 다른 사람이 앉아 있는 곳을 통과해야 할 경우 반드시 "실례합니다", "죄송합니다." 등의 인사를 한다.
- 외국 오페라 하우스의 박스석(특별석)에서는 여성은 앞줄에 앉고 남성은 뒷줄에 앉는다. 따라서 부부라 하더라도 나란히 앉지 않으며, 주빈이 되는 여성이 앞줄의 왼쪽에 앉는다.
- 앙코르를 청할 때는 한두 번 정도로 끝내는 것이 좋으며 받아주지 않는다고 고함을 치거나 휘파람을 불거나 하며 소란을 피우거나 계속해서 청하는 것은 실례다.
- 공연이 끝나면 남성은 여성이 외투 입는 것을 도와준 후 자신의 외투를 입는 것이 매너다.

커튼콜 (curtain - call)

연극이나 음악회 오페라 등에서 공연이 훌륭하게 끝나고 막이 내린 뒤 관객이 찬사의 표현으로 환성과 박수로 무대 뒤로 퇴장한 출연자를 무대 앞으로 다시 불러내는 일이다. 커튼콜을 받은 출연진들은 감사의 인사나 앙코르 공연으로 답한다. 연극이나 음악공연에서 몇 번의 커튼콜을 받았느냐는 그 공연이 얼마나 성공적이었느냐를 일차적으로 가늠하는 잣대가 되기도 한다.

디바 마리아 칼라스(Maria Callas)는 1956년 뉴욕 메트로폴리탄 오페라 컴백 무대에서 〈토스카(Tosca)〉의 토스카 역을 불러 무려 16회나 커튼콜과 기립박수를 받았다. 바이올리니스트 장영주는 세계에서 가장 오랜 251년 전통의 게반트하우스 오케스트라와의 협연 무대에서 커튼콜을 8번이나 받았다. 최근에는 관객의 매너로서, 또 연출의 일부로서 형식적으로 행하여지는 경우가 많다. 특히 요즘은 야구 경기에서도 자주 쓰는 말이 되었는데, 유명 선수가 홈런을 치고 난 뒤 관객들이 커튼콜 요청을 하면 덕아웃에서 나와 손을 들어 답하기도 한다.

3) 전시관·박물관 관람 매너

- 작품을 만지거나 촬영을 하지 않으며, 기념 촬영도 지정된 장소에서만 한다.
- 다른 관람객에게 피해가 가지 않게 동선을 따라 움직여야 한다.
- 큰 소리로 대화하지 않으며, 유아를 위한 전시회가 아닌 경우 동반하지 않는 것이 매너다.
- 음식물 반입은 금하며, 큰 소리로 대화하거나 뛰어다니지 않는다.
- 작품을 손으로 만져가며 감상하지 않으며, 좀 더 가까이 보고자 할 때는 침이 튀거나 콧김이 나가지 않도록 코와 입을 손으로 막고 감상한다.
- 줄을 지어 관람할 경우 적절하게 사람들을 따라 움직여 주어야 하며, 한 작품 앞에서 혼자 오래 서 있는 것은 뒷사람을 방해하므로 조심한다.

7. 해외여행 매너

근래 우리나라는 대규모의 국제 행사를 성공적으로 개최하여 국제적인 위상이 높아지고 있고 외국 관광객의 수도 매년 증가하고 있다. 비행기는 제한된 공간에서 여러 사람이 함께 이용하므로 탑승객 모두가 질서와 예의를 잘 지켜야 쾌적한 여행을 할 수 있다.

1) 비행기 이용 매너

- **탑승** – 비행기는 탑승 시간 30분 전부터 탑승이 시작되며, 비행기에 오르면 탑승권을 항공사 직원에게 제시하고 탑승권에 기재되어 있는 좌석 번호에 따라 지정된 좌석에 앉아야 한다. 만일 비어 있

는 자리로 옮기고자 할 경우에는 승무원의 양해를 얻은 후 옮기는 것이 좋다. 좌석에 앉으면 안전벨트를 매고 이륙을 기다리며, 안전을 위하여 비행기 이착륙 시에는 휴대용 라디오나 휴대 전화, 노트북 컴퓨터 등의 전원을 반드시 꺼야 한다.

• **화장실 이용** – 기내 화장실은 남녀 공용이며 옷을 갈아입는 장소로도 이용된다. 화장실 사용 여부는 사용 중에는 Occupied, 비어 있을 때는 Vacant라고 표시되므로 노크하지 않는다. 비행기가 이착륙할 때에는 사고의 위험이 있으므로 화장실 사용이 금지된다. 많은 승객이 공동으로 사용하므로 세면대는 될 수 있는 한 짧게 사용하고 사용 후에는 다음 사람을 위하여 물기를 닦아 청결을 유지하며 사용한 타월은 쓰레기통에 넣는 등 개개인의 각별한 주의가 필요하다. 또한 화장실에서는 절대 금연이며, 흡연을 하였을 경우 엄청난 벌금을 지불해야 할 뿐만 아니라 항공기 소유국의 법에 따라 처벌받게 되므로 유의한다.

• **기타 예절** – 승무원을 호출할 때에는 좌석 팔걸이 부분에 부착되어 있는 호출버튼을 이용하거나 승무원이 통로를 지나갈 때 가볍게 손짓으로 부르는 것이 예의이므로 절대 큰 소리로 부르지 않도록 한다. 기내에서 구두가 꽉 조일 때에는 구두를 벗고 슬러퍼로 바꿔 신어도 좋으나 양말을 벗거나 맨발로 다녀서는 안 되며, 냄새나는 음식을 먹거나 큰 소리로 떠들거나 과음하는 등 다른 사람에게 불쾌감을 주는 일이 없도록 한다. 승무원들이 음료수나 식사 등의 서비스 제공에 대한 별도의 봉사료는 필요치 않으나 서비스를 제공 받으면 "Tkanks" 등의 감사의 인사를 하도록 한다. 창 쪽에 앉았을 경우 통로 쪽에 앉은 승객이 식사 중일 때 일어서서 나오는 것은 대단한 결례이므로 식사가 다 끝날 때까지 기다렸다가 이동해야 한다. 종교적인 이유나 건강상의 이유로 피해야 할 음식이나 꼭 필요한 음식이 있을 경우에는 사전에 신청하면 원하는 대로 서비스를 받을 수 있다.

2) 호텔 이용 매너

호텔은 각종 편의 시설과 서비스를 갖추고 고객을 맞이하고 있으므로 호텔을 잘 이용하는 사람은 그만큼 편리하고 편안하게 여행을 즐길 수 있다.

• 예약

호텔을 이용할 때에는 반드시 객실을 예약하는 것이 기본 상식이다. 특히 성수기에는 예약 없이는 객실을 구하기 어려울 뿐만 아니라 객실 요금에도 큰 차이가 있기 때문이다. 예약할 때에는 이름, 성별, 도착 일시 및 도착 항공편명, 숙박 일수, 연락처, 숙박료 지불 방법 등을 알려준다.

호텔 도착 2~3일 전에 예약 상태를 다시 확인하는 것이 중요하며, 떠나기 전에 '예약 확인서'를 받아 가지고 가는 것이 예약 사실 확인상 좋다. 만일 취소할 경우가 생겼지만 미리 통보를 하지 않을 경우 일부 호텔에서는 취소에 따른 수수료를 청구하기도 하므로 유의한다.

• 체크인(Chech In)과 체크아웃(Check Out)

① 체크인

호텔에 도착하여 등록을 하고 객실에 투숙하는 것을 '체크인'이라고 한다. 프런트에서 객실을 배정받으면 벨맨이 고객의 짐을 들고 앞장서서 손님을 객실로 안내하여 객실 내의 시설 이용법을 설명해 주는데 설명 후에는 1~2달러 정도의 봉사료를 주는 것이 상례이다.

객실 열쇠는 호텔에 따라 다르나 일반적인 열쇠와 카드식 열쇠가 있다. 특히 객실에 들어갈 때에는 객실 입구 열쇠함에 열쇠를 꽂지 않으면 전원이 들어오지 않는 경우가 있으므로 주의한다.

대부분의 호텔 객실은 문을 닫고 나오면 자동으로 잠기게 되어 있으므로 객실 열쇠는 반드시 몸에 지니고 다녀야 한다. 만약 깜빡 잊고 열쇠를 객실에 두고 나왔을 경우 당황하지 말고 프런트에 연락하여 문을 열도록 하며, 이때에는 종업원에게 2달러 정도의 봉사료를 주는 것이 상례이다. 열쇠를 분실하였을 경우 도난의 위험이 있기 때문에 외출할 때에는 열쇠를 프런트에 맡기는 것이 안전하다.

② 체크아웃

호텔에서 퇴실하는 절차를 '체크아웃'이라고 하는데, 체크아웃을 할 때에는 떠나기 전날 밤이나 당일 1시간 전까지 프런트에 미리 알리는 것이 좋다. 체크아웃은 12시 이전에 해야 하며, 만약 시간이 지체되면 추가 요금을 지불해야 하므로 부득이하게 한두 시간 더 머물러야 될 상황이라면 프런트에 미리 말해 두어야 한다. 출발 시간이 오후 늦게라면 12시 이전에 체크아웃하고 짐은 프런트 데스크나 벨 데스크에 요청하여 보관을 부탁한다. 짐을 보관하는 비용은 따로 받지 않는다.

• **기타 시설의 이용**

① **전화 및 팩스 이용** – 객실에서 사용하는 전화는 자동으로 계산되어 체크아웃할 때에 지불하도록 되어 있으며, 최근에는 국제 전화도 객실에서 직접 걸 수 있도록 되어 있는 경우가 많다. 그러나 객실에서 이용할 경우 서비스 요금의 부과로 인하여 공중전화보다 20~50%정도 비싸므로 로비에 있는 공중전화를 이용하면 보다 저렴하게 이용할 수 있다. 일부 호텔에서는 객실 내에 팩스는 물론 인터넷 접속 서비스를 제공하기도 하므로 예약 전에 문의하면 된다.

② **모닝콜** – 전화 벨소리를 이용하여 아침에 고객이 원하는 시간에 깨워주는 모닝콜 서비스(Morning-Call Service)를 부탁했을 경우에는 전화벨이 울리면 반드시 수화기를 들어 감사의 인사를 하는 것이 예의이다.

③ **기타 예절** – 호텔은 낯선 사람들이 일시적으로 체류하는 곳이므로 서로 예의

를 지켜야 한다. 호텔 비품을 가지고 나오는 행위 등으로 나쁜 인상을 주는 일이 없도록 한다. 엘리베이터나 복도에서 다른 사람과 눈이 마주쳤을 때에는 비록 모르는 사람일지라도 가볍게 인사를 하는 것이 예의이며 특히 아침 인사는 꼭 하는 것이 좋다.

방 안에 있을 때에는 언제나 안전 체인을 걸어두고 누구인지를 확인한 후 문을 열어주어야 하며, 방을 나갈 때에는 사용한 침대나 방 안을 대충이라도 정리해두는 것이 예의이다.

식당을 이용할 때에는 비록 빈자리가 있더라도 일단 입구에서 안내를 받는 것이 예의이다.

Tip

봉사료 지급

- 봉사료는 흔히 'Tip' 이라고 많이 알려져 있지만 'Gratuity' 가 정중한 표현이다.

- 우리나라의 경우 아예 계산서에 포함시켜 청구하는 것 외에는 봉사료를 주는 문화가 익숙지 않은 편이다. 따라서 봉사료 지불이 어색할 수 있고, 때론 아깝게 느껴질 수도 있으나 외국의 경우 봉사료는 당연히 지불해야 하는 것으로 여겨지는 경우가 많다. 그러므로 봉사료를 지불하지 않아 안 좋은 인상을 심어주는 일이 없도록 해야 하고, 결례를 행하지 않도록 올바른 봉사료 지불 방법을 익혀야 한다. 특히, 미국에서는 종업원의 경우 월급이 따로 정해져 있지 않고 봉사료로 수입을 충당하도록 하는 경우가 많이 있으므로 봉사료를 반드시 지불해야 한다.

- 봉사료는 너무 적거나 과하지 않게 지불해야 하므로 적정한 봉사료의 수준을 알아 놓는 것은 해외여행에 있어 필수적이라 할 수 있다.

- 봉사료를 지불할 때도 과시하듯이 다른 사람들 보는 앞에서 건네는 것은 잘못된 행동이므로 손바닥으로 돈을 가려서 살짝 건네는 것이 좋다. 종업원에게 수고했다는 뜻의 악수를 하며 건네거나, 열쇠 등을 주고받을 때 살며시 건네는 것도 좋은 매너이다.

- 일반적으로 남성과 여성이 함께 있을 때는 남성이 봉사료를 건네도록 하며, 카드 결제를 하는 경우에는 미리 현금으로 봉사료를 준비해서 따로 건네는 것이 매너이다.

8. 글로벌 문화와 매너

1) 인사 방법

인사와 악수는 사람을 만났을 때 반가움의 표현으로 우리에게 매우 익숙하며, 반면 포옹이나 키스는 연인들 사이에서 사랑을 표현할 때나 하는 행동이므로 보편적으로 사람을 만나 하는 인사법으로는 낯설게 느껴지는 게 사실이다. 그러나 이성뿐 아니라 동성끼리도 인사의 표시로 포옹이나 키스를 하는 나라도 많이 있다. 국제화 시대인 요즘은 다양한 인사법을 올바르게 알고 이해하며, 적절한 방법으로 표현할 수 있어야 한다.

① 포옹 (Hug)

포옹은 친한 사이를 전제로 하는 인사법이다. 친한 사이에 인사로 포옹을 하는 경우는 남아메리카에 속한 국가들과 유럽에는 이탈리아, 스페인, 그리스, 포르투갈 등에서 주로 행해진다. 포옹을 하는 방법은 왼손을 상대방의 오른쪽 겨드랑이 밑으로 하여 상대방의 등을 가볍게 안고, 오른손은 상대의 왼쪽 어깨 너머 등을 느슨하게 살짝 감싸 안는다. 여성끼리는 많이 하며, 친한 사이에는 남녀 간이나 남성끼리도 행해지나 남성끼리 하는 경우 너무 밀착되게 안지 않는다. 인사법으로 하는 포옹은 가볍게 살짝 안으며 짧게 하는 것이 보통이다.

② 양볼키스 (Bussibussi)

일반적으로 인사하는 사람끼리 양팔을 서로 잡은 상태에서 볼을 서로 엇갈리게 왼쪽, 오른쪽으로 갖다 대며 입은 볼에 갖다 대지 않고 '쪽' 소리만 내는 인사를 말한다. 그러나 볼에 입을 맞추는 경우도 있다. 이는 주로 친구들 사이에서 행해지는 친밀한 인사법으로, 특히 여자들 사이에서 많이 행해진다. 양볼키스를 하는 나라로는 프랑스, 독일, 네덜란드, 이탈리아, 스페인, 포르투갈, 오스트리아, 지중해 연안국 등을 들 수 있다.

③ 손등키스 (Hand-kissing)

이 인사법은 16세기경 스페인 궁정에서 유래했는데 당시에 교회의 성직 제후들과 교황에게만 행해졌다고 한다. 그러나 오늘날에는 일부 국가의 귀족사회에서 만나고 헤어질 때 남자가 여자에게 행하는 인사법이다. 이 인사법이 오늘날에도 유행하고 있는 나라는 오스트리아, 폴란드 등이다. 손등키스를 하는 요령은 남자가 부인의 옆쪽에서 손가락 끝을 잡고 손을 약간 자신에게로 끌어당겨 고개를 숙여 입술을 부인의 손등 가까이에 가져가는 것으로 입술이 손등에 닿아서는 안 된다.

손등키스를 받는 여성은 장갑을 끼고 있어도 무방하며 오른손의 힘을 빼고 어깨 높이 아래로 손을 건네고, 눈은 내리깔고 스커트 쪽을 바라본다. 손등키스를 할 때 기억해야 할 점은 30세 이상의 결혼한 부인에게 하는 것이 일반적으로 특히 실내에서만 행해지는 인사이다. 한 부인에게 손등키스를 하면 다른 동석한 부인에게도 해야 한다.

④ 나마스떼 (Namaste)

합장하듯이 턱 밑에 두 손을 모으고 고개를 끄덕이거나 머리를 숙여 '나마스떼' 라고 말하는 인사 방법이다. 인도, 스리랑카, 방글라데시 등의 국가에서 하는 전통적인 인사 방법이다. 이 인사는 주로 힌두교 신자들이 행하는데, 유럽이나 미국 등 다른 나라의 비즈니스 여성이 인도인 남성과 인사할 때 악수 대신 할 수 있다. 타이에서도 이와 유사한 인사를 하는데, 그 인사법을 와이(wai)라고 한다.

⑤ 살람 알라이쿰 (Salaam alaykum)

무슬림들이 주로 하는 인사로 '당신에게 평화가 함께하기를' 이라는 뜻을 담고 있다. 이는 손을 잡지 않는 악수의 일종으로 한손 또는 양손을 뻗어 상대의 손에 가볍게 대었다가 그 손을 심장 위에 얹는다. 이 인사는 동성간에만 행해지는데 스카프나 숄을 통한 간접적인 접촉일 경우에는 이성 간에도 하는 경우가 있다. 말레

이계 싱가포르인들도 이 인사를 한다. 이들은 남녀의 신체적 접촉을 대부분 피하기 때문에 주의해야 한다. 여성과의 악수는 상대가 손을 내밀 때까지 기다린다.

2) 국가별 문화와 매너

전세계에는 아시아, 유럽, 북아메리카, 남아메리카, 아프리카, 오세아니아 등 대륙에는 약 200여 개의 국가가 있다. 각 나라에는 서로 다른 문화에 따라 다양한 삶의 양식과 관습이 존재한다. 이를 바탕으로 우리와는 다른 문화적인 특성을 띠며 그 사회에서 통용되는 기본 매너 또한 우리와 같지 않은 것이 많다. 해외여행이나 사회생활, 비즈니스를 위해서 가장 기본적으로 익혀두어야 할 글로벌 매너를 국가별 문화와 연관시켜 살펴본다.

① 일본 (Japan)

- 인내, 친철, 예절, 겸손을 최고의 덕으로 여긴다.
- 흑백논리와 직설적 표현을 삼가야 한다.
- 단결심을 강조하며 집단을 우선시하고 상하관계를 중시한다.
- 상대의 프라이버시를 존중해 주어야 하며, 첫 대면부터 연령이나 결혼 유무, 부모님 직업, 전공 등을 질문하는 것은 피하도록 한다.
- 약속과 신뢰 관계를 중시한다.
- 인사는 고개를 깊이 숙일수록 좋으며 등 뒤에서 손뼉을 치지 않는다.
- 먼저 명함 교환을 하고 악수는 나중에 한다.
- 4와 9의 숫자를 싫어하고 대중 앞에서 껌 씹는 것을 무례하게 생각한다.
- 종교 이야기와 보행 시 남을 흘겨보는 행위는 하지 않는다.
- 선물 포장 시 흰색 종이는 금물이다.
- 길거리에서 쓰레기를 버리거나 잡담하지 않으며 보행 중에는 금연을 해야 한다.
- 다니다가 옆 사람과 부딪쳤을 땐 "스미마센"이라고 반드시 해야 한다.

- 자신을 가리키는 제스쳐는 오른쪽 엄지손가락으로 자신의 코를 가리킨다.
- NO의 표시는 코 앞에서 오른쪽 손바닥을 좌우로 흔든다.
- 일본식 파자마인 '유카타' 는 호텔 안에서만 입는다.

② 중국 (China)

- 담배에 대해 관대하여, 어떤 상황에서건 담배 피우는 것이 크게 실례가 되지 않는다.
- 자신이 담배를 피우기 전에 상대방에게 먼저 권한다.
- 상대방이 술을 권할 때는 한 번에 마신다.
- 괘종시계는 장례식을 뜻하므로 선물하지 않는다.
- 자전거가 일반적인데, 외국인에게 대여해 주는 자전거는 반드시 주차 공간에 맡겨야 한다.

③ 미국 (America)

- Give & Take에 익숙하고 파티를 좋아하며 테이블 매너를 중시한다.
- 개인주의 사상이 강하며 격식을 중요시하지 않으며 책임 한계가 분명하다.
- 결혼 축의금은 하지 않으며 주로 선물로 준비한다.
- 나이트 클럽에서 남자끼리 춤추지 않는 것이 좋다.
- 어린이 보호에 관심이 큰 민족이다.
- 공원이나 바닷가에서 술이나 맥주를 마시지 않는다.
- 사교 모임에서 침묵은 무능을 표시한다.
- 방문 시 구체적인 방문 목적과 시간 등을 사전에 통보하여야 한다.
- 선호하는 대화 내용은 날씨, 스포츠, 주변환경 등이다.

④ 프랑스 (France)

- 좋은 음식과 포도주를 좋아한다.
- 국가와 언어에 대한 자부심이 대단한 민족으로 기본적인 매너를 잘 지키는 문화인이라는 자부심이 크다.

– 밤 10시 이후나 토요일, 일요일에는 전화를 걸지 않는 것이 좋다.

– 개인 생활에 대한 대화는 삼간다.

– 엄지손가락을 세우는 것은 OK의 의미이다. 미국의 OK 사인은 프랑스에서는 O(제로)의 의미이다.

– 공적인 장소에서는 껌을 씹지 않도록 한다.

– 소개를 받거나 사람을 만났을 때는 악수를 한다. 헤어질 때도 마찬가지이다. 일반적으로 여성이 먼저 손을 내민다. 프랑스인은 미국인만큼 손을 강하게 잡지 않는다.

⑤ 영국 (United Kingdom)

– 영국은 성공회 50%, 로마가톨릭교 11%, 개신교 및 기타 39%의 종교를 갖고 있다.

– 자동차 주행 시 아무리 복잡해도 차선을 바꾸거나 추월하지 않는다.

– 사생활을 중요시하고 남녀에 상관없이 악수가 일반화되어 있다.

– 의상, 사회, 사업에 대하여 보수적이다.

– 음식을 먹을 때 처음에는 사양하는 것이 예의이다.

– 대체로 내실 위주의 알뜰한 생활을 하며, 생활의 질적 향상을 도모한다.

– 모든 상담, 계약, 회의, 전화 등의 결과는 문서로 남긴다.

– 구두 약속도 문서계약처럼 중시한다.

⑥ 이탈리아 (Italy)

– 과시적이고 감정적인 면이 많다.

– 악수를 할 때에는 한쪽 손으로 상대의 팔을 잡는 경우도 있다.

– 바티칸에는 짧은 옷차림으로 입장할 수 없다.

– 상대방이 허락하기 전에는 퍼스트 네임으로 부르지 않는다. 예의 바르게 행동하는 것이 호감을 얻는다.

– 직위나 칭호는 편지, 대화, 문서 등 모든 경우에 붙인다. Dottore 등의 호칭

은 성을 붙이지 않고 단독으로 쓰인다.

⑦ 러시아 (Russia)

- 모든 일에 줄을 서는 것이 습관이다.
- 서두르지 말고 대화를 많이 나누는 것이 좋다.
- 식사에 대한 칭찬을 좋아하고, 많이 권하고 많이 먹는 것이 미덕이다.
- 입맛에 맞지 않는다고 음식을 먹지 않는 것은 실례다.
- 식사예절은 엄격해서 숟가락으로 식기를 두드리거나 긁는 것은 절대로 금지한다.
- 식사 시간이나 상담 시간에 술을 권하는 경우가 많다.
- 식사 후 헤어질 때는 현관문을 나가지 말고 안에서 악수하며 헤어지는 것이 예의이다. 현관문을 사이에 두고 인사하는 것은 불길하다고 믿는다.
- 가능하면 많은 기회를 만들어 선물을 자주 하는 것이 좋다.
- 술을 마시거나 건배를 할 때 축하 말을 하는 것이 습관이다.
- 음주와 흡연을 매우 좋아하며 미성년자나 여성도 흡연을 한다.
- 인사할 때 가벼운 포옹이나 키스를 한다.
- 상대방에게 우월감을 보여줄 수 있는 물품은 휴대하지 않는 것이 좋다.
- 경조사 때는 꽃과 돈을 준비하되, 경사에는 꽃을 홀수로, 조사에는 짝수로 한다.

⑧ 타이 (Kingdom of Thailand)

- 타이의 종교는 95%가 불교이며, 이슬람은 4% 정도이다.
- 손을 합장하는 것이 전통적인 인사이며 머리를 가장 신성시 여긴다.
- 발로 사람이나 물건을 가리키는 행동은 삼가야 한다.
- 상대방의 머리에 손을 대거나 다리를 꼬지 않도록 한다.
- 태국에서는 '성'으로 타인을 호칭하는 대신에 '쿤(khun(Mr. Ms. Mrs.)'의 앞에 넣어 이름을 부른다.
- 공공장소에서의 남녀 간에 애정표현은 바람직하지 않은 행동으로 여긴다.

– 다른 사람에게 물건을 건네줄 때 왼손은 사용하지 않는다. 왼손은 화장실에
서 사용하는 손으로 보기 때문이다.

⑨ 홍콩 (Hong kong)

– 대부분 일방통행이므로 자동차 운전 시 거리 표지판을 잘 보고 운전해야 한다.

– 결혼식 때는 선물이나 현금을 빨간 봉투에 넣어 전달한다.

– 장례식 때는 흰색 봉투를 사용하고 큰 소리로 울지 않는다.

– 술을 강요하거나 술잔을 돌리지 않는다.

– 전통적인 영국식 또는 중국식 인사를 하면 좋다.

– 동성 간에는 친밀감의 표시로 손을 잡는 경우가 있으나, 이성 간에는 하지
않는다.

– 선물을 받을 때는 두 손으로 공손하게 받고, 받은 자리에서 풀지 않는다.

– 흰색과 푸른색의 옷은 죽음과 슬픔을 연상시키므로 사교적인 모임에서는 입
지 않도록 한다.

⑩ 싱가포르 (Singapore)

– 싱가포르는 동남아시아의 경제활동 중심지이다.

– 식사 시간에 방문해서는 안되며 간단한 선물을 가지고 가되, 오래 머물지 않
는다.

– 주인 안내 없이 집안 내부를 함부로 둘러보지 않는다.

– 담배꽁초나 쓰레기를 함부로 버리면 벌금을 낸다.

– 공공건물의 에어컨이 나오는 실내에서 흡연을 하면 벌금을 낸다.

– 새들에게 모이를 주면 벌금을 문다.

– 외국 공관(대사관, 영사관) 건물을 촬영하면 구속된다.

– 자기 집앞에 빗물이 고여 있으면 벌금을 낸다.

– 다음의 물건들은 장례식을 연상시키므로 피하도록 한다. (짚신, 시계, 황새,
학, 손수건, 흰색이나 검정색, 청색이 주류를 이룬 선물이나 포장지, 칼, 가

위 등)

⑪ 중동지역

– 열성적인 회교도는 알코올 금지 및 금식 규칙을 엄격히 지킨다.

– 왼손은 생리적인 일에만 사용하므로 불결하다고 생각하며, 음식은 오른손으로만 먹는다.

– 명함이나 선물을 전할 때 오른손을 사용해야 한다.

– 남자 회교도는 여자가 몸을 보이거나 다리 꼬는 것을 싫어한다.

– 일상의 업무는 보통 목요일에 끝나며 금요일은 휴식이고, 토요일에 업무를 다시 시작한다.

– 열성적인 회교도는 해 뜰 때 한 번, 낮에 세 번, 해 질 때 한 번, 모두 하루 다섯 번의 기도를 한다. 여행 때는 생략하기도 하나 만약 기도하기를 원한다면 조용한 방을 마련해 주고 정중히 동쪽 방향을 알려주도록 한다.

– 대부분의 중동인은 자주 "인샬라(신의 뜻)"라고 한다.

1 일반 사회생활 및 글로벌 시대의 예절

❖ 방문객 맞이와 접대 예절

▷ 손님이 방문했을 경우 일을 멈추고 일어나 인사한다.

▷ 처음 온 분께는 " 누구를 찾아오셨습니까?" 또는 "무슨 일로 오셨습니까."
   하고 정중하게 묻는다.

▷ 방문객을 기다리게 해 놓고 자신의 일만 해서는 안 된다.

▷ 오래 기다리게 될 경우에는 차를 대접한다.

▷ 이야기를 들을 때는 상대의 얼굴을 보면서 응대하며 마지막까지 이야기를
   경청한다.

❖ 방문 예절

▷ 방문 하고자 하는 상대방의 일정을 확인하고 약속을 한다. 방문하기 전날
   확인 전화를 하는 것도 좋다.

▷ 목적에 맞게 필요한 서류나 자료를 빠짐없이 가지고 간다.

▷ 약속시간보다 적어도 5분 전에는 도착하도록 한다.

▷ 자신의 이미지는 소속되어 있는 회사의 이미지로 각인된다는 것을 잊지 않
   는다.

▷ 서류 가방이나 소지품은 의자 뒷부분이나 옆에 놓는다.

❖ 조문 예절

▷ 조문 순서는 향 피우기 (또는 국화 놓기) ▶ 큰절로 명복 빌기 ▶ 상주와 맞절

▷ 조문 시 인사말

  · 상제의 부모인 경우

  예) 얼마나 애통하십니까. 얼마나 가슴 아프십니까.

  · 상제의 남편이나 아내인 경우

  예) 상사에 어떻게 말씀 드려야 할지 모르겠습니다.

     얼마나 상심이 되십니까. 위로할 말씀이 없습니다.

❖ 부조 봉투 문구

혼인	祝結婚(축결혼), 祝華婚(축화혼), 祝聖婚(축성혼)
회갑, 고희	祝壽筵(축수연), 祝回甲(축회갑), 祝古稀(축고희)
병문안	기쾌유(祈快癒), 빠른 쾌유를 빕니다.
조문	賻儀(부의), 謹弔(근조), 弔儀(조의), 追慕(추모)

❖ 선물 예절

▷ 선물은 받을 사람의 입장에서 환경, 나이, 취미, 취향, 형편, 선물의 목적 등을 고려하여 준비한다.

▷ 적절한 타이밍을 맞추어 선물을 전한다.

▷ 선물을 받았을 때는 즉시 감사의 뜻을 전한다.

▷ 포장에도 유의한다. 어른께 드리는 선물은 점잖은 포장으로 하며, 어린이에게는 귀엽고, 화려하게 포장하는 것이 좋다.

❖ 선물 예절 시 주의 사항

▷ 병문안 선물로 화분은 적합하지 않다. 화분은 병이 뿌리를 내리라는 의미가 있기 때문이다.

▷ 문병 시에 흰 꽃은 선물하지 않는다.

▷ 호흡기 질환의 환자에게는 꽃을 선물하지 않는다.

▷ 출산한 집이나 신경과민 상태의 병자를 위문할 때는 물건을 4개로 가져가지 않는다. 4자가 곧 사(死)자와 통한다고 하기 때문이다.

참고 문헌 및 웹사이트

이진용 · 송은영, 〈Make-up Pattern Book〉 (예림, 2005)

송은영, 〈이화여대 이미지 컨설턴트 자격과정 자료집〉(2005)

김경호, 〈연세대학교 경영대학원 자료집〉 (2000)

김경호, 〈이미지메이킹의 개념정립과 프로그램의 효과성 분석 연구〉 (2004)

김경호 · 이미짐, 〈이미지메이킹의 이론과 실제〉 (높은오름)

강영숙, 『누구나 알아야 할 생활 예절』(문학아카데미, 1995)

구천서, 『세계의 식생활 문화』(향문사, 1995)

국립국어연구원, 『우리말의 예절』(조선일보사, 1991)

금한나, 『이미지와 국제 매너』(한올 출판사, 2001)

김경덕 · 황재선, 『서비스 경영 문화』(학문사, 2000)

김득중 외, 『국제 생활과 예절』(교문사, 1999)

김득중, 『생활 예절 이렇게 한다』(교문사, 1994)

김득중, 『실천 예절 개론』(교문사, 1997)

김득중, 『우리의 생활 예절』(성균관, 1997)

김미자 외, 『성공하는 리더의 글로벌 매너』(백산, 2006)

김상철, 『글로벌 교양과 리더십』(외국어대학교출판부, 2008)

김신연, 『전통 생활 예절』(민속원, 2001)

김영호, 『국제예절과 고품격 매너』(갈채, 2007)

김은경 외, 『성공적인 직장생활을 위한 인간관계』(학문사, 2001)

김은영, 『이미지 메이킹』(김영사, 1998)

김진익, 『신세대 신예절』(한국능률협회, 1994)

김진익, 『지구촌 신예절』(깊은 사랑, 1995)

김창훈, 『국제화 생활 에티켓』(백록, 1994)

김한권, 『성공하는 직장인의 53가지 예절』(조산일보사, 1995)

김현수, 『교류 분석』(민지사, 1992)

나다니엘 브랜든, 홍현숙 역, 『자부심 키우기』(새로운 사람들, 1995)

박정민, 『이미지메이킹과 서비스매너』(정림사, 2008)

박한표, 『글로벌 문화와 매너』(한올 출판사, 2005)

서병숙, 『결혼과 가족』(교문사, 1998)

서성희 · 박혜정, 『매너는 인격이다』(현실과 미래, 1999)

옥선화 외, 『결혼과 가족』(하우, 2000)

엄문자, 류미현, 『비즈니스 매너』(건국대학교출판부, 2005)

우혜영, 『사회인의 직장 예절』(학문사, 2000)

윤서석, 『한국 식문화사 연구』(수학사, 1988)

이원재 · 최기종『뉴 밀리니엄 국제 매너』(학문사, 2000)

이정우 외, 『지구촌 시대와 생활 문화』(양서원, 2001)

임희규 외, 『변화하는 사회의 가정 경영』(양서원, 1997)

전영우, 『대화의 에티켓』(집문당, 1994)

정주영, 『서비스 예절』(학문사, 2000)

조선일보 사회부, 『우리집 가정 교육』(도서출판 우석, 1987)

조정원, 『옷 입는 남자, 못 입는 남자』(대림기획, 1994)

직업생활연구회 편, 『정보화 사회의 직업 윤리와 예절』(학문사, 1999)

토마스 해리스, 이형득 · 이성태 역, 『인간 관계 개선과 치료』(중앙적성출판사, 1989)

한국 문화재 보호 재단, 『우리의 전통 예절』(한국 문화재 보호 재단, 1994)

한국여성교양학회, 『생활 예절』(양서원, 1991)

한정혜, 『매너 스쿨』(김영사, 1996)

허필숙, 『중국 요리』 (형설 출판사, 1982)

호텔 신라 서비스 교육 센터, 『현대인을 위한 국제 매너』(김영사, 1994)

힘희규 외, 『생활 예절』(동문사, 1996)

Elizabeth L. Post, 『Emily Post's Etiquette 15th ed』 (Harper Collins Published)

Nancy Tuckerman · Nancy Dunnan, 『Amy Vanderbilt Complete Book of Etiquette』(Double day, 1995)

www.clc.co.kr

www.cncge.go.kr

www.dongacc.com

www.espost.co.kr

www.hanboksarang.com

www.hyokorea.co.kr

www.image-power.co.kr

www.imagesense.co.kr

www.imagetech21.com

www.jaru.co.kr

www.jobksa.com

www.jsmakeup.co.kr

www.kriss.kmu.ac.kr

www.lafine.co.kr

www.medup.co.kr

www.milyang.com

www.newswedding.com

www.nongshim.co.kr

www.okcos.com

www.protocolscool.co.kr

www.sdekorea.co.kr

www.seoulfashion.com

www.unowedding.co.kr

www.w21.net

www.wedhouse.co.kr

www.work.go.kr

www.ye365.or.kr

home.nownuri.net

medreamwiz.com

myhome.naver.com

myhome.netsgo.com

myhome.shinbiro.com

mynetian.com

매너 있는 교양인을 위한 문화와 예절

1판 1쇄 발행 2013년 03월 05일
1판 5쇄 발행 2023년 02월 01일
엮 은 이 박광옥
발 행 인 이범만
발 행 처 **21세기사** (제406-00015호)
경기도 파주시 산남로 72-16(10882)
Tel. 031-942-7861   Fax. 031-942-7864
E-mail : 21cbook@naver.com
Home-page : www.21cbook.co.kr
ISBN 978-89-8468-480-5

정가 19,000원